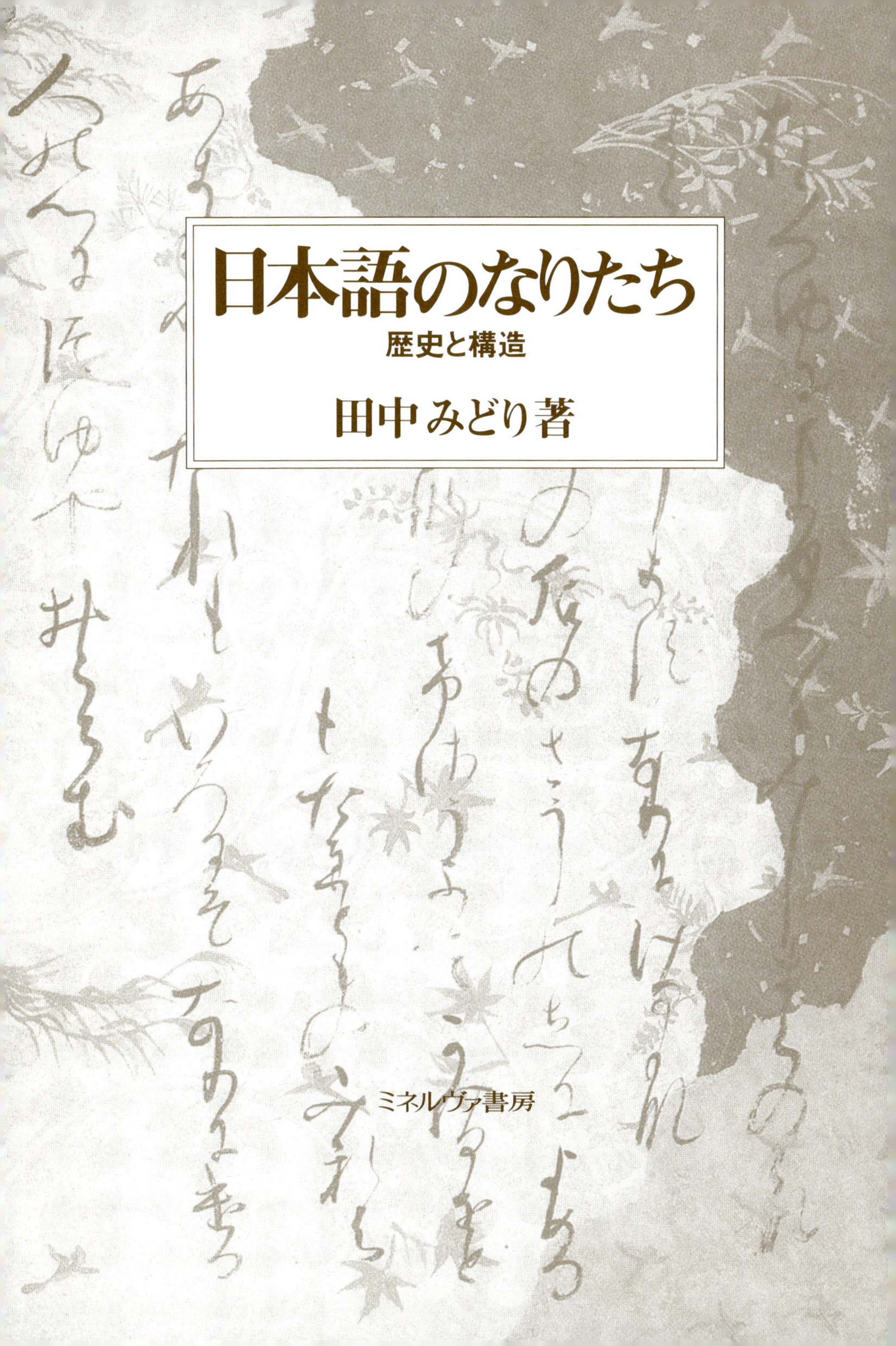

日本語のなりたち

歴史と構造

田中みどり著

ミネルヴァ書房

まえがき

大和は　国の真秀ろば　畳なづく　青垣　山隠れる　大和しうるはし
（古事記３０歌謡）

わたくしたち日本人は、中学生・高校生の頃にこの歌に出会い、大和を讃えた歌として親しんでいる。あいだに現代日本語にはない言葉が入っているが、「大和は……うるはし」のように、歌の初めと歌の終わりとが現代日本語にもある言葉（ないし、近い言葉）であるから、この歌が日本語で作られた歌であると、自然に受け入れる。「うるはし（ウルワシ）」は「立派である」の義を含んで「美しい」ということであるが、現代日本語の「美しい」の義でのみ解釈しても歌の形はそこなわれない。また、「真秀ろば」「畳なづく」「山隠れる」「し」のように現代の日本語にはない言葉も用いられているが、それらの言葉の意義を知らなくとも、「畳なづく」「山隠れる」「うるはし」が動詞や形容詞などのいわゆる用言であると受け止める。「大和」「国」「青垣」「山」などは、現代日本語にもある言葉であり、「は」や「の」という助詞も現代日本語の中にある。現代日本語の語順に従ってこの歌を読むことはできそうである。そうしてわたくしたちは、この歌にこめられた古い時代の大和の人々の心に入っていく。

言葉は、時代の流れ・人々の心のあり方に沿って変化する。が、文字に遺された限りのこの国の言葉の核は、それほど変わってはいないことを、この歌などから知ることができる。

日本語は固有の文字をもっていなかった。中国から漢字が伝わり、それを基にして日本語を表記する方法を考えたが、公的な文書において現在のような表記法が定められたのは、一九四六年の当用漢字・現代仮名遣いの内閣告示よりのことである。そして、当用漢字は一九八一年に常用漢字に改正された。また、一九九〇年には、「外来語の表記（案）」が国語審議会から公表された。その後の世界情勢は人々の移動を促し、日本に居住する外国籍の人々も増え、日本語の中にも新しい外来語が増えている。

日本は海に隔てられていることで、大陸に較べれば人々の移動も少なく、文化や言語を基底からくつがえすほどの急激な変化はなかった。それでも、少しずつ、日本語は変化してきた。変化の原因は、内からの力に因るものもあり、外からの影響に因るものもある。

中国から漢字漢文が入ってきたことで、日本語の語彙は増えた。また、漢文の訓読法からできたと考えられる語法もある。漢文を訓読する技法は朝鮮から取り入れたものと見られ、その際に朝鮮語の影響があったであろう。中世以後は、西欧の言葉の影響もある。

本書では、序〔音声と文字〕において、日本語の性格をさぐる。また、以下の記述に用いる用語の規定を為す。

第一章〔奈良時代・平安時代の文字と音〕では、日本語の表記法の確立していった経緯を述べ、また、古代の日本語の音意識を考える。平安時代に確立した平がなやカタカナには濁音仮名がない。また、奈良時代の資料から、清濁や上代特殊仮名遣いと呼ばれる甲類仮名・乙類仮名の別が認められているが、これらが仮名遣いの違いであるのか音韻の違いであるのかが取り沙汰されてきた。もともと日本人は清音濁音を区別する意識をもっておらず、二つの語が強い結びつきをもつ場合に起こる鼻音が濁音のもとにあり、中国語や西欧語の有声音・無声音の影響を受けてしだいに音韻と意識されるようになったものである。また、甲類仮名・乙類仮名は同音異義語を書き分けることに因るものである。第一章では、以上のようなことについて述べる。

第二章〔奈良時代の語〕では、第三章で日本語の構文を考えるに先立って、記紀万葉の人称代名詞・指示代名詞と助詞「ガ」「ノ」の意味と用法を考える。これら「ガ」「ノ」は、第一章に述べた鼻音が語として形をなしたものである。

第三章〔古代語から近代語への変化〕では、古代語から近代語への大きな変化である、格助詞と接続表現の変化、係り結びの消滅、助動詞の変化について、述べる。

係助詞が句の中の自由な位置に入ることができるようになったのは、奈良時代の日本語に、「うるはしみ　あが思ふ君」などの形で動作主体を表わす言葉が動詞の直前に置かれる構文のあったことに因る。

ところで、この動作主体を表わす言葉が動詞の直前に置かれるのは、アルタイ諸言語にも見られる特徴である。アルタイ諸言語の古い時代の資料が乏しいので、奈良時代の日本語と直接比較することはできないが、古い日本語に、アルタイ諸言語に見られる特徴と似た特徴があることは、従来から指摘されてきたことである。ただし、日本人は、北から南から移動してきた人々の混血であると考えられるから、日本語の古層には、多くの言語の特徴が混入していることであろう。この「が」は、主格を表わす格助詞として、現代にも命脈を保っている。

第四章〔近代語の形成とこれからの日本語〕には、近代国家が形作られる中で案定された標準語の性格について考える。また、これからの日本語のあり方についての筆者の考えを述べる。

現代の日本では、共通語（かつての標準語の延長に在る）を中心にコミュニケーションが行なわれている。それでも、親しい人との日常の会話では、「この本、読んだ？」のような、主語を用いない、格助詞を用いない、疑問の助詞を用いない話し方をすることが多い。「これ（は）、わたしの本。」の形は、「大和は国の真秀ろば」の形と同じである。日本語の構造とその変化を、古い時代から現代まで見わたせば、日本語の核の部分は、助詞・助動詞の発達していない時代からあまり変化していない。そして、ますます外国語の影響を受けることにもなると考えられる二一世紀にも、日本語は、この核は保持したまま、永らえていくのではないか、と考える。

二〇〇三年三月二一日

田中みどり

凡例

一、歴史事項については、吉川弘文館『標準　日本史年表』(第一版一九五五年―第三二版一九八九年)などを参照した。

一、古事記・日本書紀・記紀歌謡(番号)・万葉集の引用は、岩波日本古典文學大系『古事記　祝詞』(一九八五年)、同『日本書紀　上』(一九六七年)、『日本書紀　下』(一九六五年)、同『古代歌謡集』(一九五七年)、塙書房『萬葉集　本文篇』(一九六三年)を底本とする。歌の訓みは、適宜、勘案する。

　また、後撰和歌集・伊勢物語の歌番号は、『國歌大觀』(角川書店、一九五一年)の番号に拠る。

一、アイヌ語・アルタイ諸言語に関する記述は、『言語学大辞典　第1巻』(三省堂、一九八八年)、中川裕・中本ムツ子著『エクスプレス　アイヌ語』(白水社、一九九七年)、宮岡伯人編『北の言語――類型と歴史』(三省堂、一九九二年)、G・A・クリモフ著『新しい言語類型学――活格構造言語とは何か』(石田修一訳、三省堂、一九九九年)、津曲敏郎著『満州語入門20講』(大学書林、二〇〇二年)などを参考にした。

一、括弧の用い方。

　【　】は、文法用語・学術用語の類。

　《　》は、概念や重要語句・文を特指するもの。

　〔　〕は、章段を括るものに用いる。

一、記号の用い方。

　＊は、注記。

　◆は、一般説など。

　※は、想定形。

　•は、結論やまとめなど。を表わす。

一、上代特殊仮名のうち、甲類仮名には右に傍線を、乙類仮名には左に傍線を付すが、本書では、必要な場合に限り、乙類仮名のみ左に傍線を付す(その都度、注記する)。

日本語のなりたち——歴史と構造　目次

まえがき

凡例

序章 音声と文字 ……… 1

——用語の規定——

1 言語 1
2 口頭言語と書記言語 3
3 日本語の上限——大和語 4
4 倭語と日本語 7
5 古代日本語を取り巻く環境 8
6 日本語の変換期 11
7 日本語の出自 14
8 漢語-借用-の音訓 16
9 仮字 17
10 文字と概念識別 18
11 日本語の表記 21
12 日本語の形 22

第一章　奈良時代・平安時代の文字と音……29
　　――万葉仮名と平がな・カタカナ――
一　中国語・朝鮮語との接触……29
　1　漢字の伝来　29
　2　日本語を記録する――渡来人の工夫、日本人の工夫　33
二　万葉仮名の時代……36
　1　記紀万葉の表記　36
　2　清音仮名・濁音仮名と甲類仮名・乙類仮名　40
三　平がな・和文の時代……86
　1　漢文と和文　86
　2　仮字の体系――四七音　89
第二章　奈良時代の語……97
　　――人称代名詞・指示代名詞と助詞「ガ」「ノ」――
一　奈良時代の一人称代名詞・二人称代名詞……99
　1　一人称代名詞「ア」と「ワ」　99
　2　一人称代名詞「ア」と二人称代名詞「ナ」　115
二　再帰代名詞と接尾辞「ラ」……143
　1　再帰代名詞　143

2　接尾辞「ラ」——複数と親愛　147
三　指示代名詞と人称代名詞　151
1　「コ・ソ・カ、ア・ワ・ナ・タ」系列と「コレ・ソレ・カレ、アレ・ワレ・ナレ・タレ」系列　151
2　「コレ」・「コノ」、「シガ」、「ソノ」　152
四　助詞「ガ」「ノ」　177
1　体言に接続する「ガ」「ノ」　177
2　「ガ」「ノ」の《待遇表現上の区別》説について　182
3　連体の用法　185
第三章　古代語から近代語への変化——格助詞・接続表現・活用・係助詞——　199
一　中世前期の言葉　199
1　武家の時代——和漢混淆文と和製漢文　199
2　西欧との接触——町衆とキリシタン　201
二　文法構造　206
1　助詞・助動詞と接続表現の、時代による変化　206
2　格助詞と接続表現　211
3　活用　222
4　係助詞　236
5　動作主体を表わす言葉の位置　254

6 アイヌ語・アルタイ諸言語と似た日本語の特徴 258
7 古代語から近代語へ 266
第四章 近代語の形成とこれからの日本語……271
――江戸時代の言葉、明治以後の言語政策、現代の課題――
一 中世後期の言葉と学問……271
1 漢学・国学・蘭学 271
2 話し言葉の筆録 276
二 明治以後の言葉……279
1 近代国家と言葉 279
2 標準語と共通語 286
三 これからの日本語……294
終章 日本語の変化と変わらないもの……305
1 日本語の時代区分 305
2 日本語の核 307
あとがき……311
日本語学・文学関連年表……313

序章　音声と文字

——用語の規定——

1　言語

言語は、「カテゴリー化」「概念化」「判断」の能力を形にする抽象的なものである。ヒトは言語を用いて、ものごとを認知・識別し、分析・判断し、比較・総合し、認識・思考する。また、それを用いて、表現・理解し、他者と交流する。

分節言語（狭義の言語）は、音を組み合わせて単語を作り、単語を組み合わせて文を作る。そこに、さまざまな意味が生じ、意味の共同のあり方が、他の表現形式に較べ、最も同意の得られる形に発達したものである。

広義の言語には、音楽・美術や身振り言語などを含む。

人は、音楽や美術によって、自己を表現し、他者と感動を共にすることができる。それらは深い共感を得ることも可能なものではあるが、感性に結びついたもので、必ずしも意味の共同を約束されたものではない。ただし、ある旋律が悲しみを伝えたり、ある色が喜びを伝えたりという、一定の傾向は存し、また、作曲家個人の特徴を「バッハの語法」などと言って、解釈することもある。とりわけ、民族的な音楽や美術の場合には、風土や文化と密接な関係をもっており、そのリズム感覚や色彩感覚が、それぞれの言語共同体の言語感覚に通う側面はある。

身振りは、身体による表現である。（喜びや悲しみなどの感情が身体の上にあらわれるものは、ヒトに共通するものであるが、これは、叫び声が言語に至る原初的なものであることに比することのできるもので、身振りに至る原初的なものである。）

言語（狭義）の通じない場合、身振り手振りで意思の疎通を図ることがあり、これは言語（狭義）に近いもののように受け止められている。しかしながら、音楽や美術は、それによって、自己の内面に向き合い、時には、他者との間で表現・理解を高めて対話することも可能なものであるが、身振り手振りは身体によるコミュニケーション法であって、それによって物事を考えたり感じたりすることはない。身振り手振りでコミュニケーションを行なっても、カテゴリー化し概念化し判断するには分節言語（狭義の言語）を用いる。

身振り言語のうち、方向を指し示したり、声の届かないところに居る人に合図を送ったりするしぐさは、多くの集団で共有できるものであるが、その他、言語（狭義）の補助となる身振りは、それぞれの集団内での約束の上に成り立ったもので、その型式を身に付けてはじめてコミュニケーションに用いることのできるものである。その約束は、肯定否定を告げたり上下左右などを確認したりするような簡単な意思疎通に用いることは可能であるが、多くの場合、一つの身振りが或る一つの事柄を表わすというものである点では、信号や天気マークなどの記号に近い。信号や天気マーク同様、身振りも、「言語（狭義）による概念化」を通過したものであるからである。異なるのは、そこに感情を籠めることができるという点である。身振りは、声と同様に、ヒトの身体から発するものであるからである。

以上のような、分節言語に加えて、音楽・美術や身振り言語など、広い意味で言語と呼ばれるものは、表現・理解し、他者と交流する働きを指して、言語と呼ばれている。ものごとを認知・識別し、分析・判断し、比較・総合し、認識・思考する役割は、多くの場合、分節言語（狭義の言語）が担っている。

本書では、狭義の言語である分節言語を中心に述べる。広義の言語について述べる際には、その旨を述べ、特に限定しない場合、狭義の言語の意で【言語】という語を用いる。

2 口頭言語と書記言語

言語は、音声を介するものとして発達してきた。このことは、言語が、伝達の機能と大きく結びついたものであることを示す。

口頭言語が成立するためには、音声を抽象化して音韻を認める能力を必要とする。ヒトの言語は、原初は、「おいしい」「危険だ」に相当するような一語的なものであったであろうが、しだいに分化して、文ができ、文を作るきまり（文法）ができていく。音韻を識別する能力・単語を識別する能力・文を構成する能力など（言語能力）を、ヒトは生まれながらにもっている。

やがてヒトは、文字を創り出した。文字は、カミを祀る際のまじないの記号（呪籙）やものとものとを交換する際の符丁の中から生まれ、しだいに法や歴史を記す役割をするものに発展していった。初めは「しるし」的なものであるが、「しるし」は既に或る概念を表わすものである。この記号が口頭言語の形式を模倣して、組み合わせの上に意味を生ずるようになる。そこに文字となる始まりがある。

文字には、表音文字と表意文字とがある。音韻を記号化した表音文字は、口頭言語の延長上にあるものであるが、表意文字は概念を記号化する。

カミを祀る際の言語や法の言語は、日常の言語とは異なった特別な形式で唱えられることが多い。また、ものごとの記録は、内容さえわかればよいものである。そこで、書記言語には、口頭言語とは異なった文体ができあがる。

さらに人は、歌や物語を文字で写すようになる。書記言語は、保存に耐え、時間空間を隔てた所に伝達をすることが可能である、という利点をもつものであるが、目で読んで文意を確かめることができるようになったことで、音で伝えるよりも複雑な文章を作ることが可能になった。歌や物語も、口承の時代のものと形が変わることになる。やがて、文章の型ができ、価値意識が導入されて美文や雅文が作られる。こうして、書記言語は、口頭言語とは違った道を歩む。

口頭言語は、各人の声や語調を通して伝えられるものであるので、「ああ」という感動詞のように叫びに近い形のものであったとしても（あるいは、意味を成さない言葉であったとしても）、その言語の《場の状況》と相俟って、聞き手に判断や意思などを伝えることも可能な場合がある。

一方、書記言語は、一語一語の意味・一文の意味・文章の意味を明確に表わすものでなければ、伝達の用はなさない。書体や、（日本語であれば）漢字を使うか仮字を使うかによって、特定の分野についての情報であることを告げたり、硬さや柔らかさを表現し得ることはあるにしても。（内容が明確ではなく、書体などの「形」に表現を委ねるとなると、これは、美術の範疇に入るものとなる。）

口頭言語と書記言語とは、もともと用途の異なるものであるから、異なった形をもつものであってよい。ところが、文字文化が進み、日常の中に書き言葉が深く入り込むと、話し言葉の中に書き言葉が混じることも起き、また、書き言葉は話し言葉をそのままに写すこともするようになる。どの言語においても、話し言葉が私的なものから公的なものになるほど、書き言葉に近いものになる。書記言語は、一語一語の意味・一文の意味・文章の意味を明確に表わすものであるからである。(1)

3 日本語の上限――大和語

古い時代の言語を知るには、文字に遺っているものを第一等の資料とする。その資料の内から、さらに古い時代の言語を推定することができる場合もある。また、周辺に在る他の集団の言語などと比較することによって、変化の法則を導き出して、古い時代の言語を推定することができる場合もある。ただ、それは条件が整った場合に限られ、多くの場合は文字に遺された言語を見て、それが書かれた時代の言語を考察することになる。

日本には、固有の文字がなかった。固有の文字がないということは、クニの規模が小さかったということである。政りごとは声の届く範囲で行なわれ、記録すべき事柄もなかったのである。

固有の文字をもっていなくとも、カミを祀る際のまじないの記号や記憶のための記号のようなものは存在したであろう。現在も、海に潜って貝などを採る海女は、衣類に星印や渦巻き型の印の魔除けの記号を付している。近年まで文字を知らなかった離島の人々の中に、税として出す米を数えるのに丸や三角の印を付ける習慣のあった地域もある。少なくとも、このような記号は、各地に存在したであろう。

あるいは、この列島にも、中国の文字とは異なった独自の文字が存在したかもしれない。しかし、現在、それを示す資料はない。現在のところ、この列島の文字の歴史は、漢字漢文を学び、また、それを用いて、言語をどのように書き記すか、というところから始まる。

中国の三国志の中には、倭国の地名・人名・官職名などが、表音文字としての漢字（仮借）で記されている。また、この列島で出土した土器に、漢字の書いてあるものもあり、金石文にも、神名・人名・地名などの記されているものがある。さらに、七世紀の木簡には、一音一字の万葉仮名で記した語や歌が認められる。

古い資料の中には、このように断片的に語が記されているが、この列島で行なわれていた言語を文のレヴェルで、或る程度知ることのできる資料は、古事記・日本書紀の歌謡、および万葉集の歌で、例えば、

夜麻登波　久爾能麻本呂婆　多多那豆久　阿袁加岐　夜麻碁母禮流　夜麻登志　宇流波斯
大和は　國の眞秀ろば　疊なづく　青垣　山籠れる　大和しうるはし

記３０歌謡（岩波日本古典文學大系『古代歌謡集』）

などである。これらの歌には、

目・耳・鼻・口・手・足・腰
花・鳥・山・川・空・雲・霧・鏡
見る・思ふ・言ふ・聞く・立つ・流る・咲く・鳴く・泣く
嬉し・楽し・悲し・寂し・寒し・高し

など、現代の日本語に通じる言葉が多数用いられている。音韻としては、例えばサ行音やハ行音のように、現在と

は異なるものもあり、また、用言の活用が異なるが、基本的な語彙の多くが現在とほぼ同じ形であり、また、文の構造（SOV、AN、品詞の機能など）がおおむね同じであるので、記紀万葉に記された言語（歌以外に、記紀の本文中に訓が記されたものもある）は、現在の日本語に繋がる言語であると見做すことができる。

日本列島に、中国の律令制を取り入れた古代統一国家が形成されたのは、七世紀後半のことであった。出土した木簡などの記載により、「国」「評」「五十戸」などの行政単位が用いられたのは天智天皇の頃、「日本」という国号・「天皇」という称号が成立したのは天武天皇の頃（あるいは、天智天皇の頃）のことであると推定されている。少なくとも、この時代以後のこの列島の言語を、「日本語」として括ることはできる。

ただし、平安時代以後の和文資料に、「やまとうた」をはじめ「やまとゑ」「やまとことば」など、和風のものに「やまと」を冠するように、人々は国の名を「やまと」と言っていた。

万葉集には、「倭、和、日本」と書いて「ヤマト」と訓めるものがある。記紀万葉の歌に遺る言語は、おおむね大和地方の中央の言語である。中央貴族にとっては、大和の言葉は日本語に等しいが、中央から離れた地域には、大和の言葉とは体系の異なった言語も存在した（風土記などの記述）。しかし、中央から離れた地域の人々は、中央と交わったり、労役や防人に出る際に、それに必要な最低限の言葉を知らなければ、仕事をすることができない。そうして、大和言葉の骨格や、最低限の語彙（大和言葉および漢語‐借用‐）は、大和朝廷の支配下に広まっていった。

万葉集には東歌や防人の歌が収められていて、東国方言の一端をうかがい知ることができる。ただ、東歌や防人の歌は、平定され、同化した人々のうちの、中央の言語を学び、中央貴族の歌の形を学んだ人の歌であって、「鳥が鳴く東の国」の言語が直接あらわれたものではない。

地方の首長たちは、中央から派遣されて来た長官と交わる中で、中央の言葉（大和言葉および漢字漢文）を覚える。中央の言葉は、首長や首長の周辺の人々から、民に伝えられていった。薩摩（サツマ）や東（アヅマ）の人々も、労役や防人に出ることなどを通して、しだいに中央の言語に同化していく。（防人は、大宰府に属する。後には各地から防人を徴集することになるが、この頃には、主に、大和の支配下に新しく加わった東国の人々をあてる。兵士たちは諸国から徴集され各地に派遣されるから、ある一定の、共通に理解することのできる言語を有していた、と推測することができる。）

また、万葉集の歌の中には、乞食者＝祝《ほが》い人《びと》から天皇までの歌が集められている。祝い人こそは、神祀りの技芸の人であったから、彼らの歌は、政りごとに直接関わるものである。彼らもまた、中央の言葉で歌を歌った。そうして、万葉集の歌の多くは、官人以上の人の手に成るものである。

中央集権国家を建設した大和朝廷の言葉は、こうして日本全国に浸透していった。集団が《国》というまとまりをもつ時、その中での言葉は、文化あるいは経済、政治の力が強い勢力の言語の影響を受ける。明治期の急速な標準語政策ならずとも、統一国家というものは言語の統一を求め、中央の言語に同化させる力が働くものである。（これは、統一国家成立以前から、繰り返されてきたことである。私には、もともとの土地の言語を使うことも多いが、融合し、変化し、さまざまな形が生まれ、消滅していく。日本語の場合は、古代統一国家の頃に、そしてその後一三〇〇年の間に、大和語の系統の言語に同化していった。）現代の人が、史料以前の日本語に思いを馳せるとしても、それは、大和語の古い形でしかない。

日本では、その後、全く言語体系を異にする勢力が政権を執ったことはなかった。そのため、大和言葉（および漢語-借用-）を核とする言語が支配領域全般に広まることが可能になり、文法的にはほぼ一定の言語が通用する結果となった。

4　倭語と日本語

以上のように、この列島で行なわれてきた言語で、その姿を把えることのできるものは、大和語を初めとする。そして、大和語は、現在の日本語に繋がる言語である。

この列島の住人は、北から南から移動してきた人々である。近くは、紀元前三世紀頃に中国から、紀元五世紀頃に朝鮮から、多くの人々が、この列島に移住している。この列島で用いられていた言語はさまざまであり、融合し変化している。それ故、三国志に記された倭国の語や、金石文・木簡に遺された語は、大和語とどの程度に重なるものであるのか重ならないのか、不明である。便宜上、これらを、【倭語】とする。

記紀万葉の歌に遺る言語は、おおむね大和地方の中央の言語である。また、それは韻文であるから、特殊な言語である可能性もある。記紀万葉の歌から、奈良時代の大和語の全体像を知ることはできない。まして、そこから、それ以前の大和語の姿を推定することは容易なことではない。しかしながら、奈良時代の資料に遺る大和語の推定古形をも含めて、本書では【日本語】という用語を用いる。

5 古代日本語を取り巻く環境

奈良時代の言語は、資料が限られており、また、万葉仮名で書かれているために、全体像がつかみ難い。平安時代から、平がなが確立し和歌の隆盛した平安時代中期頃の和語が古い日本語の中心に据えられてきて、奈良時代の言語は、それとの異同が、個別の語について検討されてきたにとどまる。それは、大和地方の言語と山城地方の言語との、方言の差であるともとらえられてきた。記紀万葉の中には、中国語や朝鮮語の影響を受けた表現も見られ、また、それ以前の言語の名残もいくつか含まれている。その多くは、アルタイ諸言語の特徴を示すものである。

日本語が漢字漢文を取り入れてから、江戸時代まで、日本語の文章語の規範は漢字漢文であった。和文（とくに歌語）の規範は、平安時代の大和語であった。

明治以後、翻訳語の確立や標準語の制定に尽くした人々によって、日本語が現在のようなものになる基礎が形作られた。翻訳語は漢字漢文の力を大きく借りた。言文一致体と呼ばれる文章語も、翻訳や話芸とも絡みながら出来上がっていった。それらをも擁して考えられた日本語は、江戸語を承け継ぐ東京語が基になったが、江戸語の中に関東語・三河語・京阪語の要素があったため、それらの地方には、受け入れられやすい言語であった。

江戸時代には、徳川幕府の下、各藩ごとの行政が行なわれていたが、一方には、寺社を通じての公家や豪商の勢力網も存在した。平安時代の公家たちは、地方に荘園を所有して、荘園経営の実務は土地の豪族に任せる形態をとっていた。中世以後、その地方豪族が武家となって行政を担当するようになった、と表向きは見えるのであるが、平安時代以来の寺社と公家の結び付きは強く残っており、一定の勢力を有し続けていた。武家の統率者が、征夷大将軍の位を天皇から授けられるのも、天皇を頂点とする公家・寺社勢力が力を有していたからにほかならない。江戸時代は、徳川幕府と各藩の二重体制であると言われるのであるが、さらに、武家と公家との二重構造もあって、統一国家になる以前の段階にある。政治や文化の中心は江戸と京都の二極にあり、商業の中心は大阪にあった。

漢語と平安時代中期頃の言語が文章語の規範として命脈を保ち続けてきたのも、それが、公家が表向きにも勢力を有していた時代から承け継がれて来たものであるからである。江戸時代後期から、国学の中で研究が進んだことも力になった。現代の日本の行政語などは、今も、漢文訓読語の要素を多分に有したものであるし、文化的なものごとは、古くから承け継がれて来た事柄や言葉を踏襲している。現代のわたくしたちが平安時代以後の日本語を或る程度理解することができるのは、文書資料が遺されていたり、また、平安時代より歌語や漢語の研究がなされてきたことにも因る。それ以上に、平安時代中期頃の言語が、漢文と並んで、長い間、和文の文章語の規範として重んじられてきたことで、わたくしたちが平安時代中期頃の言語に近しいことが、平安時代言語を理解するのに大きな役割を果たしているのである。

記紀万葉の言語は、その平安時代中期を遡ること二五〇年以上も前の言語の、それも、歌という特殊な言語形態の中に遺された言語である。それ故、記紀万葉の言語には、平安時代言語とは異なった語法がいくつかある。

日本列島に住む人々の中に、卑弥呼の時代以前から、朝鮮半島を経由して中国に朝貢していた人々があった。彼らは、朝鮮と往来して、朝鮮の言語に触れもしたし、漢字漢文に習熟していく過程で、朝鮮の漢文訓読の技術を取り入れもした。後には、朝鮮より渡来した人々も多数ある。記紀万葉が編纂されたのは、その時代からはるかに下って、八世紀になってからのことである。それまでに、中国語や朝鮮語の影響がどれだけ倭国語を変化させたかは想像だにつかない。現代の朝鮮語と日本語の文法が酷似していることから考えて、ヤマトノクニを作った人々は朝鮮との関係が非常に濃い人々であったことは確かである。古代朝鮮語が明らかになれば、さらにその影響関係は明確になるであろうが、奈良時代以前のヤマト語も断片的にしか残っていない。日本列島に話されていた諸言語はなおのこと、わからない。

日本語は、アイヌ語やアルタイ諸言語との類似が指摘されてきた言語である。現在存在しているヒトはいずれも二足歩行し、火を使い、道具を用い、分節言語を話す。ヒトは、既にその特徴を有するに至った一つの祖から分かれてきたものである、と考えられる。それ故、分かれた時期が遠く隔たった言語であっても、言語の特徴には何らかの類似点はある。近い時代に分かれた言語であれば、その類似点は大きい。また、言語は、人々の交流によっても変化するものである。そのようなことから、隣接した地域の人々とは、近い血縁である可能性もあり、交流が深い可能性は大きい。

日本人の祖は、北から南から渡ってきた人々である。中でも、蒙古斑などの人体的特徴を有する人々との血の繋がりは大きいであろう。その人々の現在話している言語と日本語との間に、たとえ、まったく類似点が見つからなかったとしても、何ら、両者の血縁関係説を妨げるものではない。日本語は、文字資料の遺る範囲でも、中国語や朝鮮語の影響をこうむっている。大陸に住む人々の言語が、他の言語と接触して変化したり、あるいは、他の言語に同化したりした可能性は、日本語の変化に較べれば、はるかに大きい。それぞれの言語が長い時間のうちに変化したり、あるいは、人々がまったく別の言語を話すようになったならば、双方の言語に類似点が認められないことも、当然起こってくるからである。

日本語とアイヌ語には、一部、類似点が認められている。アイヌ語は、文字を有していなかったため、古い時代の言語の姿を知ることが難しい。が、日本や中国に遺されている資料によって、彼らが大陸やカムチャツカ半島との間に広く活躍していた人々であることがわかる。古アジア諸言語やアリューシャン列島・北アメリカに住む人々の言語の中に、現在に残されているアイヌ語と似た特徴があるのは、それ故である。

アイヌの伝承の語りの中に、和人と戦った英雄の伝説はあるが、和人との交流の記録はないようである。日本人の間には、中世以後、北海道を往来した日本人の記録は遺っているが、言語の上でどのように関わりあってきたかについては、よくわかっていない。

アイヌ文化の確かめられるのは、一二～一三世紀以後のことで、それ以前に北海道に居住していた人々が、アイヌと繋がるものであるという保証はない。また、北海道や東北にアイヌ語の地名が残るが、その記録も、江戸時代後期のものからしかないという。それらの地名が、日本の奈良時代以前に遡るものであるかどうかはわからず、一二～一三世紀以後にそこに住み着いた人々が名付けたものである可能性も、無しとはしない。それ故、アイヌ語と日本語との交流は、一二～一三世紀以後のものを考えるほかはなく、仮に、一部で言われるように、縄文時代の日本列島の言語がアイヌ語であったとしても、確かめるすべはない。

日本語はまた、アルタイ諸言語（チュルク諸言語、蒙古諸言語、ツングース諸言語）との類似も指摘されている。アルタイ諸言語は、ヨーロッパ東部から、中央アジア、シベリアに広がる広大な範囲で、人の移動や交流が盛んに行なわれる中で話されてきた言語である。文字資料に遺されている以前にも、さまざまな言語が互いに影響を与え合ってきたであろうことが想像される。

現在のアルタイ諸言語と日本語との間に、同系統であると確言できるほどの類似点が無くとも、小さな類似点が見つかれば、それは、過去の言語の類似であった可能性はある。そして、それが過去の言語の類似点ではなかったとしても、日本語の特徴をさぐる参考にはなり得る。その一つを、以下の考察の中で、取り上げる。

6　日本語の変換期

上に、「古代統一国家」という用語を用いた。

歴史の区分では、封建制の時代を中世、封建制以後の、法治主義を取る国家の時代を近代、封建制の行なわれる以前の、王制の時代を古代とする。他に、中世（封建制の時代）を、中世と近世とに分ける考え方もある。用語に異同があるので、本書では、封建制の時代を中世、それ以前を古代、以後を近代とする。古代は天武天皇の時代から平安時代まで。中世は鎌倉時代から江戸時代まで（封建制の成立していく時代である鎌倉時代・室町時代を中世前期、封建制の確立した江戸時代を中世後期とする)。近代は明治時代以後。また、一九四五年以後を現代とする。

日本語を知ることのできる資料には、

(1) 律令国家成立の頃から奈良時代までの、金石文、木簡。

(2) 記紀万葉、風土記を含む漢文資料。仏典。(変体漢文資料、漢文書き下し文資料を含む。正統な漢文でないもの、つまり和習の混じる漢文は、既に、日本語資料である。正統な漢文表記のものでも、そこに表わされた語彙のうち、日本語に借用されることになる語を知る資料となる。)

(3) 漢文の訓注、記紀万葉、風土記などの万葉仮名資料。辞書を含む。

(4) 平安時代以後の和文資料。辞書を含む。(九〇〇年頃に、平がな・カタカナが整う。)

(5) 一五四〇年頃よりの、ローマ字のキリシタン資料、朝鮮語資料、中国語資料など。(ローマ字による日本語の記述、および文典。辞書。ポルトガル語やイスパニア語から借用した語もある。原語による日本語についての記述、辞書など。)

(6) 新井白石以後の蘭学資料。および洋学資料。(訳注、および借用。)

などがある。

和文ないし和語が書かれているものは、手紙文や文学作品、方言書、辞書、注釈書などである。識字層は、古代(平安時代まで)は、貴族・博士・僧侶および官人など。中世には武家に、中世後期(江戸時代)には町人に及んでいるが、文字に写されたものを享受することのできた階層は限られており、したがって、そこに表わされた言語・文化にも偏りがある。

なお、能・狂言は、室町時代の発音を継承していると見られ、貴重な音韻資料・語彙資料である。ただし、舞台芸術の中の言葉であるので、どの程度、日常語の発音や語彙をとどめているものであるのかは不明である。

現在遺されている言語資料の、書き手たちの階層は、時代によって異なる。このことは、各時代の言語資料の性格やそこに表わされる言語の様相を異なったものにするが、それは外面のみにとどまるものではなく、そのような様相を呈すること自体が、言語の変化の大きな要因でもある。

従来、日本語の時代区分は、政治史の時代区分で分類されるのが一般であった。政治の中心が変われば、中央の言語もその土地の影響を受ける。政治の体制と、経済基盤、文化の核とは、密接な関係をもつ。理念を表わす言葉が生まれ、変化し、日常語にも影響を与える。時代が変われば、人々のものの考え方も変わる。したがって、この区分によって言語を区分することも理由のあることである。

他に、表記、音韻、文法、語彙のそれぞれで分類する方法も想定できるが、古い時代の言語を知るには、文字に遺っているものに拠るほかないため、とりわけ音韻を知ることが難しい。

今、日本語を書記言語の形によって分類すれば、以下のようになる。（項目が重複する年代もある。年代を区切る時代区分ではない。）

(1)　漢字漢文の時代
(2)　万葉仮名の時代
(3)　平がな・カタカナの時代
(4)　ローマ字資料（キリシタン資料・洋学）のある時代
(5)　西欧語および翻訳語（新造語）の時代
(6)　標準語教育と歴史的仮名遣いの時代
(7)　現代仮名遣いと当用漢字（常用漢字）の時代

また、文法上の変化によって、古代語と近代語とに二分し、

①　二段活用動詞が一段化し、また、終止形と連体形とが一つになり係り結びが機能しなくなる、鎌倉時代からの言語を近代語とする（平安時代末から揺れがある）。

②　格助詞や接続表現が現代語と似た体系をもつ室町時代からの言語を近代語とする（これも、平安時代末から、少しずつ、あらわれはじめている）。

③　抄物やキリシタン資料などは、当時の口語を含んでいる。そこに記された口語は、近代語に繋がるものであるので、これらの資料のある時代を分岐点とする。

という考え方もある。①は、和歌や散文の資料にあらわれ、②は、③の抄物やキリシタン資料にあらわれる。平安時代の文書資料の書き手と鎌倉時代以後の書き手とは書き手の層が異なっており、口語は抄物やキリシタン資料の出現を俟たねばならないので、①と②③を合わせて、鎌倉時代頃からを近代語と考える。

以上の事柄を総合すれば、日本語には、大きく三つの変換期を考えることができる。

Ⅰ　古代統一国家成立の時期……文字（漢字・仮字）を得た。大和語が広まった。

Ⅱ　自治組織ができ、識字層が拡大した時期……文法構造が変化した。

Ⅲ　近代統一国家成立の時期……翻訳語が造られた。標準語が案定され教育が行なわれた。

これは、おおむね、歴史の三区分―古代・中世・近代―を画する時期にあてはまるものである。

7　日本語の出自

日本語の語彙には、古くは漢語から、一六世紀からは西欧語やアジアの言語から借用したものがある。そこで、日本語の語彙の出自を、和語・漢語・外来語（そして、それらが混じった混種語）に分類することがあるが、このうちの漢語という語は、日本に入った借用語を指すものである。ところが、漢語という語は、漢族の言語の意で用いられる語でもあり、和製漢語を指すこともあり、さまざまな使い方のなされる語であるので、混乱する場合がある。そこで、本書では、以下のように用語を規定して用いる。

和語……………日本の固有の語ないし固有の言語。大和語の系統。

漢語-中国語……清朝までの中国語（漢族の言語）。

以後は「近代中国語」「現代中国語」として区別する。

なお、中国本土で行なわれているものは、「中国語」とする。

漢語‐中国………清朝までの中国語（漢族の言語）の語。
漢語‐借用………日本式に発音した、清朝までの中国語（漢族の言語）からの借用語。
漢語‐和製………江戸時代までの和製漢語。
漢語‐近代………明治以後の日本語の中の、漢字音による語。借用も和製も含む。
漢語‐現代………一九四五年以後の日本語の中の、漢字音による語。借用も和製も含む。
外来語……………中国語（漢族の言語）以外の言語からの借用語。

を指す。

その他、明治以後のものに【和製英語】があり、昨今ではフランス語やイタリア語出自の語などから日本流に造語したものもある。【漢語‐和製‐】も「和製漢語」としてもよいのであるが、【漢語‐借用‐】などと並べて考える場合もあるため、上記のように、漢語によるものは【漢語‐和製‐】、英語etc.によるものは【和製英語】etc.とする。

また、【漢文】は中国語の書記法に則って書かれた文、【和文】は日本語の語順で書かれた文を指す。一般に、漢文に和習の混じった文体を【変体漢文】と言うが、奈良時代以前のものも含める立場と、文体として確立した平安時代以後のものについて用いる立場とあり、使用が一定していない。そこで、日本語の書記法を模索していた奈良時代までのものを【和習漢文】とし、平安時代以後のものを【変体漢文】とする。とくに鎌倉時代以降顕著になる、和語にも漢字をあてはめて音読し、漢字ばかりで表記した文（漢文の語法も混じるが、もともとの漢文とは大きく様変わりした日本語の文）を、【和製漢文】と呼ぶことにする。「候文」なども、この類である。

ここに漢族の言語を説明するために「中国」「中国語」という語を使ったのは、他の言語でも、中央の言語で代表して、フランス語・英語などと言っているのと同じことである。

【中国】という呼称は、既に三国志の中にも見えるもので、政権が変わっても中央では「中国」と言ってきており、日本でも政権の違いにはさほど注意を向けず一括してとらえてきているから（古くは「唐国」であるが）、これを【中国】とし、その言語を【中国語】として、日本式発音の漢語や和製の漢語との区別をするための用語とした。以下に、「中国思想」という語を用いたり、英語と対比して「中国語」と言う時の「中国」「中国語」も同じである。(2)

また、ここに【漢語-借用-】としたものを、古くは「字音語」と呼ぶ人もあった。「字音」は漢字の発音のことを言うのであって、それに「語」を付けて【和語】【外来語】などと並べるのは、分類の仕方に統一がない。そして字音には、呉音も漢音も唐音もあり、古韓音もあるが、日本では区別が曖昧で、重箱読みや湯桶読みを平気で行なってきた。呉音・漢音・唐音という日本での名付け方自体も紛らわしいが、そのような発音を伴って日本で用いられている「漢語」を、外国語としての「漢語」と区別するため、【漢語-借用-】とする。

【和習】は、日本人が漢文を書いたり漢詩を作ったりする際に、日本語の語法にひかれておかす習癖を指す場合もあるが、外国語の文字を用いて日本語を表わそうとする努力の中から生まれた、日本語表記法である場合もある。それらが混在していることが多く、その度合いはモノによりさまざまで、今の場合は、個別の用法について検討するのではなく時代を通じて表記法を考えるものであるので、この用語を一方に限定して用いることはしない。

8 漢語-借用-の音訓

中国より漢字漢文が伝えられ、漢語-中国-に日本語があてはめられた。その日本語は、漢語-中国-の意義（訓）を表わすということになる。そして訓は、その漢字の読み方を示すものとなっていく。

現在、日本で用いられている漢字の多くは、音訓両様の読みがある。このように、漢字の多くが音訓両様の読みをもつようになったのはいつのことであるのかはわからないが（網羅的な辞書が成立したのは、近代である）、このことは、個別の漢字については、漢語-中国-を日本語に置き換えることが可能であることを表わす（一対一ではないが）。また、漢文訓読に際して、古く、文選読みという読み方が行なわれたが、これは、外国語である中国語に習熟し、かつ又、理解するには、優れた方法であった。このようにして、全ての語について訓読みをあてはめることができれば、漢字音はやがて忘れ去られるものとなったかもしれない。

ところが、中には、日本語にない概念もあり、長い説明を付さねばならぬものもある。漢字の伝わった時代の中国の文化は高く、日本語をあてはめようもない抽象概念も数多くあった。漢字を組み合わせた熟語の場合には、説明が長くなることが多い。その場合は漢字音でそのまま日本語の中に取り入れた。結果として、漢字音を忘れ去る方向には向かわず、一つの漢字に音読みと訓読みとがなされることとなる。

しかも、漢字音が入ってきた時の中国中央の音に即して、呉音・漢音・唐音などが入り交じる。古韓音もある。それらを、一つ一つの単語が入ってきた時の音に合わせて使い分けるという、複雑な読み方を積み重ねてきたものが、現在の日本語の漢語-現代-のベースとなっている（一部は、漢音に統一された）。……その上、訓読みも加わって、例えば「抄物」の場合のように、「ショウモツ」と読むか「ショウモノ」と読むかで意味が異なるなどというものまである。

9　仮字

このようにして、中国語の音とその意義（訓）とを覚える過程で、仮借である万葉仮名を省略して書くところから、カタカナができた。また、和語の音を表わす方法を考える中で、万葉仮名を行草体に書く草仮名ができ、草仮名をくずして単純化するところから、「かんな」（後に「平がな」と呼ばれる）ができた[3]。

真名のすゝみたるほどに、仮名はしどけなき文字こそまじるめれ

（岩波新日本古典文学大系『源氏物語』梅枝、一九九五年）

かなはまだ書き給はざりければ、片かんなに、……

（岩波日本古典文學大系『落窪物語　堤中納言物語』蟲愛づる姫君、一九五七年）

【仮字】は、【真字】に対する「仮の字」である。漢字の読み方を表わしたり、日本語の要素を混入したりするのは、あくまでも補助手段である。「真の字」は漢字であり、正統な文章は漢文である（当時の意識）。それ故、日本語の音や日本語の意を表わす必要のある時や日常の用にだけ、仮字が活用された。そうして、平がなは、主に文学の分野で用いられるものとなる。

やがて、漢語学習に際して音や意義を記すところから成立したカタカナも、平がなと同じく、和文を表記するためのものとして使用されることにもなる。

万葉仮名では、清音・濁音の別と甲類仮名・乙類仮名の別が、或る程度意識されている。ところが、平安時代になって平がな・カタカナが成立した時、清濁・甲乙の別は反映されなかった。濁音符号は訓点に始まるが（清音符号もある）、濁点が現在のような形で用いられるようになり、濁音仮名が使われるようになる（場合もある）のは、江戸時代の頃からのことである。

平がな・カタカナは、五音や「いろは歌」四七文字で体系をなすもので、万葉仮名とは異なった音韻意識（あるいは表記意識）の上に成り立ったものである。

10 文字と概念識別

口頭言語と書記言語とは、もともと形式を異にする。日本のように、千年の長きにわたって公的な文書を外国語である漢字漢文で書いてきた国では、なおのことである。この「漢字」は、表意文字として生まれたものである。（中国語は孤立語であり、漢字は一字で一語を表わすことが原則の文字であるので、【表語文字】という呼び名が適している。そこで、漢字には、【表語文字】を用いる場合がある。）

表音文字はヒトの声を写すところに始まり、表意文字はモノゴトの概念を記すところに始まる。表音文字は聴覚性に優れ、表意文字は視覚性に優れる。したがって、表音文字を用いる言語は、文字を音に置き換え、聴覚的に理解する回路を発達させる。一方、表音文字を用いる言語は、文字を見て、その形から意味を理解する回路を発達させる。言語は、聴覚に強く結びついたものであるが、言語が文字を得て後、表音文字を用いる人々の概念の識別は聴覚的なものを基本とするものであるのに対し、表意文字を用いる人々の概念の識別は視覚的なものによっても為されることになる。

印欧語の世界において発達した近代言語学で、まず【音】が問題になるのは、印欧語の諸言語が文法の類似した言語である（したがって、文法は、特に問題になることが少ない）ことともに、彼らの言語を表記する文字は表音文字であり、彼らの概念識別が音を中心に為されてきたことの結果である。ソシュール『一般言語学講義』が音韻を問題にし【聴覚映像】を問題にしたのも、この故である。

日本語では、無論、話し言葉同様、書き言葉においても、音韻や【聴覚映像】が問題になるが、書き言葉においては、視覚の果たす役割も大きい。漢字自体がものの象《かたち》を表わしたり記号的に図示することを基本とするものであり、しかも、その音は外国語（中国語）であるから、音と文字との結びつきの必然性も感じない。読めなくとも、意味さえわかればよいのである。

具体的な例をあげる。同じ文字を書いて、日本語では「犬」を「ケン」と読んだり「イヌ」と読んだり、場合によって使い分ける。これは、英語であれば、"dog"が「ドッグ」と「イヌ」の二つの読みをもつようなものであるが、アルファベットは表音文字であり、漢字は表意文字である。

中国語は孤立語と呼ばれる形態の言語である。その文は、概念語を並べる形になっている。同じ字が、名詞にもなり、動詞にもなり、形容詞にもなることがある。それぞれの品詞になった時に、発音が異なるものであっても、字は語形変化するわけではない。そして、漢字は表意文字で、習得してしまえば、目で見て意味がわかる文字である。「犬」は日本語の「イヌ」にあたる字であることを知ればよい。それは、外国語で書かれているものを理解し、また、自らの言語を文字に写し、その言語に翻訳するには好都合な書記言語形態である。（倭国は、中国に朝貢していたので、中国語に合わせる必要があった。律令国家も、中国を模範としていたから、同じ方向であった。）

表音文字は、言語の音を写すことが主体の文字である（aならaという一つのアルファベットに幾通りも音があてられることはある。前後の子音や母音の並びによって、読みが一つに確定される…原則として…）。英語などの印欧語は、中国語と語順が似ている。しかしながら、文字は表音文字であるから、“dog”と書いても、その概念は思い浮かべ難い。《いぬ》は“dog”という字面に結びついているよりも、“dog”という発音に結びつき、聴覚を通して理解される。

言語は、まず、音声として成り立つ。日本語が最初に出会った文字が表音文字であれば、音訓両様の読み方をするというような発想をすることはなく、例えば“dog”は「ドッグ」という日本語式発音の読みだけをもち、日本語の字の数も単純に二〇字程度になっていたことであろう。のみならず、文章もその言語の影響を受けることになっていたか、あるいは言語自体をその言語に切り替えることになっていたことであろう。それによって、日本語の性格も、表音的―聴覚的―なものとなっていたことであろう。日本人が一つの漢字に音訓両様の読み方をあてることができたのは、漢字が表意文字であったことによるところが大きい（現代の日本語では、外来語を翻訳することなく、カタカナ語を使うことが多い。漢字の性格を考える上に、このことも参考になる）。

最初に出会った文字が表意文字系統の文字であったことで、日本語は目で見て確かめる言語になっていった。ところで、漢字は表意文字であるから、読み方を知らなくとも意味を知ることができる利点はあるが、外国語の音韻を日本語の音韻体系の中で処理したために、中国語から借用した漢語には、同音異義語が多数できることになった。中国語であれば、発音が異なることもあり、声調で識別することのできるものもある。それが、日本語では同音になっていることがあり、正確を期するために、どのような漢字を書くかで説明する場合が生じる。

ただし、中国における漢字の数は、日本に入ってきたものの比ではないから、中国でも漢字を書いて確かめることはあるであろう。英語を話す人なども、単語の綴りを聞いて確かめることがある。（音は変化し易いが、文字は変化が緩慢であるので、綴りを知れば単語を確認することができる。また、初めて聞く語であっても、文字にしてギリシア語やラテン語などの語源に返し、それによって、意味を知ることができる。この段階では、英語などの綴りは、表意の要素を含んでいる。）

各言語は、それぞれの事情に応じた問題点をかかえているということであって、日本語の場合のみが、特殊なわけではない。

11　日本語の表記

日本では、律令国家形成の頃より大日本帝国憲法までの間、公文書は漢字漢文で書くことを原則としてきた。律令国の官人たちは漢文・儒教を学び、江戸時代には藩校で儒学と武芸が教えられていた。

漢文の学習法は素読で、江戸時代には、四書五経を音読していた。これは、外国語を学ぶには良い方法の一つである。ただし、江戸時代後期に、新刊の中国書を買い求めた人々は、多くの場合、精読するのではなく、漢字を飛ばし読みして文意をつかんでいたのだという。

明治になって、漢文を廃して西欧語を学んだ。多くの人は翻訳語を介して西欧の思想や技術に触れている。思想書や科学技術書の場合は、内容を知ればよいものもあるが、中には聖書の詩篇の文体を襲っていて、それが思想の枠を表わしているものもある。文学書の場合には、なおのことである。それをどのように翻訳するかは、現在でも難しい問題である。また、中国の詩も西欧の詩も韻律を含むが、日本人はそれを取り入れず、ただ、詩の意味のみを翻訳し一四行詩などの外側の形を取り入れてきた。(4)(5)(6) そうして、西欧の詩が朗読するものであるのに対して、日本人は近代詩を文字で読むものと思っている。同様に、現今の読書は黙読するのが常態である。英語教育も会話ではなく読解が中心である。

これらのことは、漢字が視覚的な文字であって、読み方がわからなくとも意味を知ることの可能な文字であることに起因する。そのようにして長く漢字と付き合ってきたので、ローマ字に触れた時にも、（発音するより）目で見て読み、日本語に翻訳して理解することが中心になった。もともと外国の文字であり外国の語彙であるから、意味さえわかれば不都合はない。また、中国語にしろ、明治期に大量に入ってきた英語・仏語・独語などにしろ、直接、会話に用いる必要のある人は少なく、多くは新しい知識を得るために内容を理解すれば事足りた。読解中心の日本の外国語教育法を疑問視する人もあるが、これは、これまでの日本が外国に求めていた接し方を、そのまま反映したものである。（現在の大学の言語学科の前身を、博言学科と名付けていたのは、まことに適切な命名であった。）

日本人にとって漢字とはそのようなものであり、外国語とはそのようなものであった。明治期までの日本の公文書は漢文が主体であったが、公文書というものは内容が正確にわかればよいものであるから、外国語による表記であっても可能であったのである。

現代の日本人は漢字・平がな・カタカナ・ローマ字、時にはギリシア文字を使い分けて文章を書き、読んでいる。平がな・カタカナは、表音文字である。現在の日本語では、主として、名詞・動詞・形容詞・形容動詞などの、概念を表わす語は漢字で表記し、その他の品詞に該当する語や活用語の活用語尾を平がなで表記するという、【漢字かな交じり文】を採用している。カタカナは外来語や強調したい語などに用い、必要に応じてローマ字を使う。【漢字かな交じり文】は、もともと漢文を訓読するところに発して、【宣命体】ができた時からある考え方であるが、概念語だけを拾い読みしても、文章の内容はほぼつかめる。漢字と仮名が配合されていることで、全ての文字を同じ緊張度で読む必要はない。これは、文章を読む上で効果の高い表記法である。（漢字制限に付いては、第四章二九三頁）

12 日本語の形

ここで、日本語の形の概略を挙げる。本書の品詞分類は、ここで規定したものによる。また、日本語を考える上で問題になる点を挙げる（表1）。

日本語は、SOV型・AN型と分類される。言語を系統に分類する旧来の分類では膠着語に分類され、琉球語とは兄弟関係にあるが、親族関係のある言語をもたない孤立した言語とされてきた。朝鮮語と文法体系は酷似しているものの（とりわけ、敬語を表わす接辞—助動詞のあり方は、大きな特徴である）、音韻体系が全く異なる。

古い日本語では、語頭にrが立たない。さらに、開音節構造で、語頭に子音が連続することはない。文の構造は、述語が中心で、文の最後に位置する。これらは、アルタイ諸言語の特徴と共通する。

古い日本語には母音調和があった、と考える人もある。母音調和も、アルタイ諸言語の特徴である。

そして、

(1)　婉曲表現が多い。

(2)　敬語には、尊敬・謙譲・丁寧がある。また、丁寧表現の一種の美化語などがある。

(3)　待遇表現のあり方によって、二者の関係（上下・長幼・男女など）を推し量ることができるほどに、待遇表現が分化している。

(4)　人称代名詞にさまざまなヴァリエーションがある。これは、待遇表現の一つである。

など、待遇に関わる特徴や、

(5)　主語を表わさないことがある。

(6)　格助詞を表わさないことがある。

などの特徴がある。その他、奈良時代・平安時代の日本語には、

(7)　いわゆる係り結びの語法がある。

(8)　否定を表わす「な…そ」のような形のものがある。（これは、漢文の「勿～」「莫～」を訓読する際にできあがった語法である。）

法隆寺薬師如来像光背銘に既に、敬語（「賜」「坐」「奉」や「大御」）が表わされており、中国語では、表わしきれない日本語の敬語を表現したいという意図があったことが読み取れる。

この敬語表現のほか、婉曲表現、人称代名詞のさまざまなヴァリエーションも待遇のための表現である。これらは、日本人の生活と密接に関連して発達してきたものである。のみならず、上に掲げた(5)の、主語を表わさないこともまた、日本語の待遇表現と密接に繋がるものである。

表1　日本語の形

▩音韻の特徴
開音節、他に撥音・促音などがある。連濁がある。古い日本語では語頭にｒが立たない。
＊　古い日本語には母音調和がある、と考える人もある。

▩アクセント
高低アクセント

▩文字
漢字　平がな・カタカナ（漢字を基にして作られた表音文字）
ローマ字（その他、限られた範囲でギリシア文字など）
アラビア数字・漢数字・ローマ数字

▩数の数え方
十進法
和語出自のものと漢語出自のものがある。現代語では、「一一」以上の数は、漢語出自の数え方が基本である。

▩文法
形態……膠着語
統語……ＳＯＶ型　ＡＮ型
品詞（本書では、各語を概念語・関係語・機能語に分け、以下のように品詞を規定する。）
◇概念語……概念を表わす語
・名詞
＊　単数・複数は必ずしも表わすわけではない。「ら」「たち」「など」を用いて複数を表わしたり「人々」のように畳語で複数を表わす場合がある。
・数詞
＊　「おなか一杯たべる。」のような場合は、程度量の副詞「たくさん」と繋がる。
＊　「御胸ひとつに」のような場合は、副助詞を用いた「御胸のみ」に繋がる。
・形式名詞
・動詞
＊　「有り」「有る」を、存在詞とする。
・形容詞
＊　「良し」のようなク活用と「美し」のようなシク活用とがある。
＊　語幹は、「ヨ」「ウツクシ」である。
・形容動詞
＊　ナリ活用とタリ活用とがある。
タリ活用には漢語系統のものが多いが、「つれづれとあり」のような和語系統のものもある。
ナリ活用にも、「優に」のような漢語系統のものがある。
＊　状態・程度・数量を表わす副詞に「アリ」が付いて陳述をなすようになったもので、副詞の状態・程度・数量を表わすものと一続きである。
・副詞
＊　いわゆる連体詞は、意味上、副詞であるので、ここに含める。

◇関係語……事物と事物との関係、他の語や句との関係、人と人との関係を表わす語

・代名詞

指示代名詞

＊ 近称・中称・遠称・不定称がある。

＊ コソアドに、事物・場所・方向を表わす語を付ける。

人称代名詞

＊ 一人称・二人称・三人称・不定称がある。

古い日本語では、三人称は発達していない。

＊ 複数形はなく、単数形に、複数を表わす接尾語の「ら」「たち」「がた」を付けた形や、「われわれ」のように畳語の形。

＊ 指示代名詞を人称代名詞として用いることがある。

＊ 時代によって、一人称が二人称に移行することがある。また、「それがし」「なにがし」のように中称・不定称を一人称代名詞に用いたり、遠称の「あなた」を二人称代名詞として使うことがある。これらの移行は、待遇意識による。

・指示詞（現代語のコノ、コンナ、コウ、コウダ、コノヨウダなど）

・接続詞

・感動詞・応答詞

感動詞……感動の言葉は、無意識の叫びと意識的な発語との両面をもつ。

応答詞……応答は、話し手と聞き手との間にある。

◇機能語……語と語との関係を示す機能をもった語。また、語や文に特定の意味を添えたり、話し手の立場を示したり、聞き手に対する顧慮を表わす語。

（いわゆる助動詞は、接辞である。山田孝雄が助動詞を「複語尾」とする視点は、これである。ただし、日本語の助動詞は、動詞に準じる活用をもつ点で特殊であり、また、敬語の助動詞の場合には、主述全体を包む特殊なものであるので、今は、従来の呼称をあてる。）

・助詞

＊ 主格、属格、対格、与格、位格、方向格、奪格、具格、沿格などを示す機能をもった語。

＊ 話し手の主観を表わすものもある。

・助動詞

＊ 指定、否定、推量・希望・比況、時制、アスペクト、自発・可能・受身・使役・尊敬　などを示す機能をもった語。

＊ 話し手の立場や聞き手に対する顧慮を表わすものもある。

▒文の種類

（1）存在詞文・動詞文・形容詞文・名詞文

（2）平叙文・疑問文・感嘆文

注

(1) 口頭言語・書記言語は、音声による言語全般・文字による言語全般を対比したものとして使用する。話し言葉・書き言葉は、実際の運用の中での、個別的かつ部分的なものを指すものとして使用する。

(2) 「中国」には《中華思想》が入るため、この語を避ける人もある。そして「シナ」の呼称を用いる人もあるのであるが、こちらは日本帝国主義と結びつけて避ける人がある。いずれにしても難はある。「チャイナ」とする人もあり、日本人には手垢にまみれないものに響くが、日本のことを「ジャパン」とするのと同じことになる。

それは、国の呼称に限らず、どの語にもある問題である。言葉は、社会に生きる人と人との間のものであるから、現実のさまざまな問題を常に含んでいて、真空状態に置くことができない。

今の場合、日本が「日本」という呼称を選んだのと同じ理由で、「中国」という呼称を選んだ人々の用語に従う。

(3) 現在のように「平がな」「カタカナ」の書体が確立して、「平がな」「カタカナ」と並び称されると、同じ重みに見えるが、「かんな」と言えば平がなのことである。「かたかんな」は、それに「かた(片)」を付けて呼んでいるように、使用も限られた範囲のものであった。

(4) 中国語や西欧語と日本語とは、文法も語彙も音韻もアクセントもまったく異なった体系をもったものであるから、同じ形での韻律を取り入れることは無理である。五七調の定型詩の形は、日本の詩形の中に外国の詩を翻訳し、近代詩の型を作る試みの一つである。

(5) 翻訳でなく、翻案や同趣の創作の方が、詩歌には適していることもある。無論、散文でも、詩の文体を取ったものもあり、音の響きが重要な役割を果たすものもあるから、これは、詩歌の場合に限らない。

(6) 土岐善麿が、杜甫(七一二—七七〇年)の詩を万葉集の詞に近づけて翻訳した作品がある。

一片花飛減却春　風飄万点正愁人
且看欲尽花経眼　莫厭傷多酒入脣
江上小堂巣翡翠　苑辺高塚臥麒麟
細推物理須行楽　何用浮名絆此身

中国の詩に対して日本では、ふるくから「訓読」ということがおこなわれているが、わたくしが試みに訳してみれば、次のようなことばになる。

ひとひらの花の飛ぶにさえ　春は消ゆるに
　あらしふけば　ちりぢりにいたむこころぞ
落ちつくす花よ　花の　まなかいなるを
　過ぐさじの酒なれど　飲まであらめや
河の上の小家には　かわせみ巣くい
　み苑なる塚高み　きりん臥したり
ことわりや　人の世は　たのしくあらな
　あだし名は　何ならん　身のほだしのみ

（日本詩人選15『京極為兼』筑摩書房、一九七一年）

杜甫（七一二―七七〇）は、時代とすると、わが万葉集の前後ということになる。

和歌の、頭韻や同音の効果、音の交錯などを見つめ続け、自らも歌を詠んできた人の感性が紡ぎだした翻訳である。

上田敏・堀口大学の西欧詩の翻訳にも優れたものがあり、森鷗外の『即興詩人』も原文（鷗外は独語訳より翻訳した）に発して屹立した世界を構築している。

これらは、土岐善麿や上田敏や堀口大学や森鷗外の創作として、価値がある。

第一章　奈良時代・平安時代の文字と音

——万葉仮名と平がな・カタカナ——

一　中国語・朝鮮語との接触

1　漢字の伝来

（1）「邪馬台国」「卑弥呼」の読み

古事記・日本書紀の記述によれば、四〇〇年頃に、文字が公に伝来したという。それ以前の、一世紀のものである「漢委奴國王印」や中国貨幣が出土しており、土器、剣、鏡などに漢字の書かれているものも、いくつか、出土している。このことから、公伝以前から、漢字に触れ、漢字を読み書きできる人々があった可能性を考えることができる。

邪馬台国の卑弥呼は、魏王より「親魏倭王」の称号を受ける。また、魏書には、「卑弥呼」のほか「壹与」という人名や「卑狗」「弥弥」という官職名などが書きとどめられている。これらの名は、どのように読むものであろうか。また、それらは日本語に繋がるものであるのであろうか。

「邪馬台国」や「卑弥呼」の読み方については、現在も諸説行なわれている。が、当時の魏の音韻に照らして音価を推定するにとどめるべきである。

一説に、「邪馬台国」は「ヤマトコク」、「卑弥呼」は「日皇子　ヒミコ」で「王」、の意とするものがある。

◆外国語である日本語の音を漢字で写すのであるから、もともと音価は一致しない。日本の万葉仮名でも、例えば甲類・乙類などが完全に書き分けられているものではない。故に、「邪馬台」「卑弥呼」の音価と万葉仮名から推定できる「ヤマト」「ヒミコ」の音価とが、異なってしまうことはあり得る。また、これらの名称は、使譯を通じて魏国に伝わっているものであるから、その間に、本来の音とは異なった音価で記載された可能性もある。

万葉集に「高照らす日の皇子」「高光る日の皇子」などの表現があり、「卑弥呼」が「日皇子」であればこれに該当する。

このように考えると、日本語との関連を考えることができてわかり易い。ただ、すべて想像である。

これらの名称は、中国の資料に記されたものであり、日本の万葉仮名資料は、それよりも後の時代のものである（三国志は三世紀、日本で木簡が多数出るのは七世紀後半から、記紀万葉は八世紀）。したがって、そこに記されている漢字は、日本の万葉仮名資料に見られる「日本の音に漢字をあてはめる基準」とは異なった基準で、漢字を選んでいる可能性もある。また、邪馬台国と大和国との繫がりも不明である。よって、現存の資料の範囲では、これらの名称について、当時の魏の音韻に照らして音価を推定すること以上のことは困難である。

次に、古事記上巻、スサノヲノミコトが出雲国においてヤマタノヲロチを退治した後に、クシナダヒメの父アシナヅチ神を「宮の首（おびと）」として、与えた名「稲田宮主須賀之八耳神」に、「ミミ」が出てくる。（日本書紀では、本文はアシナヅチ・テナヅチ二神に「稲田宮主神」の号を賜うたと記す。一書第一では「稲田宮主簀狭之八箇耳」の女子イナダヒメと記し、第二ではアシナヅチの妻の名を「稲田宮主簀狭之八箇耳」とする。）

ヤマタノヲロチの物語に出てくる地名は出雲国風土記に記述のある地名であるので、この物語は出雲の国に伝わっていた物語を記紀が取り入れたものであると考えられる。そして「耳（ミミ）」は、出雲地方の国つ神（首長）

の呼称であったものであろう。倭国の所在地についても諸説あるが、少なくとも、倭国の玄関口は北九州に存在したことは明らかであるので、魏書の「弥弥」と「八耳神　ヤツミミノカミ」の「ミミ」とを結び付けて考えることは、有望である。「弥弥」が記紀の「耳」と同じであるとするならば、これは、出雲の言葉と繋がりのあるものである、と言うことができる。それでも、大和の言葉との関連は不明である。

また、魏書には、「噫」という言葉も出てくる。これは、音を写したものであるのか中国語に翻訳したものであるのか、議論の分かれているものである。

皇極紀二年一一月の条に、「噫、入鹿、極甚愚癡、専行暴悪、儞之身命、不亦殆乎」（岩波日本古典文學大系『日本書紀』下、二五二頁）がある。このような記述もあるので、魏書の「噫」は、中国語に翻訳したものとして考える。

そうすると、魏書に出てくる倭語（現存最古の倭語）は、国名・人名・官職名のみ、となる。

中国から授けられる印や文書に書かれている文字を、卑弥呼たち王は、理解しようと努力したであろうし、使いの者たちは、使譯を通して、中国語を学んでいったであろう。

魏書倭人条には、朝鮮半島におもむいて市糴する人々のあったことが記され、韓伝には、鉄を採る倭人の記述がある。さらに、辰韓の人々の風俗は倭人に似ているという記述もある。その時代に半島との往来が活発に行なわれていたことを示すものである。

（2）水田耕作経済の国

邪馬台国は、現在の北九州市周辺の部族国家連合であったが、四世紀後半から五世紀頃に、ヤマトノクニは拡大して大和王朝を形成し、やがて西日本一帯に力をもつようになった。（邪馬台国とヤマトノクニの繋がりは不明）

上に挙げたクシナダヒメ（古事記では「櫛名田比賣」、日本書紀では「奇稲田姫」）や「稲田宮主」の名には、「稲」「田」が出てくる。また、日本書紀神代第五段一書第一一には、月夜見尊が撃ち殺した葦原中國の保食神《ウケモチノカミ》の身体に、牛馬・粟・蚕・稗・稲・麦・大豆・小豆が生ったという記述がある。そしてアマテラスオホミカミは、

「是物者則顯見蒼生可食而活之也」（このものは、うつしきあをひとくさの、くらひていくべきものなり）と喜んで、粟稗麦豆を陸田種子《ハタケツモノ》とし稲を水田種子《タナツモノ》として、稲種を始めて天の狭田と長田とに殖えた、と記す。（同『日本書紀』上、一〇二～一〇三頁）

魏書には、邪馬台国のクニグニが、どのような穀物をもっているか、どのような家畜をもっているかが、逐一記されていた。中国において、政り事の最大の関心事であったからである。採取生活や漁撈・狩猟生活に較べ、農業は経済が安定する。中国に学んだヤマトノクニがとった政策は、水田耕作の普及であった。

また、景行天皇の子、ヤマトタケルノミコトは、蝦夷や熊襲を征伐したことになっている。これは、ヤマトノクニの諸王が、まつろわぬ者たちを制圧して、支配圏を拡大していったことの神話化である。ヤマトノクニに制圧されたクニグニ、ヒトビトは、ヤマトノクニとは、文化を異にし、言語を異にした。

ヤマトタケルの伯母のヤマトヒメノミコトは、伊勢の斎宮となるのであるが、鎌倉時代に成立した『倭姫命世記』には、ヤマトヒメノミコトが各地を巡幸しながら、神田を造設し、土地の首長たちを掌握していく様が描かれている。国造らが神田や神戸を奉納することで中央政権との結び付きを深めたことが、このような伝承にまとまっていったもので、私地私民制から公地公民制に移行することの神話化であると考えられるから、律令国家成立の時期にあたる。（『倭姫命世記』が書かれた背景には、時代の推移にともなって、神田や神戸が名ばかりのものとなろうとしていたので、それを食い止めるため、あらためて神宮との繋がりを明確にしようという意図があった。）

これらの神話・伝承から、関東以西を制する水田耕作経済の国が、しだいに形を整えていった様をうかがうことができる。

四〇〇年頃に漢字や儒教が伝来。その後、聖徳太子によって中央集権国家が構想され、天智天皇によって律令国家建設着手、天武天皇によって天皇制が確立（この頃、《日本》の国号が使われ始めた）。持統天皇の六九四年に藤原京遷都、ここに、唐をモデルとする中央集権国家が完成する。元明天皇の七一〇年に平城京遷都。

魏書には、漁業をなりわいとして、農作を全くしない人々も描かれていたが、この唐をモデルとする国は、水田耕作を中心とした農業経済国である。水田耕作を中心とした農業経済国であることと、海に隔てられていることから外部の人との領土争いがなかったことが、のちのちの、この列島に住む人々の性格を形作っていく。

(3) 日本の公文書

飛鳥の聖徳太子は、漢語-中国語-で三経義疏を著している。太子は、深い思索を漢語-中国語-で著すことができるほどに、漢語-中国語-に、中国思想に、仏教思想に習熟していた。太子の十七条憲法も漢語-中国語-で発音されていたものと考えられている。この時代以降、遣隋使・遣唐使によって、多くの文物が中国からもたらされた。僧侶・博士によって漢語-中国-が研究され、翻って和語も省みられた。天智天皇の時代に学制が整えられ、官人は漢文を学ぶ。国づくりにおいて、唐が全てにわたっての模範であった時代であり、和語の表記法の摸索段階にあった時代のことであるから、第一等の書き言葉は漢文であった。

平安時代に遣唐使を廃し、また、江戸時代に鎖国政策をとっても、漢学の研究は続けられたし、江戸時代には朱子学が御用学問ともなっていたように、文明開化までの間は、中国思想が、日本の手本であった。

その後、「かな」が考案され、種々の和文が作られていくのであるが、公文書・公用文は、江戸時代の末まで、漢文で書かれ続けた。そして、一八八九年（明治二二・二・一一）の大日本帝国憲法は、漢文書き下し文の形で書かれている。現行の日本国憲法（一九四六年、昭和二一・一一・三）もまた、その延長上にあるものである。法律用語には、現在も難解な漢字が並んでいる。

これが、日本の公文書の、大きな特徴である。

2　日本語を記録する——渡来人の工夫、日本人の工夫

日本語が自らの書記法を獲得するまでには、さまざまな試みが為されているが、大きく分けて、漢文の系統と和文の系統とに分けることができる（両極に、正統漢文と平安時代以降の平がな書きの和文とがある）。

漢文系統のものは、概念語が表意文字で記され、原則的に漢文の語順で配列されたものである。これは従来、「変体漢文」と呼ばれることもあったが、一方に、平安時代以後のものについて「変体漢文」という用語を用いるという立場もあって、用語の使用が一定していない。一般には、後者の立場で使用されることが多いため、日本語の書記法を獲得するまでの、和習の混じった文については、さまざまな名付け方がなされている。

これは、漢文とは言えないものであるから、「日本語文」と名付けるという人もある。が、「日本語文」は、日本語で書かれた文の意になり、広い意味が混入する。「漢文型日本語文」と言えばどうか。この場合には、「漢文系統のもの」と「概念語を表意文字で記し、日本語の語順で配列した、和文系統のもの」との区別が付け難い。

また、漢文系統のものと和文系統のものの境界は、線が引きにくい。よって、正統漢文以外のものは全て「漢字文」とする、という立場もあり得るが、そうなると、日本で書かれたものは全て漢字文と呼ぶほかなくなり、聖徳太子などの書いたものも一音一字表記の和文系統のものも同列に扱うことになってしまう。

そこで、原則的には漢文の形式を取り、和習が混じっているという意味で、【和習漢文】と名付ける（序章、一五頁）。これには、

(1) 漢文の中に「奉」や「賜」などの日本語の要素を含んだもの
(2) 一部に、日本語の語順の影響を受けたもの

などがある。

和文系統のものは、原則的に和文の語順で書かれたものである。

(1) 概念語を表意文字で記し、日本語の語順で配列したもの
(2) 概念語（表記は表意文字と万葉仮名とが混じる）を、日本語の語順で並べたもの
(3) 概念語（万葉仮名表記）を、日本語の語順で並べたもの
(4) 語順は日本語の語順でありながら、「将来（コム）」のように漢文的要素を含んだもの
(5) 概念語と助詞・助動詞・活用語の活用語尾とを区別すること無く、表意文字と万葉仮名とを混じて記したもの

(6)　助詞・助動詞・活用語の活用語尾を表音文字としての漢字（万葉仮名）で記したもの
(7)　概念語は表意文字で表わし、助詞・助動詞・活用語の活用語尾は表音文字としての漢字で書いたもの
(8)　一音一字表記のもの

などがある。

以上のように、漢文系統と和文系統との別は、概念語の語順がSVOであるかSOVであるかによって分ける。漢文系統の語法と和文系統の語法とが混在しているものも多い。木簡などの出土品には、さまざまな段階の表記が見られる。

日本語を表記するための工夫は、既に朝鮮において行なわれていた漢文訓読の技法や、朝鮮独自の変体漢文から、発展したものである。漢字を日本に伝えたのは朝鮮の人であったし、当初、記録の任にあたったのも渡来系の人であった。この時既に、朝鮮には朝鮮の漢文訓読法があり、朝鮮独自の変体漢文が存在している。それを身に付けた人が、さらに外国語である日本語を漢語-中国語-で写すのであるから、日本語の特徴を表わす工夫を凝らすこともあり得ることである。初期のものについては、この人々の考案によるものもあろう。（朝鮮半島には、独自の文字を考案したことを示す資料は見つかっていない。日本で独自の表記法が考案されるのは、日本が中国と距離を隔てていることが大きな理由であろう。朝鮮半島は中国と地続きであり、中国から入った人も多く、中国の影響が強い。知識層の間では、中国語は日常的に使われるものであったから、漢文訓読を行ない、漢文に自らの言語の特徴を反映させるにとどまったのであろう。日本は、中国との交渉のために中国語を学ぶ必要にせまられ、また、中国の書物から思想や文化を学ぶことになったが、日常生活に中国語を用いる必要はまったくなかった。それ故、中国語を自らの言語としたり中国語を用いて日本語を表記することよりは、漢字を用いて日本語を表記することの方に傾いたのであった。）[1][2]

二　万葉仮名の時代

1　記紀万葉の表記

(1) 万葉仮名

漢文は外国語であるから、モノゴトを写すことはできても、ココロやアリサマの微妙なニュアンスを写すことはできない。

太安萬侶が古事記を記述した時、最も苦心したのは、そのことであった。その結果、安萬侶が選んだ方針は、一般の記述を、漢文に和語の特徴を加味した和習漢文で書き、歌謡は、一音一字の万葉仮名で記す、というものであった。歌謡の場合、和語の響きや音律が重要な役割を担うから、なおのこと、和語の音を記す必要があった。そのため、現在では、意味不明の部分もあるが。

次に編まれた日本書紀は、おおむね正統な漢文で書かれている。古事記の記述に手を入れ、より国家的な視野に立って、書き直したものである（古事記はイヅモノクニの伝承なども吸収してできた大和国の物語であったが、日本書紀は日本国の物語である。）。歌謡の部分は、古事記と同じく一音一字表記になっている[3][4][5]。

万葉集は、七五九年（天平宝字三）までの歌が収められている（制作年の記されているもの）。その中には、さまざまな日本語の表記法があらわれている。古いものは、概念語が日本語の語順で並んでいるが助詞・助動詞・活用語の活用語尾の類が無表記であるため、歌の概要はわかっても心の襞がわかり難い。次には、漢文の要素をもちながら助詞・助動詞などが部分的に表記されたものがある。さらに助詞・助動詞・活用語の活用語尾が漢字音で表わされたもの（宣命書きに近い）がある。これは、随分わかり易くなっているが、概念語に幾通りかの訓が可能なものもある。次に一音一字表記のものがあるが、これは、訓みはわかるが、単語の意味がわからないものもある（とりわけ東歌・防人歌は、一音一字表記である故に東国方言がわかる利点がある一方で、意味の不明な語が多い)。万葉集の最終的な編者と考えられている大伴家持の歌には、概念語を表意文字としての漢字で記し、助詞・助動詞・活用語の活用語尾などを表音文字としての漢字で記してあるものがあり、現在の漢字かな交じり文に近い表記意識で表わされている。

(2) 万葉集の表記

万葉集の原資料となる古い歌集(柿本人麻呂歌集や古歌集)の表記は、表意文字としての漢字で概念を表わす語を記したものが中心である。漢文の要素はあっても、漢文の要素は五七五七七それぞれの句の範囲は超えず、歌の調べがわかる語順で配列されている(助詞・助動詞・活用語の活用語尾などの記されているものもあるが、以下に述べるように、原資料は無表記であったと考える)。漢文に近いこの表記法は、漢字に習熟した人(渡来系の人たち)が、歌の言葉を損なわずに表記しようとした結果、考案されたものである、と考えることができる。

人麻呂の頃になって、歌を、書いて作ることが始まった。天智天皇の頃より始まった、漢詩の作詩の影響を受けたものである。

人麻呂は長歌の挽歌に優れていたが、それは、文字を書き推敲することによってはじめて可能な、荘厳な流麗な歌である。そしてそれは、中国の誄を承け継ぐ、新しい和歌の創造であった。人麻呂はまた、それまでに行なわれてきた枕詞や原意のわからなくなってしまっていた枕詞に、新しい命を吹き込んだ人でもあった。

人麻呂の歌は、それまでの、歌い継ぎ語り伝えられてきた民謡・歌謡とは異なる。宮廷歌人が会式において朗々と歌を歌いあげることで、王の威厳は響き渡り、人々はその荘重さの前にひれ伏す。古代国家の成立・天皇制の確立の機運の中で、人麻呂はその役目を担い、宮廷歌人として人麻呂を超える人のないほどの歌の世界を作り上げたのであった。

人麻呂は、自身が歌を作りもしたし、歌い継がれてきた歌を筆録しもした。万葉集巻第一から巻第四の人麻呂の作の歌には、概念語が表音文字としての漢字で書かれた部分もあり、助詞・助動詞・活用語尾を表わす表音文字が書き添えられている①。

樂浪之　思賀乃辛碕　雖幸有　大宮人之　船麻知兼津　（万葉一・30）

左散難弥乃　志我能（一云　比良乃）大和太　與杼六友　昔人二　亦母相目八毛（一云　将會跡母戸八）（万葉一・31）

それに対し、人麻呂歌集の歌の中には、助詞・助動詞・活用語の活用語尾を（ほとんど）表出せず、概念語で歌を書記したもの②

春楊　葛山　發雲　立座　妹念　（万葉十一・2453）

遠近　礒中在　白玉　人不知　見依鴨　（万葉七・1300）

天雲　棚引山　隠在　吾下心　木葉知　（万葉七・1304）

と、助詞・助動詞などを表わす字が部分的に書き添えられたもの③

天海丹　雲之波立　月船　星之林丹　榜隠所見　（万葉七・1068）

兒等手乎　巻向山者　常在常　過往人尓　往巻目八方　（万葉七・1268）

がある。②が古く、①が新しい。③は、②から①に移っていく中間の形である。①の助詞・助動詞・活用語の活用語尾などが書き添えられている新しい形のものは、万葉集の編者や書写した人たちが、適宜、補っていったものであると考えられるが、人麻呂歌集の中の二類②③は如何か。

これは、人麻呂が歌の書記法をしだいに作り上げていった結果である、という説がある。同じ人が同じ時期に筆録するならば、ある一定の基準をもって筆録することであろう。或る時に、新しい書記法を考えたのであるならば、同趣の歌であっても採集ないし作歌した時期に応じて書記法が異なっている場合があろう。

ところが、②③の例を引いた万葉集巻七では、

「右十五首柿本朝臣人麻呂之歌集出」（「寄玉」１３００・「寄木」１３０４）

「右一首柿本朝臣人麻呂之歌集出」（「詠天」１０６８）

「右二首柿本朝臣人麻呂之歌集出」（「臨時」１２６８）

など、人麻呂歌集より抜き出し歌をまとめたグループごとに、表記法は②であったり③であったり、表記法が一定している。これは、人麻呂歌集の表記を忠実に写したものではなく、万葉集の編者や書写した人たちの手が加わったものと見るほかないものである。即ち、近年の説の如く、人麻呂歌集の二類の表記法は、人麻呂自身の考案の結果であるのではなく、①と同じように、ここにも万葉集の編者や書写した人々の表記意識が及んでいるのである。人麻呂自身は、古い形即ち②で書記していたものであろう（古歌集は③の表記になっている）。

歌は《歌うもの》である。人麻呂の歌が、書くことによって練られた歌であっても、書かれた歌集は、記録のためのものであって、目で見て読むためのものではなかった。その点、現代の歌集が、ほとんどの場合、目で見て読まれているのとは様相を異にする。人々は、その歌集を見、声に出し耳で聞き、歌を知った。それ故、書かれた歌集に和語の細部が書かれていず、歌が表意文字に凝縮されていようとも、別段、困難はなかったのである。万葉集には類歌が多い。細部が書かれていないために幾つかの訓みを許容する表記のあり方と、時に応じた替え歌を作るという当時の歌のあり方とが、符合するような表記法である。

と言っても、人麻呂に、そのような意識があったということではない。人麻呂歌集の用字の字数は、五七五七七を、でき得る限り２・３・２・３・３の字数に近づけて表わそうとしたものである。（上に掲げた巻第十一・２４５３の歌では、助詞・助動詞・活用語の活用語尾が一切記されていず、２・２・２・２・２の字数になっている。最も単純な形に成し得た例である。）そこに、中国の詩文に精通した人の、視覚の上の美しさを求めたあとがうかがえる。それが人麻呂の表記意識であった。そのように表記しても、耳で歌を知っている人は、その表記を見て、

十分、歌を口ずさむことができた。それと同時に、視覚的な美をも享受したのであった。

和語の音を示す試みは、万葉集の歌の表記にも為された。しだいに助詞・助動詞・活用語の活用語尾が表音文字としての漢字で書かれ、さらに、概念語の音をあらわす表記も為されるようになっていった。

万葉集巻第五の大伴旅人や山上憶良の歌は、一音一字表記が中心である。また、東歌や防人の歌を採取した大伴家持らは、中央の音とは異なる東国の音を伝えるために、積極的に一音一字表記を用いた。大伴家持は、自らの歌の表記も、一音一字表記し、また、現在の漢字かな交じり文に近い形で、表意文字としての漢字と表音文字としての漢字とを配している（宣命大書体）。また、家持の選ぶ字は、「ア」には「安」を用いるというように、或る程度、一定している。(6)

五七五七七の歌を、できるだけ2・3・2・3・3の字数におさめて表記した柿本人麻呂歌集の表記から、大伴旅人の一音一字表記、および大伴家持の表意文字と表音文字とを配した表記（宣命大書体）まで、万葉集の表記法の移り変わりの中に、日本語の表記法がしだいに確立していく様が、はっきりと表われている。

こうして、後の時代のかな文字や漢字かな交じり文が生み出されていくこととなる。

2 清音仮名・濁音仮名と甲類仮名・乙類仮名

ところで、万葉仮名は日本語音を写すものである。にもかかわらず、日本語として重要なものの表記に揺れが見受けられる。清音仮名・濁音仮名である。

記紀は清濁をほぼ区別しているが、古事記には旧い資料の用字を採用したと見られる部分がある。また、万葉仮名では、上代特殊仮名遣いという書き分けが為されているが、記紀の中でも、その甲類仮名・乙類仮名に混用例がある。万葉集では、清濁・甲乙ともに揺れが認められる。

清音仮名と濁音仮名について、神田秀夫氏は日本古典全書『古事記』上　解説（朝日新聞社　一九六二年、一一八〜一二九頁）の中で、以下のように述べている。

……韓國人は今日、現に、日本語の濁音の發音は不得手であるが、當時とても、記録にたづさはつてゐた歸化人は、管見によれば、主として百濟系であるから、彼らによつて作られだした音假名は、當然のこととして清音にかたよるのであつて、さういふ彼らにリードされてゐた飛鳥層の遺文に濁音の假名が稀だからといつて、當時の日本人が今日の韓國人のやうに日本語を清音でばかり發音してゐたと考へるならば、それは資料に振廻されたものである。推古朝遺文のなかで、上宮記逸文だけが濁音假名らしいものを二三殘してゐるのは、歸化人でない日本人が書いたか、或は手を加へたかした結果であらう。

これに對して、古事記の音假名が、濁音表記に努力してゐることは、誰の目にも明かであらう。

……（中略）……

甲類の「ご」と、甲類の「ぞ」とを除けば、濁音假名は一應全部そろつてゐる。且つ、右の内には、

加→賀　波→婆　比→毘

など、清音假名の字種の筆畫を増すことによつて、濁音假名の字種を作り、今日の濁點のやうに、一見して清濁對照し得るやうに工夫したものまである。

氏はまた、古事記の表記は、太安萬侶が選んだもののみならず、それ以前からの本文の字をそのまま写したものもあることを、例を挙げて述べている。ただし、当時の百済系の人々の音韻体系は十分にわかってはいない。それ故、上の記述にあるように、「彼らによつて作られだした音假名は、當然のこととして清音にかたよる」と言ってよいかどうかはわからない。また、推古朝遺文の漢字音の音価や、当時の日本語の音韻についても、検討し直す余地はある。

太安萬侶は古事記の筆録に苦心した。そこに安萬侶の努力はあっても、それで、七一二年当時の万葉仮名の標準ができあがった、ということでは少しもない。むしろ、万葉集の濁音表記に揺れがあるという事実が、大きな意味をもっている。万葉集の濁音表記に揺れがあるということは、濁音の表記意識が、人によりまちまちであったということの顕われである。すなわち、清濁は存在したが、音韻として、共通の同意は得られていないということである。

次に、甲類仮名・乙類仮名について。甲類仮名・乙類仮名は、音韻の違いを写したものであるという説が、かつて広く行なわれていたが、現在では疑問視されている。

古代日本語と同じく、母音調和を有するアルタイ諸言語の中にも、よく似た母音体系（七音や八音）をもつ言語が認められるから、あるいは、文献以前にこの列島で行なわれていた言語（複数）の中には、そのような母音体系をもつ言語が存在していて、大和語に影響を与えたということもなかったとは言えない。

ただ、この甲類仮名・乙類仮名の場合にも、特に万葉集において、表記に揺れがあり、古事記・日本書紀でも混用のあるものがある。万葉集の用字法は、一首の中で字を書き変えたり、戯書があったり、という非常に闊達な用字法であるから、音の表記を犠牲にしてでも、語の意味に繫がる意味を生ずる字や面白い字を選ぶこともある。しかしながら、それでも、甲類仮名と乙類仮名とが混用される事態は、そこに音韻の違いが意識されていなかったものであるか、あるいは、意識されていたとしても、類似の音であると見做されていたものであるということを、証するものである。

（1）万葉集の用字と筆録者

記紀では、清音仮名・濁音仮名、甲類仮名・乙類仮名の使用に或る一定の基準があり、それでも不統一な部分がある。万葉集は、表記に揺れが多い。

太安萬侶が筆録した古事記や舎人皇子・太安萬侶らが撰上した日本書紀のように、全体を貫く思想や表記法に基準のある作品とは違い、万葉集は複数の人が筆録したものである。万葉集の表記の揺れは、これが理由である。

万葉集のうち、七世紀後半から八世紀初めに活躍した柿本人麻呂の採取した歌は、五・七・五・七・七をでき得るかぎり2・3・2・3・3の音数で概念語を並べる形式である。その後、しだいに、助詞・助動詞・活用語の活用語尾などが万葉仮名で記されるようになるが、中には、

和豆肝之良受（ワヅキモシラズ）　（万葉一・5　軍王）

のように、前後が一音一字表記でありながら、「肝」の字が名詞「ワヅキ」と助詞「モ」にまたがるものであるような用字法もある。これは、言葉の意味を考えずに、音だけを記すもので、日本人が思いつく用字ではない。万葉集巻第一・5の歌の作者は軍王（こにきしのおほきみ）で、渡来人である（岩波日本古典文學大系『日本書紀』上、二五八頁。「任那王」の「王」を「コキシ」と訓み、その頭注に、「コキシはコニキシの約。周書、百済伝の「鞬吉支」に当る。コニは大、キシは首長の意。」とある）。この表記が作者自らのものであるかどうかはわからないが、類似の表記法は、

白波之　千重来縁流　住吉能　岸乃黄土粉　二寶比天由香名
白波の　千重に来寄する　住吉の　岸の埴生に　にほひて行かな　（万葉六・932　車持千年）
浦觸而　可例西袖叩　又巻者　過西戀以　乱今可聞
うらぶれて　離れにし袖を　また巻かば　過ぎにし恋い　乱れ来むかも　（万葉十二・2927　正述心緒）

の「粉　フニ」「西　ニシ」「今　コム」など、万葉集に散見する。

ところで、七世紀末の木簡の中に「難波津に咲くやこの花」の歌を一音一字表記で記したものもある。奈良時代の遺跡から出土した木簡には、漢文の要素を含み簡略な字体の万葉仮名を選んで書かれたものがあり、その記載内容から、官人の書いたものと考えられるものもあって、奈良時代には識字層は官人に及んでいたということを、うかがい知ることができる。七世紀末から奈良時代にかけて、既に、そのような表記例が存在する。にもかかわらず、万葉集に「和豆肝之良受（ワヅキモシラズ）」のような表記がある。これらの表記法を考え合わせれば、万葉集の筆録にも（少なくとも初期のものは）、渡来系の人々が深く関わっていた、と考えてよい。

（2）日本書紀の書き分け

それでは、当時の中国音に基づいて漢字を選んで日本語を書き表わした、とされる日本書紀の書き分けとは、どのようなものか。以下に、日本書紀歌謡の中の、助詞、指示代名詞、動詞・形容詞・助動詞の活用語尾、などをとりだして、検討する。

日本書紀歌謡の中の「は」・「ば」、「そ」・「ぞ」

係助詞「ハ」・接続助詞「バ」は清濁で意味の違いがあるものであり、係助詞「ソ」は奈良時代には清音、平安時代以降は濁音と見做されているものである。

日本書紀歌謡の中では、係助詞「ハ」・接続助詞の「バ」は甲類仮名で、係助詞「ソ」は乙類仮名で表記されているが、清濁には異同がある。そこで、まず、これらの表記の書き分けを見る。（以下の記述で、日本書紀の用例について「は」「ば」・「そ」「ぞ」と表記するのは、清音仮名と濁音仮名を平がな書きしたもので、音韻の違いを表わすものではない。数字は歌謡番号を表わす。）

■係助詞「ハ」と接続助詞「バ」

係助詞の「ハ」は、

播……5、6、6、18、28、77、77、79、82、110、114、115、125、126、126

皤……78、78

波……10、22、26、26、28、35、35、62、63、67、104、112

破……11、12、13、14、15、23、28、32、33、43、43、47、48、49、62、62、63、64、103

婆……84

絆……66
箯……74、75、86
麼……96、97、97
である。96、97、97の「麼」字を用いたものは、
96　倭我堤嗚麼（わが手をば）
97　謨等陛嗚麼（本へをば）
97　須衛陛嗚麼（末へをば）
の三例で、すべて「格助詞ヲ＋ハ＞ヲバ」の例である。日本書紀歌謡の「ヲバ」の用例は、この三例のみである。
接続助詞の「バ」は未然形に続く場合と已然形に続く場合とがある。否定の助動詞「ズ」の連用形に続く場合には清音「ハ」となる。

未然形に続くもの
麼……7、58、67、71、80、92、103、103
磨……7、27、46
縻……19
魔……91
破……29
播……81
婆……116
已然形に続くもの
麼……30、34、53、54、55、61、64、75、75、87、97、102
磨……83

　波……127

である。このうち、29・81・116・127の四例は、森博達著『古代の音韻と日本書紀の成立』（大修館書店、一九九一年）の清濁推定では、清音になっている（ただし、116歌謡の「婆」は、同書一八〇頁では、「シルクシタタバ」と、濁音訓になっている）。

29・127の二例は、

29　伊多氏於破孺破（痛手負はずは）

127　伊麻栫藤柯禰波（いまだ解かねは）

で、二例とも否定の助動詞「ズ」に続くものである。30にも

30　梅珥志瀰曳泥麼（目にし見えねば）

があるが、こちらは濁音になっている。

なお、「助詞ヲ＋助詞ハ」は連濁して「ヲバ」になることがあり、「否定の助動詞ズの連用形＋助詞バ」は「バ」が清音になって「ズハ」になることがある。接続助詞「バ」は、係助詞「ハ」から転成したもので、もともとは「ハ」であったものが接続助詞として独立すると同時に濁音化した、と考えられるものである。「ズバ」が「ズハ」になるのは、濁音の連続を避けたものであるが、もとの清音に戻っていることになる。それでも、接続助詞としての意味を保っているわけである。

係助詞「ハ」の項に挙げたように、「助詞ヲ＋助詞ハ＞ヲバ」の用例が三例あり、すべて濁音仮名で表わされている。「否定の助動詞ズの連用形＋助詞バ」＞「ズハ」が音韻の変化であるかどうかはわからないが、表記の上にその法則を適用することができるならば、29歌謡の清音仮名は許容範囲のものであり、127歌謡の「波」は30歌謡の「麼」と同じく濁音仮名になることが期待される。

次に、81歌謡は、

81　矩羅枳制播（鞍着せは）

で、下二段活用動詞未然形に続くものである。同じ81歌謡には、「ヌバタマ」を「ぬはたま」と表記したものもあり、「播」字を濁音仮名として用いていると考えられる。ところが、125歌謡に、

81　農播梅磨能（ぬはたまの）

125　多致播那播（たちはなは）

の表記があって、ここでは「橘　タチバナ」と係助詞の「ハ」の二つに「播」が用いられている。この場合には、「播」字を清音仮名にも濁音仮名にも用いている。このことを考え合わせれば、81歌謡の「播」も、また、127歌謡の「波」も、濁音を表わすものである可能性もある。[7]

また、116歌謡

116　旨屢倶之多多婆（著くし立たば）

の「婆」は、『古代の音韻と日本書紀の成立』資料篇一八〇頁の訓では濁音になっている。が、内篇一一四頁の記述からすれば、清音仮名である。

「婆」の字は、

114　婆那播左該騰模（はなはさけども）

の「花　ハナ」では清音の表記に用いられており、2歌謡の「オトタナバタ（弟棚機）」

2　乙登多奈婆多廼（おとたなはたの）

では、連濁で「バ」となる例である。この字の場合にも、清音仮名にも濁音仮名にも用いていると考えられる。したがって、116歌謡の「婆」字も、濁音を表わすものと見てよいであろう。

以上のように、接続助詞「バ」の表記には、清音仮名を使ったものも混じる。

■係助詞「ソ」

次に係助詞「ソ」は、一般に、奈良時代には清音、平安時代以後は濁音と解されているものである。係助詞「ソ」には、文末に用いられるものと、文中に用いられるものとがある。

文末に用いられるもの

32　摩莵利虚辭彌企層（まつりこし神酒そ）

70　異餓幣利去牟鋤（い帰り来むぞ）

124　倶伊播阿羅珥茹（悔いはあらじぞ）

32は「名詞＋そ」、70は「動詞＋助動詞ム＋ぞ」、124は「存在詞＋助動詞ジ＋ぞ」

文中に用いられるもの

43　伊枳羅儒層區屢（い切らずそ来る）

108　梅我佐基泥　佐基泥曾母野　倭我底騰羅須謀野（誰が裂手　裂手そもや　わが手取らすもや）

109　渠騰曾枳擧喩屢（言そ聞こゆる）

110　比騰曾騰余謀須（人そ響もす）

43は「動詞＋助動詞＋そ」、108・109・110は「名詞＋そ」

38　泥辭區塢之叙　于蘆波辭彌茂布（寝しくをしぞ　うるはしみ思ふ）

50　多遇譬氏序豫枳（類ひてぞ良き）

89　阿波夢登茹於謀賦（逢はむとぞ思ふ）

38は「助詞ヲ＋助詞シ＋ぞ」、50は「助詞テ＋ぞ」、89は「助詞ト＋ぞ」

以上、日本書紀の中で「そ」「ぞ」は、

•文末に用いられるものでは、名詞に続くものが「そ」、助動詞に続くものが「ぞ」。

•文中に用いられるものでは、名詞・助動詞に続くものが「そ」、助詞に続くものが「ぞ」

となっている（「助動詞に続くもの」は、「用言に続くもの」であろう）。

この用例の限りでは、

•文末に用いられるものでは、名詞を承ける場合は「そ」（名詞文をなす。後に、名詞文は、この「ソ」あるいは「ナリ」「タリ」を付けるのが一般となる。)。動詞文を承ける場合は「ぞ」。

•文中に用いられるものでは、主語を承ける場合、用言連用形の形で補語となるものを承ける場合、は「そ」。目的語・補語の文節および句が助詞を伴うものを承ける場合、引用の「と」を承ける場合、は「ぞ」。

とまとめることができる。

以上のことより、少なくとも「そ」・「ぞ」は、その前にある語の品詞によって書き分けられている、と言うことができる。ここから、日本書紀の清音仮名・濁音仮名の書き分けは、その語の文の中での役割によって決定されるものである、という推測が成り立つ。

ところで、43歌謡「伊枳羅儒層區屢（い切らずそ来る）」は、「そ」の直前に濁音の「ず」がある。上に見たように、日本書紀では、「ヲバ」「ズハ」の清濁が或る程度書き分けられているから、この場合にも、「い切らずぞ来る」と濁音「ぞ」であったものが、濁音の連続を避けて清音「そ」となっている、という可能性のある例である。43歌謡について、このような考慮をしない場合。「そ」と「ぞ」の書き分けは、文中に用いられるものと文末に用いられるものとで基準が異なっており、清濁は、単に、前の語の品詞によって書き分けた目印のようなもの、ということになる。が、43歌謡をこのようなものと考えると、文中に用いられる「そ」は、名詞を承けるものと、そうでないものとに分かつことができ、文末に用いられる「そ」の基準と似た基準になる。

上に、「音韻の変化であるかどうかはわからないが、表記の上にその法則を適用することができるならば」として「ズハ」の表記について述べた。用例数が少ない欠点はあるが、今も同じように、表記の上のこととして、「は」「ば」「そ」の基準をまとめると、

•係助詞「ハ」は清音仮名。ただし、「ヲ＋は」＞「ヲば」
•接続助詞「バ」は濁音仮名。ただし、「ズ＋ば」＞「ズは」
•文末に用いられる係助詞「ソ」は、名詞を承ける場合（名詞文）は清音仮名。動詞文を承ける場合は濁音仮名。
•文中に用いられる係助詞「ソ」は、名詞を承ける場合は清音仮名。その他は濁音仮名。ただし、「ズ＋ぞ」＞

「ズそ」

という、整然とした形にまとめることができる。

以上が、日本書紀の中の助詞「ハ」「バ」「ソ」の清濁である。

日本書紀歌謡の中の助詞、指示代名詞など

次に、日本書紀歌謡の中の助詞、疑問詞、指示代名詞、形式名詞などを見る。（左に傍線を付したもの＝乙類仮名）

甲類表記の助詞……ガ　ニ　ヲ　ユ　テ　バ　カラニ　ダニ

ハ　モ

カ　カモ　ヤ　シ

ナ　ネ　モガモ

乙類表記の助詞……ノ　ト　ド

ノミ

ソ　ゾ　コソ

ヨ

甲乙表記の助詞……サヘ

乙甲表記の助詞……トモ　ドモ

疑問……タレカ　ナニカ

タレヤシヒト

ナニノ　ナニトカモ

指示代名詞など……シガ

コノ　ソノ　ココ　ソコ

カク　カクノゴト

形式名詞…………コト　トキ

以上をまとめると、

・「モ」が甲類であるが、それ以外のオ段音は乙類である。

・「サヘ」の「ヘ」が乙類。

94　伊比佐倍母理（飯さへ盛り）

94　瀰逗佐倍母理（水さへ盛り）

・その他は甲類。

類似の働きをする語を対比すると、

・連体の助詞の「ガ」が甲類（甲乙なし）、「ノ」が乙類。

・指示代名詞の「コ」「ソ」が乙類で、係助詞の「ソ」「ゾ」「コソ」が乙類。

・「代名詞＋ガ」の「シガ」が甲類（甲乙なし）。「代名詞＋ノ」の「コノ」「ソノ」は乙類。

である。

とりわけ指示代名詞の「シ」が甲類であり「ソ」が乙類であることが指摘されることがあるが、「モ」（甲類）以外のオ段音はすべて乙類であり、「サヘ」のヘ（乙類）以外のア・イ・ウ・エ段音は甲類であるから、これは、特に注目すべき事柄ではないかもしれない。

日本書紀歌謡の中の動詞・形容詞・助動詞の活用語尾

奈良時代の動詞の活用型は八種類ある。日本書紀歌謡には、以下の活用形のものを有する（左に傍線を付したもの＝活用語尾が乙類仮名であるもの）。

・四段活用の已然形が乙類、命令形が甲類。

・一段活用動詞は甲類、二段活用動詞は乙類。命令形（乙類）は用例なし。
・カ変は、未然形「コ」が乙類。命令形（乙類）は用例なし。

四段		未然形	連用形	終止形	連体形	已然形	命令形
上一段		未然形	連用形		連体形	已然形	
上二段		未然形	連用形		連体形		
下二段		未然形	連用形	終止形	連体形	已然形	
ナ変		未然形					
カ変		未然形		終止形	連体形	已然形	
サ変		未然形	連用形	終止形	連体形		
ラ変		未然形	連用形	終止形		已然形	

形容詞は、以下の活用形のものを有する。
・すべて甲類。

ク活用		未然形	連用形	終止形	連体形	已然形	
シク活用				終止形	連体形		

助動詞は、以下の活用形のものを有する（左に傍線を付したもの＝乙類仮名）。
・動詞型・形容詞型の活用語尾は、それぞれの動詞・形容詞の活用語尾の特徴に準ずる。
・四段活用型である推量の「ム」「ケム」の已然形の「メ」は乙類で、その特徴を表わしている。尊敬の「ス」の已然形の「セ」は甲類となっている。
・推量の助動詞「ラム」の已然形および継続の助動詞「フ」の已然形・命令形は、用例無し。「ゴトシ」は用例無し。

		未然形	連用形	終止形	連体形	已然形	命令形
使役	シム		シメ				
否定	ズ		ズ	ズ			
		ナ			ヌ	ネ	
否定推量	ジ			ジ			
	マシジ			マシジ	マシジキ		
推量	ム			ム	ム	｜メ	
	ラム				ラム		
	ケム				ケム	ケ｜メ	
	マシ			マシ			
	ベシ				｜ベキ		
		（「｜ベミ」の用例も有り）					
推定	ラシ				ラシキ		
回想	キ	セ			シ	シカ	
		ケ		キ			
	ケリ			ケリ			
完了	ツ			ツ	ツル		
	ヌ		ニ	ヌ			
現存	リ				ル	レ	
指定	ナリ	ナラ		ナリ	ナル		
			ニ				
尊敬	ス	サ	シ	ス	ス	セ	
	マス		マシ		マス		
反復	フ			フ			

・このほか、カ変活用動詞の連用形「キ」が甲類・命令形が乙類となり、助動詞「ラム」の已然形「ラメ」の「メ」が乙類となる。
・四段活用動詞型の活用をする尊敬の「ス」「マス」と継続の「フ」は、四段活用動詞と同じく已然形が乙類・命令形が甲類となることが、期待される。
・また、「ベシ」「ゴトシ」の「ベ」「ゴト」は乙類である。

ここに述べたように、日本書紀歌謡の中の活用をもつ語と助詞などの書き分けは、単純な形にまとめることのできるものである。これをふまえながら、記紀万葉の時代の、清音・濁音、甲類仮名・乙類仮名がどのようなものであったのか、を考える。

(3) 清濁

まず、清音・濁音について。
奈良時代の日本語の文字資料から推定できる音韻では、
(1) 母音音節は語頭以外に立つことはない。
(2) ラ行音は文節のはじめに立たない。
(3) 濁音は文節のはじめに立たない。
そこで、複合語など、二語が緊密な結びつきをもつものを形成する時に、語頭が母音である語がその後項に立つ場合には、母音の連続を避けるため、

(a) 母音脱落　荒磯　アリソ　ara iso → ariso
　　離れ磯　ハナレソ　Φanare iso → Φanareso
(b) 融合　長息　ナゲキ　nanga iki → nangeki
　　*咲けり　サケリ　saki ari → sakeri

(c)　音韻添加　　春雨　　ハルサメ　Φaru ame → Φarusame

のような音韻変化をする。（＊印のものは、複合語ではない。山田孝雄は、いわゆる助動詞を含めて動詞の複合体を考え、助動詞に相当するものを【複語尾】と名づけた。この観点は、「咲けり」のような、動詞と助動詞とが融合してしまう現象を、よく説明する。）

他の複合語や二語の連続（語頭が母音以外の音節である語が後項に立つ）の場合には、

(d)　連濁　　山川　　ヤマガハ　yama kaΦa → yamangaΦa

を生じる場合がある。また、

(e)　母音交替　　天雲　　アマグモ　ame kumo → amagumo

月夜　　ツクヨ　tsuki yo → tsukuyo

木枕　　コマクラ　ki makura → komakura

のような交替をするものがある。ただし、母音交替する語は、複合語の前項のものに古い形が残っていて、単独形は後からできた語形である。（現代語の「蹴飛ばす」「蹴散らす」の「蹴　ケ」に、「蹴　ケル」が平安時代に下一段動詞であった痕跡が残っている。これを傍証とすることができる。）

(a)に類するものに、

わが家　ワギへ　　wa nga iΦe → wangiΦe

妹が家　イモガへ　imo nga iΦe → imongaΦe

があり、これも複合語に近いものである。一語になってはいないが、

ワガ大君→ワゴ大君　　wa nga oΦokimi → wa ngo oΦokimi

のように、近接する音に同化するものもある。（上記のように、甲乙仮名は音韻として意識されていたものではない、と考えるので、イ・エ・オの表記は i, e, o とした。ハ行音は［Φ］音説と［p］音説とがある。通説の‘Φ’表記を用いた。ガ行音は鼻音を表わす‘ng’とした。）

以上の記述のうち、「濁音は文節のはじめに立たない。」ということと、「連濁」とが、とくに濁音と関わる事柄である。[8]

上に述べた古い日本語の三つの特徴のうち、(1)の「母音音節は語頭以外に立つことはない」というのは、奈良時代の日本語では母音音節の連続を避けた、ということである。[9] (2)の「ラ行音は文節のはじめに立たない」については、自発の助動詞「ユ」が「ル」に変化するなど、ヤ行音とラ行音が交替することから、古い日本語にはラ行音がなかった、と推定することができる。このように推定することのできる(2)と、(3)の「濁音は文節のはじめに立たない」を並べ見るならば、(3)についても、同様に、古い日本語には濁音がなかったのではないか、という想定が導き出される。

連濁

仮字

〔日本書紀の書き分け〕に見たように、日本書紀の中では、助詞の「ハ」「バ」「ソ」が、前の語の品詞によって使い分けられていた。「ヲハ」が「ヲば」となったり、「ズバ」が「ズは」となるものである。同じ語であっても、前の語の品詞によって清濁が異なり、にもかかわらず同じ語と認め得るということである。この書き分けは、万葉集では、接続助詞「バ」が「波」表記されているものが多数あったりして、それほど厳密ではない。

複合語ではどうか。

日本語の「山川　ヤマカハ」と「山川　ヤマガハ」とは同じではない。「ヤマカハ」は「山」と「川」の並立を意味し、「ヤマガハ」は複合語で、「山合いを流れる川」を言う。万葉集で「ヤマガハ」は、「山川」四例「山河」六例「山河（水）」一例「夜麻河波」一例「夜麻加波」一例で、一音一字表記例の「夜麻河波」の「河」は、漢音「カ」・呉音「ガ」、「夜麻加波」では、「加　カ」と清音になっている。

「アマノカハ」の場合には、「天漢」三八例「天河」一〇例「天川」三例「安麻能河波」一例「安麻能我波」二例

「安麻乃可波」一例で、一音一字表記のものでは「我　ガ」「可　カ」のように、濁音仮名例と清音仮名例とがある。ここでも、万葉集の清音仮名と濁音仮名とは区別されていないこともある。

このように、万葉集では清音仮名と濁音仮名とが区別されていないこともあるが、記紀では、清音仮名・濁音仮名の別と甲類仮名・乙類仮名の別が、或る程度意識されている。ところが、平安時代になって平がなが成立した時、清濁・甲乙の別は反映されなかった。複合語の場合、「ヤマガハ（山川）」の平がな表記は「やまかは」である。

仮に「ガ」を表わす「賀」字の草仮名から平がなを考案すれば、「賀は（ガハ）」と「かは（カハ）」とは視覚上、同一性を失う。訓点では濁音符号を考え、音義・辞書の類では「○○」「●●」表記などを採用していたが、濁点が平がなに導入されて、濁点の付いた字が一つの字として一般に使われるのは、江戸時代頃からのことである（訓点では、清音符号などもある）。平がなにいまだ【濁点】が成立していない段階にあって、「カハ（川）」と「ヤマガハ（山川）」の「川」に視覚の上で同一性をもたせるためには、清音と濁音とを同一文字（清音）で表記することを選ぶことになる。濁音とは、これを許容する体《てい》のものである。すなわち、平がなが成立した時期の意識では、濁音は音韻と意識されてはいなかった。

上に挙げたような、複合語が成立する際のさまざまな音韻変化や、濁音が文節のはじめに立つことはないという特徴から考えれば、濁音の成立はもともと、このようなところ（複合語）にあって、清音・濁音は、無声音・有声音の対立ではなかったかもしれない。まず、このような予測を立てておく。

■音

現代語では、「洗濯」「天の川」を、「センタク」と言うか「センダク」と言うか、「アマノカワ」と言うか「アマノガワ」と言うか、は地方によって異なった習慣をもっている。「センダク」の濁音は、直前のン（n）に引かれて鼻音になったものが、無声・有声の意識の導入によって、有声音となったもの。「アマノガワ」は複合語であるため、後項の語頭を濁音化するということで「ガワ」になったものである。

また、平安時代には、音便形が現われるが、そのうちの撥音便では、前項の末尾の子音［m］［n］［b］［r］の後の母音が脱落し、さらに、「公達（きみたち＞きんだち）」「読みて＞読んで」「あるなり＞あんなり」「おもしろかるめり＞おもしろかんめり」のような変化をする。「きんだち」「読んで」の場合に、後項の頭のタ行音が濁音になるのは、［m］音が、鼻音として後の［t］音に影響を与えているためである。

いずれの場合にも鼻音が関連をもっている。

ところで、日本書紀１８歌謡、

瀰磨紀異利寐胡播椰　飫迺餓烏塢　志齊務苔　農殊末句志羅珥　比賣那素寐殊望

御間城入彦はや　己が命を　死せむと　竊まく知らに　姫遊びすも

の「比賣那素寐　ヒメナソビ」では、「ヒメ　pime あるいは Φime」と「アソビ　asobi」の間に'n'が入っている（［n］音か鼻音かであろう）。この場合、複合語の後項は「アソビ」で、語頭に母音をもつ語である。（「ヒメナソビ」は従来、「姫の遊び　Φime no asobi」から母音が脱落した例とされてきた。）

また、万葉集に「ウレ」と「コヌレ」の対応があり、「コヌレ」では、「コ」と「ウレ」の間に'n'が入っている。

ウレ………「宇万良能宇礼尓（茨の末に）」（万葉二十・４３５２）

コヌレ……「夜麻能許奴礼能（山の木末の）」（万葉十八・４１３６）

さらに、「クヌチ（国内）」「ヤヌチ（屋内）」の場合には、

クヌチ……「久奴知（国内）」（万葉五・７９７　山上憶良）（万葉十七・４０００　大伴家持）

ヤヌチ……「屋中（屋内）」（万葉十九・４２６３　作者未詳）

「クヌチ」は「クニウチ　kuniuchi」から'i'が脱落した形であるが、「ヤヌチ」では「ヤ　ya」と「ウチ　uchi」の間に'n'が入った形になっている。どちらかが他方からの類推でできたものと見られ、音構成は異なっているが、成立し了えた形は似ている。「ヤヌチ」の構成は、「ヒメナソビ」と同じである。（万葉集中の「クヌチ」「ヤヌチ」の歌の年代は、７９７の歌の「クヌチ」がもっとも古い。「ヤヌチ」が後でできたとすれば、「クヌチ」から類推し、さらに「ヒメナソビ」や「コヌレ」の形式を取って、「クヌチ」の形に近づけたものであろう。「ヤヌチ」が

先にあったとすれば、「クヌチ」の方が「ヤヌチ」に形を合わせるために母音脱落の形式を取った、ということになる。）

記紀には、「アセ（吾兄）」「アゴ（吾子）」「アギ（吾君）」「アヅマ（吾妻）」「ワドリ（我鳥）」「ナドリ（汝鳥）」や「ナセ（汝背）」「ナニモ（汝妹）」などの用例がある。これらは、所有・所属の助詞「ガ」の成立する以前の語構成である。

吾背・吾兄（アセ）……「阿勢袁（あせを）」（記２９歌謡）
「阿世袁（あせを）」（記１０４歌謡）
「阿西嗚（あせを）」（紀７６歌謡）
吾子（アゴ）…………「阿誤豫（あごよ）」（紀８歌謡）
あぎ（アギ）…………「伊奢阿藝（いざ、あぎ）」（記３８歌謡）
「佐耶岐阿藝（さざきあぎ）」（記中巻　二四〇頁）
「伊奘阿藝（いざ、あぎ）」（紀２９歌謡）
「伊奘阿藝（いざ、あぎ）」（紀３５歌謡）
吾妻（アヅマ）…………「阿豆麻波夜（あづまはや）」（記中巻　二一四頁）
我鳥（ワドリ）…………「和杼理（わどり）」（記３歌謡）
汝鳥（ナドリ）…………「那杼理（などり）」（記３歌謡）
汝背（ナセ）…………「吾夫君、此云阿我儺勢（あがなせ）」（神代紀一書第七　上九七頁）
「愛我那勢命（あがなせのみこと）」（記上巻　六四頁）
「奈勢能古（なせのこ）」（万葉十四・３４５８）
汝妹（ナニモ）…………「愛我那迩妹命乎（あがなにものみことを）」（記上巻　六〇頁）

このうち、最後に挙げた「ナニモ（汝妹）」は、「イモ（妹）」に対応するもので、「ナ」と「イモ」の間に「n」が入っている。「ナニモ（汝妹）」は「ナセ（汝背）」と対の概念であるが、「ナセ」には 'n' は入らない。また、「アゴ」「アギ」「アヅマ」「ワドリ」「ナドリ」の後項が濁音になっている。「アセ」は清音のままである。

以上、間に 'n' が入っている例、「ヒメナソビ」の場合も「コヌレ」や「ナニモ」の場合も、後項の語の語頭は母音である。「アゴ（吾子）」「アギ（吾君）」「アヅマ（吾妻）」「ワドリ（我鳥）」「ナドリ（汝鳥）」の後項の語の語頭は子音である。「ナセ」「アセ」の「セ」が清音のままであるように、この音変化は、いつでも起こるわけではない。

母音の前で 'n' になり、これが子音の前に来ると濁音になる——ここに鼻音を導き出すことができる。この 'n' は、現代語の「わたしんのー（わたしのもの）」の「ん」にあたる。「僕んだよ（僕のだよ）」の「ん」も同じで、「のもの」の意をもち、古代語では「ガ」ないし「ノ」で表わすものである。

上に挙げた「木末　コヌレ（konure）」の「木」は、複合語となる時に「キ」が「コ」に変化する母音交替の例である。この場合、さらに「キ」と「ウレ」の間に 'n' が入っているが、「木立　コダチ（kodati）」の場合は 'tati' の頭音が濁音化している。「木の間　コノマ（konoma）」の場合には助詞「ノ」が入っている。

木立（コダチ）…………「許太知」（万葉十七・４０２６）

木の間（コノマ）………「許能麻」（万葉十四・３３９６）

これらはすべて同じ機能をもつものである。すなわち、'n' と濁音とは連体の助詞「ノ」に相当する（所有・所属の助詞「ガ」・連体の助詞「ノ」の起源はここにある）。

ところが、連濁は、複合語の後項の語が「影　カゲ」のようにもともと濁音を含んでいる語である場合には起こらない（ex.「面影　オモカゲ」）。複合語ではないが、「入らずば」のように否定の助動詞「ズ」に接続助詞の「バ」が続く場合には、「バ」が清音の「ハ」に発音されることがある。「恋しくば」も同じで、「恋しくは」。また、「名をは」の場合は「名をば」と、「ハ」が濁音の「バ」に発音されることがある。濁音の連続を避けるため、変化することも可能であって、変化しても同じ語と見做されるものである。（上に述べたように、日本書紀ではこれらを書き分けている。）
•「否定の助動詞ズ＋接続助詞バ」の「バ」を「ハ」
•「形容詞＋接続助詞バ」の「バ」を「ハ」
•「助詞ヲ＋助詞ハ」の「ハ」を「バ」

これらは、発音に際して声門が多少閉じるかどうかの差を生じ、やがて慣用となったものである。（p→b、b→p。pがΦに変化している段階であれば、Φ→b、b→Φで、摩擦と破裂の違いも生じる。）

▩ロドリゲスの記述

古代の日本語を知るには、非常な困難を伴う。その点、中世のキリシタン資料は、どのような人が書いたものであるのかもわかっており、その人々が言語を観察する訓練を受けた人々であること、同じ時代に日本人が書き記した日本語に関する考察も存在すること、などから、不足のところは補いつつ読むことができる。ただし、基準は西欧語にあるので、エ・オが'ye''vo'の表記になる。（筆者の発音を省みれば、「声　コエ」「顔　カオ」などのエ・オはたしかに、'e''o'よりは'ye''vo'に近づいている。日本語は口を開けずに発音するため、音がくぐもるのである。これを甲類仮名・乙類仮名の音価と結びつけて考えるのは無用のことである。）

キリシタン資料のうちの、ロドリゲス『日本大文典』（土井忠生訳、三省堂、一九五五年）には、濁音に関して、

アクセント及び発音上の誤謬

〇又、後に発音法の章で述べるやうに、ある語は一種半分の鼻音或いはソンソネーテを取るのであるが、それをN又は明白な鼻音に変へてはならない。

（六二〇頁）

D, Dz, Gの前の母音に関する第三則

〇D, Dz, Gの前のあらゆる母音は、常に半分の鼻声かソンソネーテかを伴ってゐるやうに発音される。即ち、鼻の中で作られて幾分か鼻音の性質を持ってゐる発音なのである。

（六三七頁）

と記す。

記紀万葉より八〇〇年から八五〇年も下った時代のものであるから、記紀万葉と同等に見るわけではないが、この時代の日本語においても、日本人の「D, Dz, G」の濁音の発音に際して、鼻音に近い要素が認められるということは、古い時代の日本語の清濁を考える上で参考になる。

ロドリゲスは、「ダ・デ・ド」を「D」で、「ヅ」を「Dz」で表わしているから、「D, Dz, G」はダ行音・ガ行音についての記述である。現代にも「マダ（未）」を「マンダ」、「マヅ（先）」を「マンズ」と発音する人があり、「カガミル（鑑）」が「カンガミル」になることなどは、この鼻音が顕在化したものである。

＊「D, G」は破裂音、「Dz」は破擦音である。ここには、もう一つの有声破裂音「B」のバ行音と、ザ行音が入っていない。ザ行音「za, ji, zu, je, zo」は、鼻音とは離れた音である。「バ（ba）」の場合には、両唇破裂音であるため、その前には［m］音が入りやすい。上に、「ズハ」「クハ」「ヲバ」について述べたが、中世以後の漢文訓読の読み癖に、「ズハ」「クハ」を「～あらずんば」「～なくんば」「～ごとくんば」と訓むのは、この［m］音が顕在化したものである。漢語の「馬」「梅」が、日本語で「ウマ」「ウメ」や「ムマ」「ムメ」、また「ンマ」「ンメ」の音になることや、和語（？）の「ウベ（諾）」が「ムベ」になることなどと同類である。

この「～あらずんば」「～なくんば」「～ごとくんば」のような読み癖は、力強い印象を与えるものである。中世には、和漢混淆文に代表される力強い表現が好まれた。感動や見事なことを表わす「アッパレ」という語が、平安時代の「内に沈潜した、しみじみとした情感」を表わす語の「アハレ」から分離するが、この促音も、力強い表現の一つである。

現代語の中にも、「とっても」「よっぽど」「すっごく」のような、副詞の強調形に促音の入るものがある。「すっごく」はまた、「すんごく」の形もあり、これは、「あんまり」「なんにも」など「M, N」の前に「ン」の入るものと同じである。このように、「M, N」の前では「ン」音になることが、上の「～あらずんば」「～なくんば」「～ごとくんば」で［m］音が顕在化することと関連する。

ハ行転呼音

連濁の例として「天の川」の読みを挙げた。現代語の「アマノガワ」の場合、「ガ」は東京式発音では鼻音（現在、消えかけている）になるのであるが、であれば、「センダク」に鼻音が入ることや、タ行音に続く撥音便が、鼻音として後の［t］音に影響を与えることと、鼻音という点で共通する。

現代語の鼻濁音「ガ゚」は、文節のはじめにあらわれることはない。文節のはじめでは濁音である。これは、古い日本語で濁音が文節のはじめに立たないことと符合する。現代の東京式鼻濁音でもって、万葉仮名の時代の音を証明することはできないが、これは大いに参考になる事柄である。

平安時代のハ行転呼音もまた、文節のはじめにあらわれることはない。（語によって、ハ＞ワが資料に表われてくる時期は異なる。）

ハ行転呼音では、ハ行音がワ行音に変わるのであるから、この場合のハ行音は［p］ではなく［Φ］と考えられ、遅くともこの頃までに、ハ行音が p＞Φ の変化をしていたことがわかる。そして、ハ行音からワ行音に移るについては、Φ＞β＞w という説もある。が、例えば「アハレ　aΦare」を発音する際に、無声摩擦唇音［Φ］の摩擦を軽く発音すれば喉に響き、容易に［w］に転じる。Φ＞w の変化は p＞Φ の変化くらいに近い変化である。

第二音節以下のハ行がワ行になるという、ハ行転呼音の場合のハとワとの関係は、清音仮名と濁音仮名のあり方に似ている。従来、ハ行とバ行とが清濁の対応（必ずしも「対立」ではない）をもっていたのであるが、ここで、ハ行とワ行との間に清濁に近い関係が生じたことになる。

しかしながら、濁音もハ行転呼音も、何ゆえ第二音節以下にしかあらわれないのであろうか。このことは、言い換えれば、語頭の音は清音やハ行音を保つということである。「ハナ（花）」は「ハナ」であって「※バナ」にはならない。「ヒロフ（拾フ）」は「ヒロウ」であって「※ヰロウ」にはならない。

「サユリバナ（小百合花）」と「サユリハナ」、「ヒロウ」と「ヒロフ」を発音してみれば、「サユリバナ」「ヒロウ」は発音が楽である。言語の経済性の一つで、口の動きを節約した結果が、濁音とハ行転呼音である。語頭の音まで変化させると語の同一性が失われるため、そこまでは変化させないが、語中では、適当に言いやすい音に変える――変えても意味は通ずるという共通理解のもとに。

「ヒロフ」と「ヒロウ」とが同居する時期があったように、「サユリハナ」と「サユリバナ」、「アマノカハ」と「アマノガハ」、「ヤマカハ」と「ヤマガハ」とが同居する時期もあったであろう。記紀は清濁をおおむね書き分けているが、万葉集ではまちまちであることは、上にも述べた通りである。清音と濁音とに重要な違いがあるものであるならば、「ア」と「イ」とを書き分けるごとく、常に清音と濁音とは書き分けたはずであるからである。

「ヤマカハ」と「ヤマガハ」が同一のものを指すわけではないということも、いつの頃からそのような慣用を生じたのかは定かではない。万葉集では清濁が混淆しており不明である。少なくともキリシタン資料の以前には、訓点資料や辞書を除いて、和語の濁音は表記されないことが一般であった。が、しだいに、清音と濁音とに意味の違いを与えていったものであろう。こうして、濁音が定着することとなる。

ハ行音

平安時代のかな書きは清音で書かれているために、「は」と書いても現在の「ハ」「パ」「バ」の三つの音を表わし得る。ハ行音は、連濁や促音の際に半濁音（パ行音）になることもあり、多様な変化をする。ハ行音が複雑であるのは、その音が［p］→［Φ］→［h］と変化していることと関わる。ハ行音の変化の中に、連濁の性格を考える参考となることがあると考えられるので、以下さらに、ハ行音の変化について考察する。

▩「ナンピト—ナンビト」

ハ行の連濁には、半濁のパ行も関わる。例えば、現代語で、

撥音……漢語の「音波」「審判」「安否」「親筆」「還付」「振幅」「身辺」「散歩」など、［n］音の後のハ行音は、パ行音になるものが多い。「按配」「看板」「南北」などバ行音のものもある。

促音……「日本」には「ニホン」と言う場合と「ニッポン」と言う場合とがある。

このように、連濁が半濁音を取る例は、日葡辞書にも、「Xinpai　シンパイ（神盃）」「Xinpit　シンピツ（親筆）」「Vonpacaxe　オンパカセ（御帯刀）」など、多数ある。

漢語の用例を挙げたが、不定の語を用いた「何人」(漢語出自。論語にもある。)のように、和語で「ナンピト」「ナンビト」と読むことのできるものもある。『大言海』(一九三四年)は「ナンピト」の項目を挙げ、

(なにびと(何人)ノ音便)如何ナル人。誰。

とする。『日本国語大辞典』(小学館、一九七五年)「ナンピト」は、

【何人】(名)(「なんびと」とも)「なにびと(何人)」の変化した語。

とする。明治時代には、よく使われていた語である。この「ナンピト」「ナンビト」の場合、[p]音で発音するか[b]音で発音するかに違いはない。

▩「ニホン　―　ニッポン　―　ジッポン」

日本の国号もまた、「ニホン」「ニッポン」の訓みをもつ。

「日本」という国号は、天武天皇の時代すなわち七世紀後半に考え出されたもののようであるが、和語では、「やまと」と記している。万葉集でも、「日本」と書いて「ヤマト」と訓めるものがある。したがって、これは中国向けの字面であって、読みは「ヤマト」であったのであろう。これを音読したものを平安時代以降の仮字で表記すれば、「ニッポン」も「ニホン」もどちらも「にほん」となる。ローマ字表記のキリシタン資料が出てから、当時の口語およびその発音が明確にわかるのであるが、日葡辞書では「Nippon」「Nifon」両様の表記をし、また、「Iippon ジッポン」の項もあり、それを訓読みした「ヒノモト(日の本)」を載せる。

Nifon.　Iapão.
Nippon.　Fino moto.　Iapão.
Iippon.　Fino moto.　Oriente, i, Iapão.

(『日葡辞書』勉誠社、一九七三年)

「ニホン」「ニッポン」について、日本国語大辞典(小学館、一九七五年)「にほん」の項補注には、

(1)「日」は漢音ジツ、呉音ニチ。また、「本」は漢音呉音ともに「ホン」。「日本」は呉音の字音よみとして、

まず「ニッポン」と発音されたものが、しだいに促音を発音せず日本的にやわらかな「ニホン」に変わっていき、両方がそのまま使われたものと思われる。なお、「ジッポン」というよみもあったことは、「日葡辞書」にも記されている。

（2）室町期には国号呼称としての「ニホン」「ニッポン」の両方があったことは、謡曲や「日葡辞書」「日本大文典」などで明らかである。

としている。

呉音の「ニッポン」は、漢音の「ジッポン」の呼称も許容した。中世頃の中国の発音は、「ジッポン」に近いものであったであろう。「ジッポン（Jippon）」や「ジパング（Zipangu）」「ジャパン（Japan）」に成る所以である。日本の漢字音の訓み方というものは、「ニホン」「ニッポン」「ジッポン」に見るように、自由なものであった。[10]

＊『日本北辺の探検と地図の歴史』（北海道大学図書刊行会、一九九九年）に掲載の一六～一七世紀の地図には、「IAPAN」「IAPONIA」「IAPON」などが掲げられている。

日本人がハ行音を［Φ］音で発音する時に、「ニホン」のような形を生じた。人により場合により、これらは区別なく使われた。また、発音は多様であっても、仮字書きすれば「にほん」であるところから、「ニホン」の読みが広がったということも考え得る。

ここで重要なことは、「ニッポン」が「ニホン」に変わり得るということである。「ニッポン」と「ニホン」の違いは、外国語風発音と和風発音の差である。（もともと［Φ］音は［p］音より変化したものでもあるが、）日本人にとって、これは、音韻レヴェルの違いと認識されるようなものではなかった。現代語で言えば、"coffee" を［kɔ́fi］と発音しても「コーヒー」と発音しても変わらぬようなものである。

中国語の流入にともなって、このような発音がいくつか入ってきた。以下にも述べるように、中世には漢語漢文が重んじられる。漢文に親しむ人々は、「ニホン」よりは「ニッポン」を好んだであろう。そのような強い発音が随所でなされるようになり、奈良時代からある「アハレ」という語も、「アッパレ」として賞讃に用いられるようになった。

あッぱれ其馬は、をととひまでは候ひし物を　（小学館　日本古典文学全集『平家物語』巻第四、競、三〇〇頁）

平家物語は軍記物であって、武者言葉も多用される物語（音曲）である。

ただし、「ニッポン」が「日本」の呉音読みであるということは、そのまま、奈良時代の日本語のハ行音が[p]音ではなかったということを証するものではない。日本語のハ行音が[Φ]音であろうことをたしかめることができるのは、上に述べたハ行転呼音を俟たねばならない。以下に述べるように、平安時代には、[Φ]音と[p]音とが同居していたと考えられ、また、それ以前は[p]音であった可能性も無しとはしない。これについては、〔ハ行音のまとめ〕に述べることになる。

■助数詞の「ホン」と「ポン」と「ボン」

「日本」には「ニホン」「ニッポン」両様の言い方がある。これと似たものに、「二本」があるが、この語は「ニホン」としか言わない。が、「一本」は「イッポン」である。ここで、助数詞の「ホン」について考える。

現代のわたくしたちは、「一本」「二本」「三本」を[ippoN][nihoN][samboN]と発音する。「本」[hoN]に先立つ「一」[itʃi]、「二」[ni]、「三」[saN]という語の末音との関係から、「ポン」「ホン」「ボン」となるものである。「一」（日本の字音では、「イツ」ないし「イチ」）は、「一回」「一冊」「一体」「一拍」などk・s・t・hと結びつく時、促音になる。その[h]に続くものが促音化した時、[p]音になる。これは、中世までの日本語のハ行音が無声両唇摩擦音[Φ]であった（らしい）ことと関係がある。[Φ]は促音化すると、無声両唇破裂音[p]になる。この促音は、勢いよく発音する時にもあらわれる。

現代語で、ものを数える時、助数詞「本」がどのような音に変わるか、下に「本」の場合と「拍」の場合を並べて掲げる（現代語ではハ行音は、ha, çi, Φu, he, ho。以下、現代語のハ行音は[h]で代表させて述べる。傍線を付したものは、「本」と「拍」とで異同のあるもの。点線を付したものは、「ヨン」「ナナ」のような和語系統に続くもの。）。

一本　イッポン
二本　ニホン
三本　サンボン
四本　シホン、ヨンホン
五本　ゴホン
六本　ロクホン、ロッポン
七本　シチホン、ヒチホン、ナナホン
八本　ハチホン、ハッポン
九本　クホン、キュウホン
十本　ジュッポン、ジッポン

一拍　イッパク
二拍　ニハク
三拍　サンパク
四拍　シハク、ヨンハク、ヨンパク
五拍　ゴハク
六拍　ロクハク、ロッパク
七拍　シチハク、ヒチハク、ナナハク
八拍　ハチハク、ハッパク
九拍　キュウハク
十拍　ジュッパク、ジッパク

- 数字「三」の場合は、「本」は[b]音ボン、「拍」は[p]音パクになる。
- 数字「九」の場合、「クホン」と言うことがある。「クハク」は言わない。
- 数字「六」「八」は、[h]音の場合と[p]音の場合（促音）とがある。基本形の[h]のほうが丁寧な発音と受け止められる。
- 「ヨン」や「ナナ」のような和語系統のものもあるが、この場合に「ホン」は不変化。「ヨン」に続く「ハク」は[p]音になることもある。
- 「杯　ハイ」「匹　ヒキ」「服　フク」「遍　ヘン」などは「本」と同じ変化をする。
- 「品　ヒン」「分　フン」「辺　ヘン」「方　ホウ」などは「拍」と同じ変化をする。

以上のように、助数詞の音が[h][b][p]のいずれを取るかに、おおよその型はある。とりわけ、数字「三」に続く場合に、[b] 音になるか [p] 音になるかの違いがある。「本」型の変化を取るか、「拍」型の変化を取るかは、慣用による。

コリャード『日本文典』(大塚高信訳、風間書房、一九五七年)には、

日本の算法と数の材料について

これは骨の折れる仕事である

の項(一〇三〜一一四頁)に、fen(返)・fiqi(匹)・fiô(俵)・fon(本)などが掲げてある。

• 祈祷、説教その他同じ物の反覆は数詞の後に fen(返)をおいて数える。例：ippen(一返)、nifen(二返)、sanben(三返)、auema ria fiàcu gojippèn(アベマリア百五十返)。(一〇七頁)

*筆者注……“auema ria” が “aue maria” ではないのは、日本での音の切り方に従ったものであろうか。

• 動物の計算は数詞の後に fiqi(匹)をおいてされる。例：ippiqi(一匹)、nifiqi(二匹)、sanbiqi(三匹)、roppiqi(六匹)、jippiqi(十匹)、fiappiqi(百匹)、xenbiqi(千匹)。(一一一頁)

• 米又は麦などの袋の計算は数詞の後に fiô(俵)をおいてされる。例：ippiô(一俵)、ni fiô(二俵)、sanbiô(三俵)、xi fio(四俵)、roppiô(六俵)、jippio(十俵)、fiappio(百俵)、xenbiô(千俵)。(一一一頁)

*筆者注……xi fio, jippio, fiappio の ‘o’ 表記(‘ô’ ではなく)は引用書のまま。

• 木材・芦・針の計算は、数詞の後に fon(本)をおいてされる。例：ippon(一本)、ni fon(二本)、sanbon(三本)、roppon(六本)、jippon(十本)、fiàppon(百本)、xenbòn(千本)。(一一一頁)

これを見れば、助数詞「返」「匹」「俵」「本」が、前の数字によって、[Φ] [p] [b] の変化をしており、現在と変わらぬ変化の仕方をしていたことがわかる(現代語ではハ行音は、ha, çi, Φu, he, ho)。助数詞の場合には、[Φ] [p] [b] と発音しても、語の意義に違いは無かった、ということである。

この助数詞の訓みが成立するにあたっては、「日本　ニホン・ニッポン」のような漢字音の訓みも関係はしたであろうが、このように型をなした時、もはや、漢字音の訓みということは越えて、日本語の連濁の問題になってい

る。

「俵」では、'f' に連なる場合は分かち書きし、'b' 'p' に連なる場合には続けて書いている。音の結びつきをよく理解していたことのあらわれである。「返」や「匹」では、すべて続けてあり、語によって表記の仕方が異なっているが。

以上、中世の日本語で、助数詞の場合には［Φ］［p］［b］に意味の違いがなかったのは、一語ないし一語的に結びついた語を発音する時に、調音点が少しずれたり声門が閉じたりして、やがて慣用を生じたものであるためである。これは、現代語まで、引き続き行われている。

ところで、上に掲げた「分　フン」は時間を表わす単位である。この「分」の字は、割合を表わす「ブ」や分割を表わす「ブン」とも読み得、それぞれに表わすものが異なる。「フン」と「ブン」の場合、［h］音と［b］音とが意味の識別を為しているのであるが、「分」が「フン」でもあり、「ブ」でも「ブン」でもあり得るところにも、清濁の問題はからんでいる。ただし、これは、漢字音の問題（呉音「ブン」、漢音「フン」。「ブ」は日本の音）で、連濁の問題ではない。

時間を表わす「分　フン」は明治以後のものであろうが、コリャードの『日本文典』には、金の計算に「貫・匁・分・厘」を挙げ、分を fun とし、また、ある単位の部分の計算を bùichi（分一）としている。

• 金の計算は数詞の後に momme（匁）をおいてする。（中略）一匁の金は十等分される。これを ippùn（一分）と云う。故に ippun（一分）は一匁の十分の一、nifùn（二分）は十分の二、gofùn（五分）は半ドラクマ、roppun（六分）は一匁の十分の六を意味する。（一〇七～一〇八頁）

＊筆者注……ippun, roppun の 'u' 表記（'ù' ではなく）は、引用書のまま。

• ある単位の部分の計算は、bùichi（分一）の前に数詞をおいてされる。例：ni buichi（二分一）、sanbuichi（三分一）。（一〇九～一一〇頁）

＊筆者注……ni buichi, sanbuichi の 'u' 表記（'ù' ではなく）は、引用書のまま。

コリャードは、「分二」の時には、「～の前に数詞をおいてされる」と言い、助数詞とは区別している。

この時代にも、「分」は、現代語と同じく、さまざまな読み方・使い方をされていたと考えてよいであろう。すなわち、この場合には、清濁が意味の識別に働いていたということである。

▩「アハレ　―　アワレ」

奈良時代から平安時代を通じて和歌などに多く用いられた「アハレ」という語の「ハ」も、「アワレ」と表記されるようになる。

「アハレ」は、古事記の「おかしい」「愛しい」と訳すことのできるような「阿波禮」（記２３歌謡）（記８９歌謡）から、平安時代文学には主に「内に沈潜した、しみじみとした情感」を表わす語として用いられ、近世以降は主に悲哀や憐憫を表わす「アワレ」と、感動や見事なことを表わす「アッパレ」とに役割を分ける。

Appare.　Interieção de exclamacão, ou eʃpanto.

Appare qiogonxa cana! O grã de mentirozo!

（『日葡辞書』）

＊日葡辞書に「Auare」の項はあるが、「Afare」の項はない。

これは、通常、平安時代の「アハレ」（哀）から中世の「アッパレ」（天晴）が生じたものであると解釈されているものであるが、「アハレ」が「アワレ」「アッパレ」それぞれに転じた時期が明確ではない。

しかし、「アッパレ」は「アハレ」から転じたものであるから、「アッパレ」成立の時期に既に「アワレ」の語形があったとしても、なお、「アハレ」の語形も残っていなければならない。「aΦare」と「appare」との間には、「※apare」「※apΦare」があるであろう。

▩ハ行音のまとめ

中世のハ行音は、キリシタン資料の'f'表記や、江戸時代初期の後奈良院御撰何曾「母には二たびあひたれども、父にハ一度もあはず。――くちびる」（内外書籍『新校羣書類従』第二二巻、二二三頁）などから、無声両唇摩擦音

[Φ] 音であると考えられ、清濁の対応は [Φ]—[b] である。少なくとも中世前期には、ハ行音は [Φ] 音であったことは確かである。

[Φ] 音の上限は、遅くともハ行転呼音成立の時で、語頭と第二音節以下の音との間に [Φ]—[w] の対応ができ、さらに連濁の場合と、促音化する場合とに、[Φ]—[b]、[Φ]—[p] の対応があることになる。

しかし、日本人にとって、濁音のみならず半濁音もまた、音韻レヴェルの違いとして認識されるようなものではなかった。「カハ」と「ヤマガハ」の「ガハ」、「ニホン」と「ニッポン」とを同一の概念で括ることができるのは、発音に際して、(言い易いように) 声門が少し閉じたり、調音点が少しずれる程度の変化と意識されていたからである (——そのように分析していたわけではないが)。

無声両唇摩擦音 [Φ] 音は、容易に無声両唇破裂音 [p] 音に変化する (もともとは [p] 音であった)。コリャードの例にも見られるように、「ippen」「nifen」「sanben」の [p] [Φ] [b] に意味の違いを認めないほどに、[Φ] [p] [b] の音は (音韻として) 近かったのである。[f] [p] [b] を区別するキリシタンの言語以前には、[Φ] 音と [p] 音とに大きな区別はなく、「にほん」を [nipon]※、「あはれ」は [apare]※ と発音することも許容された、と推定する。

以上、まとめると、平安時代から中世にかけてのハ行音は、おおむね [Φ] 音で [b] 音と対応するが、[p] 音を許容し同居する。その一方で、[Φ] 音は [w] 音と対応していた、ということである。

文献以前　(P※ ⇅ b)

古代から中世　[P ↙ ↘ Φ ⇅ w　P] ⇅ b

やがてハ行音が [Φ] 音から [h] 音 (現代語では ha çi Φu he ho) に移行すると、促音や撥音に続く場合にはなおハ行音と関係をもちつつ、[p] 音は独立した音韻と把えられるようになっていった。「ぱあでれ」

「かっぱ」などの外来語の発音も、これを援けたであろう。

＊ 馬淵和夫氏は、『国語音韻論』「上代音韻の音価」（笠間書院、一九七一年、三六頁）に、

/f/　ハ行音は［p］［bʿ］で表わされる。おそらく［Φ］であったと思われる。

と述べる。［p］［bʿ］で表わされるのであれば、日本書紀のハ行音は［p］［bʿ］に近い音である可能性もある。カタカナ書きすれば、パ行音ないしバ行音ということである。

森博達氏は『古代の音韻と日本書紀の成立』（上掲書、一一四～一一六頁）に、α群の「ハ」「ヒ」「フ」の頭音は不明としている。

奈良時代のハ行音は、一般に［Φ］音とされるが、平安時代にも［p］音を許容したと考えられるので、奈良時代にも［p］音を許容したか、あるいは［p］音そのものであり、また［b］音とも区別することもないものであった、と考える。[11]

（4）清音と濁音

万葉集では「アマノカハ」の表記に清音のものと濁音のものとがあった（五六～五七頁）。最も書き分けの整った日本書紀においても「農播梅磨　ヌハタマ」のような表記があった（四七頁）。これは、清濁表記が確立していなかったことのあらわれであり、清濁表記が確立していないということは音韻として明確に分かれているものではなかったということである。それは、発音に際して調音点がずれたり声門が閉じたりするもので、音声は多少異なっていても、同じものと受け止められるものである。上に述べたように、最も複雑な変化を見せたハ行音も、基本的には、同じことであった。濁音・半濁音はこのようなものであって、それ故、清濁を区別しない【平がな】のような表記を生んだ。

音韻とまでは意識されていなかったこのような音が、やがて意味の違いを識別する指標として個々の語に固定して用いられるようになった（例えば、「ヤマカハ」と「ヤマガハ」とを区別するように）のが濁音であったであろ

う。したがって、濁音が語頭に立つことはない。

また、中国語（呉音）には語頭が濁音である語が多い。それを学習する過程で、清音と濁音を音韻として別ける意識が生じたであろう。

以上のことから、

・日本語の濁音は、複合する語と語との間に鼻音が入り込んだものである。そして、無声音・有声音の対立する中国語を学習する過程で、清音・濁音は無声音・有声音の対立に変貌していった。そうして、その音を漢字で記述する時に、記述する人の意識によって、表記に揺れが生ずることとなった。

と結論付ける。

記紀万葉の時代の清音仮名・濁音仮名は、音韻の違いと意識されるほどのものではなく、それを書記する人の意識の違いや、変字・戯書などの基準によって選ばれたものである。日本書紀の或る程度整然とした書き分けも、日本書紀の撰述者によって選ばれた独自の書き分けであるか、上層の人々や博士・僧侶など知識階級の間に行なわれた「厳格な基準の日本語」であって、一般に行なわれていたものであったわけではなかろう。やがて、中国語や西欧語が日本語の中に入ってくることによって、中国語の無声音・有声音、西欧語の無声音・有声音の影響を受けて、固有の日本語の音にも無声音・有声音の対立が形成されていった。

西欧の音声学は、どの言語にも万能な法則を網羅しているわけではない。ロドリゲスの「常に半分の鼻声かソンソネーテかを伴ってゐるやうに発音される」の記述は、実態に即して日本語を観察し、西欧語にはない発音の仕方を見届けた人の言である。現今のように、国際音声字母にあてはめて整理することに利点はあっても、その時そこからこぼれ落ちるものもある[12]。

（5）音韻論について

文字資料から考え得ることは、以上のようなことである。

音韻学の立場では、中国語の古代音を再構し、それに基づいて日本語の万葉仮名の音価を研究する人々がある。しかしながら、記紀万葉の万葉仮名は呉音・漢音・古韓音が混用されるもので、中でも万葉集は、戯書をも含むさまざまな表記の見られる書である。しかも、中国語の音韻と日本語の音韻とは体系の異なるものであるから、たとえそれが当時の中国語の音韻にのっとって書いたものであり、当時の中国語の音韻・漢字音の音価が解明され万葉仮名の音価が明らかになったとしても、そこから日本語の音韻を明確に把えることは難しい。奈良時代の日本語の音韻について、音韻学の成果は、「ほぼそれに近いものであろう」と把えるほかはない。(13)

漢字表記を尊重する人々の中には、奈良時代の日本語が八母音八八音節であったという説を大前提としている人が多い。清濁も甲乙も五音も、後の時代の人々の整理に過ぎないのであって、奈良時代の人々の知るところではない。

たとえば、バ行音とマ行音の相通じる例に、「煙　ケブル―ケムル」「寂　サブシ―サビシ」などのバ行音とマ行音がある。平安時代から用例のある「煙　ケブル―ケムル」の共立は現在にも続いている。奈良時代の「寂　サブシ」は平安時代に「サビシ」に変じ、後には「サミシ」の形を生じる。ダ行音とナ行音の相通じる例に、「獣　毛だ物　ケダモノ」の「ダ」と「水門　水な門　ミナト」の「ナ」の例がある。この「ダ」と「ナ」とは「モノ」「ト」にかかる連体の助詞で、同じ働きの語である（ケダモノの例は平安時代中期）。後の時代に生じた相通の例もあることは、これらの音の近さが根の深いものであることの証である。

古い日本語にはこのような例があって、ヤ行音とラ行音とが相通するように、バ行音とマ行音、ダ行音とナ行音も相通するものであったかも知れず、奈良時代の音韻体系は、現在のわたくし達が考えているようなものとは全く異なったものであった可能性もある。

漢字音では、たとえば、「馬」は呉音で「マ」漢音で「バ」、「怒」は呉音で「ヌ」漢音で「ド」であるから、これらは、中国からもたらされた呉音と漢音の影響によって混乱したものとも考えられ、そうであれば、漢字の入ってくる以前の日本語は、奈良時代のものよりも単純な形のものであったであろう（現代、西欧語の影響によって、

「ヴァイオリン」や「シティ」の「ヴァ」「ティ」のように、日本語の音韻の数が増えていることと同じことが、この時代にも起こっていたであろう)。

(6) 清音仮名と濁音仮名

馬淵和夫氏は、『国語音韻論』「上代音韻の音価」(笠間書院 一九七一年、脚注 三五頁)において、

日本音の濁音を表わすにはかならず鼻音性の音 (ng ń n m) が主用され、有声音は清濁の両方に用いられて、はっきりしない。

と言う。現在の日本語では、清音は無声音、濁音は有声音と説明するのが一般であるが、日本書紀の用字は、それとは異なった基準で字を選んでいる、というわけである。

また、森博達氏は、『古代の音韻と日本書紀の成立』「清濁」(大修館書店、一九九一年、一一〇頁)において、

……上代日本語の濁音は鼻音要素が強かったのだろうか。そうであったとはかぎらない。全濁音は清音仮名に多用されるほどにその有声要素が弱化していた。そこで、日本語の濁音とは音色の相違があったにもかかわらず、次濁音を多用したのであろう。全濁音は有声要素が弱化していたにもかかわらず、バ行とダ行にはかなり用いられている。このことは声母の種類による無声化の遅速とも関わるが、バ行・ダ行の頭音には鼻音要素が存在したとしても、きわめて微弱であったことを物語っている。

と述べる。ここでも日本書紀を表記するに際しての、字の選び方の基準が述べられている(この場合は、清濁と無声音・有声音とを関連付けている)。日本書紀では、清音仮名には全清音と全濁音を並用し、濁音表記には次濁音を用いることが多いと言い、唐代北方の音韻では全濁音の有声要素が弱化していたために、日本語の濁音を表記するために次濁音を用いたのだ、と言う。(14)

漢字の音韻体系と日本語の音韻体系とは異なる。それ故、何をあてはめても、どこかに破綻はおきてくる。太安萬侶は、或る基準でもって字を選んだ。それは古事記の中で完結した用字法でしかない。日本書紀では、また異

なった字が選ばれている。これらは、筆録者が限られているものであるから、その作品の中での統一を保つことは比較的容易である。しかしながら、万葉集は、一人ないし特定の人の選んだ歌集ではない。数次にわたって編纂されたものでもあり、古歌集や柿本人麻呂歌集から採択された部分もある（とりわけ大伴家持周辺の歌の集められた巻々などは、別本であった家持蔵の個人歌集が、紛れて合本となってしまったものである、と筆者は考えている）。その上、戯書をはじめ、美の要素を含んだ用字さえもあるような歌集である。そのような歌集の中では、用字は、人それぞれの基準で選んだものとなる。

人が、それぞれに用字を選んだ時に、その用字において、清音仮名と濁音仮名の区別がなくなる、ということは、即ち、清音と濁音とが必ずしも対立したものととらえられてはいなかった、ということである。これが実態なのであって、古事記・日本書紀の時代には清濁の書き分けがなされていたにもかかわらず、約四〇年後の万葉集の時代（最終の日付～七五九年～の付されている歌が、日本書紀の約四〇年後）には、区別が曖昧になったととらえるのはあたらない。平安時代の平がなに濁音表記がなかったのは、現代のようには、濁音は音韻と意識されてはいなかったからである。

連濁に触れて、筆者は「鼻音」という用語を使った。現代の日本語の中の鼻音は、西欧語の鼻音ほどに明確なものではない。ロドリゲスが四〇〇年前に観察した日本語の発音においても、「D, Dz, G の前のあらゆる母音は、常に半分の鼻声かソンソネーテかを伴ってゐるやうに発音される。」（『日本大文典』六三七頁）と記されている。したがって「D, Dz, G」も鼻音であったことを類推することができる。

記紀万葉の時代の日本語の音の清濁仮名に揺れがあるのは、①清音に発音するか濁音に発音するかは人によって異なった、とも考えられるし、また、②他の言語の鼻音ほどに強くない日本語の鼻音を、漢字音によって書き表わそうとした時に、濁音仮名を用いることを躊躇した結果である、と考えることもできる。

(7) 甲類仮名・乙類仮名

以上、清音・濁音について述べた。甲類仮名・乙類仮名のほうは如何か。

上代特殊仮名遣いは、キヒミケヘメコソトノモヨロの一三音を表わす漢字に甲乙の書き分けのあるものである。それらが書き分けられている漢字の音韻を探ることによって、イエオの甲乙二類の音価を推定する試みがなされてきた。しかしながら、この書き分けを母音の違いであると見るのであるならば、何ゆえ、この一三音にのみあらわれる事柄であるのか、何ゆえ、アイウエオという母音自体には甲乙の書き分けがないのか、という疑問が生じる。一方、イ段音・エ段音の書き分けは先行する子音の対立ではないかという説、オ段音の二類は変異音であるとする説、もある。

母音であるにしても子音であるにしても、甲類仮名・乙類仮名が音韻の違いを表わすものであるならば、何ゆえ、古事記・日本書紀では或る程度書き分けられているものが万葉集では混乱し、平がなが成立した時には消えてしまうのか。

甲類仮名・乙類仮名は、個々の語の場合には書き分けの意味が読み取り難いが、活用語の活用語尾および母音交替は、或る型を示している。ここから見えることはないだろうか。

(1) 活用語の活用語尾の用字には、次のような傾向がある。

動詞………一段活用動詞は甲類、二段活用動詞は乙類。

四段活用の已然形が乙類、命令形が甲類。

カ変活用は、「コ」が乙類、「キ」が甲類。

命令形に付く終助詞「ヨ」は乙類。

形容詞……甲類。

助動詞……四段活用動詞型の活用をする継続の「フ」は、已然形が乙類、命令形が甲類。

四段活用動詞型の活用をする推量の「ム」「ラム」「ケム」は、已然形の「メ」が乙類。

「如」「宜」出自の「ゴトシ」「ベシ」の「ゴト」「ベ」は乙類。

終助詞の「ヨ」は乙類。

なお、動詞・形容詞・助動詞を通じて活用語尾に現われるオ段音は全て乙類である。と言ってもオ段音というのは、カ変活用動詞「来　ク」の未然形「コ」と命令形「コ」、および命令形に付く終助詞の「ヨ」のみである。

また、ア段音は、四段活用動詞・ナ変活用動詞・ラ変活用動詞にしか、無い。

＊紀63歌謡には「諾　ウベ」、紀102歌謡には「諾　ウベシ」の例があり、「ベ」が乙類となっている。∨「ベシ」。また、紀67歌謡に「許等梅涅麼　コト愛デバ」があって、この「如此　コト」が「ゴト」と同源であると考えられる。「コト」は、コもトも乙類である。∨「ゴトシ」。

(2)　母音交替は、次のようなものとされる（単独形は有坂秀世の「露出形」、複合形は「被覆形」）。

単独形　複合形	（例）
エ列乙類―ア列	アメ―アマグモ
イ列乙類―ウ列	ツキ―ツクヨ
イ列乙類―オ列乙類	キ　―コダチ
イ列乙類―オ列甲類	ナギ―ナゴヤ

ex. 日本書紀には「菟區喩彌　ツクユミ（槻弓）」（28歌謡）の例がある。

この場合には、単独形はすべて乙類になっている。現代語の「蹴飛ばす」「蹴散らす」の「蹴　ケ」に、平安時代の下一段活用動詞の痕跡が残っているように、一般に複合語には古い形が残りやすい。この場合も、単独形が複合語になった時に語形変化を起こしたものではなく、複合形の音の方が古い形である場合もあろう。とすれば、単独形の方がすべて乙類であるところに、何らかの意味があるであろう。（例えば、動詞連用形から転成した名詞の尾音は乙類仮名で表記する。このような形に、何らかの意識が反映されているであろう。）

＊〔形容詞・動詞・助動詞の活用〕の項（二二四頁）に述べるように、動詞が名詞に転成するのは、動詞基本形からである。動詞は、万葉集に「見る」の終止形と命令形とが「見」である例があるように、もと、不変化であったが、しだいに機能を表わす接辞がついて、活用をするようになった。その結果、連用形に基本の形が残ったものである。

以上(1)(2)のように、甲類仮名・乙類仮名は、型を示している。

(3)　上述のように（五〇頁）、日本書紀歌謡の中の助詞・疑問詞・指示代名詞・形式名詞などでは、助詞「モ」以外のオ段音はすべて乙類。助詞「サへ」のへ（乙類）以外のア・イ・ウ・エ段音はすべて甲類。

■聞き取る人の音韻意識

清音仮名・濁音仮名の場合と同様に、甲類仮名・乙類仮名の場合も表記に異同がある。清音仮名・濁音仮名の表記に照らして考えると、甲類仮名・乙類仮名の別も、それを記述する人の意識によって、表記に異同が生じたと考えることができる。すなわち、甲類仮名・乙類仮名も、中国語の音韻で音価を求めることができるような、明確な区別のある音韻ではなかった、ということである。

とりわけ万葉集は、複数の人が筆録したものを原本とするものでもあり、成立も数次にわたるものである。また、その表記には、一首の中の文字の書き変えや戯書などを含むという、いたって大らかなものである。どれが中国の音韻に近い文字使いであり、どれが戯書であるか、判断の難しい語もある。そして何より、中国語の音韻と日本語の音韻とはまったく異なった体系をもつものである、ということを忘れてはならない。

日本人はｒとｌの発音を区別しないが、英語などには区別がある。ｒの発音は、英語でも独語でも仏語でも、それぞれに異なる。「アリ」という語を日本人が「ａｒｉ」と表記したからといって、英語あるいは独語あるいは仏語のｒの音価にあてはめて、日本語の音韻を推定することなど、意味のあることではない。また、ｒの発音とｌの発音とを区別しない日本人は、「ａｒｉ」と書くことと「ａｌｉ」と書くことに違いを認識してはいない。中国語のｒとｌの音、また、それを表記する漢字の場合も同様であり、その余の音についても、まったく同様である。

日本語の音を漢字で表記することを工夫した最初の人が、或る基準で漢字を用い、それが模範となって伝わっていけば、そこに、甲類仮名・乙類仮名のような書き分けが生ずることは、無いわけではない。「トラック（truck）」が「貨物自動車」を指し、「トロッコ（truck）」が「軌道上を移動する運搬用の手押し車」を指すことになるような、意義の分化が語彙の借用の場合にもあり、文字を輸入する場合にも、同じことが起こることはある。

ここに、「日本語の音を漢字で表記することを工夫した最初の人」とは、渡来系の人を指している。甲類仮名・乙類仮名の別を作ったのは、八母音（ないし、五音より多い母音数）をもつ渡来系の人の音韻意識である、と考えることもできる。すなわち、甲類仮名・乙類仮名の書き分けは、本来の日本語の中には無かった音韻の違いを、聞き取る側の音韻意識にしたがって細分してしまったものである、と考えるのがひとつの考え方である。

記紀万葉の筆録には、渡来系の人々が深く関わっていた。この渡来系の人々の案出した甲類仮名・乙類仮名は、歌が日本人の手で筆録されるようになった時、区別のないものになっていった。

▒同音異義語を書き分ける

次に、上（七八〜七九頁）の(1)(2)に掲げた、甲類仮名・乙類仮名の端正な形を見る時に考えられることは、乙類仮名は、一段活用動詞と二段活用動詞の違い・四段活用動詞の已然形と命令形や、四段活用動詞型の活用をする助動詞の已然形と命令形、母音交替のものでは後からできた単独形を、それと示すために加えられた印ではないか、ということである。

存在詞（いわゆるラ変活用動詞）の活用語尾が「ラ・リ・リ・ル・レ・レ」であるのに対して、よく似た活用を示す四段活用動詞の活用語尾が、例えば「散る」の場合に「ラ・リ・ル・ル・レ・レ」であり、例えば「咲く」の場合に「カ・キ甲・ク・ク・ケ乙・ケ甲」という音韻の変化をなすというのは、理解のできないことである。この甲類仮名と乙類仮名が、音韻の違いを表わすのではなく、別の意味をもつものであったならば、書記言語として、理解できる場合もある。

現在わたくしたちは、漢字かな交じり文を書くことで、漢字を表意文字としてのみ使うことができる。この書法は、記紀万葉の時代から模索され続けて来たものであったが、記紀万葉の時代にはまだ、確立していたわけではない。

漢字という表記の道具を手にした時、まず最初に、その音を利用して日本語の音を記すことが考えられる。ところで、言語の中には、同音異義語がある。同音異義語は、話し言葉の場合、その数はせいぜい二つか三つくらいであり、言語の話される場や言葉の前後関係から、聞き誤ることは少ない。二様に受け止められる場合には、話し手が言い換えをしたり、聞き手が聞き直すことで、誤解を避けることも可能である。一方、書き言葉の場合には、書かれた言葉は、でき得る限り必要十分であることを求められる。

現在のような漢字かな交じりの表記法が確立していなかった段階において、同音異義語を書き分けるためには、用字を変えるほかない。その試みが語によって、しだいに定着していった結果が、甲類仮名・乙類仮名ではなかったか。日本語を書き記す中で、しだいに文法意識も整理されていった。そこに甲類仮名・乙類仮名を用いれば、紛れ易い一段活用動詞と二段活用動詞や、四段活用動詞の已然形と命令形を書き分けることもできる。助動詞も四段活用動詞（出自であろう）に準じて書き分ける。「木　キ」が新しい語形であること、「木立　コダチ」の「コ」と同じものであることを思い起こさせる印があれば、わかり易い。古事記や日本書紀の筆録者は、そのような意識で、用字の書き換えをしたのではないか。サ行音の［s］と［ts］、タ行音の［t］「t'」［d'］などと推定されている字も、そのような意識で書き分けたものであるかもしれない。万葉集の中で、甲類仮名・乙類仮名の書き分けが混乱しているのは、それが一人の人の筆録になるものではなく、多くの人が思い思いに歌を書きとめたことに因る。

以上のように想定できる。

古事記や日本書紀の、日本語を写す苦心からすれば、奈良時代の資料に遺る甲類仮名・乙類仮名の書き分けは、初期の「甲類仮名・乙類仮名は、聞き取る側の音韻意識にしたがって細分してしまったもの」であるよりも、この「同音異義語を書き分ける」意識の方が可能性が高いであろう。

以上、〔聞き取る人の音韻意識〕〔同音異義語を書き分ける〕に述べたように、「万葉集の時代には、清音と濁音とは必ずしも対立したものととらえられてはいなかった。また、甲類仮名・乙類仮名は、日本語の中にはなかった音韻の違いを、聞き取る側の音韻意識にしたがって細分してしまったもの（初期のもの、および、それを踏襲したもの）であるか、同音異義語などを書き分けるために、用字を変えたものである。」と考える。

平安時代に平がなが成立した時に、甲類仮名と乙類仮名の別はない。初期の筆録者である渡来人たちが書き分けをしたが、日本人が筆録をするようになると、もともと音韻の違いとしてもっていなかったために、書き分けがわからなくなり、やがて消失したのである。

（8）「アカダマ」と「シラタマ」

亀井孝氏は、「文献以前の時代の日本語」で連濁について論じる中に、「アカダマ」と「シラタマ」の例を挙げている。

……いったいなぜ〝赤玉〟の方は「アカダマ」の形をとり、〝白玉〟の方は「シラタマ」の形をとっているのであろうか――。わたくしはつぎの古事記の歌謡をひとのおもいうかべられんことに期待する。

〝阿加陀麻〟アカダマは　を（緒）さへ　ひかれど　〝斯良多麻〟シラタマの　きみが　よそひし　たふとくありけり

（『亀井孝論文集2』「文献以前の時代の日本語」三五一頁）

この「アカダマ」と「シラタマ」について述べる。

「白玉」は、多くは「鰒白玉」すなわち真珠のことである。万葉集では用例数も多く、大切な娘や妻の比喩としても詠まれている。「アカダマ」は明珠あるいは赤玉。「赤玉」は、古事記中巻の巻末（応神天皇から仁徳天皇に至るまでの記述の後）に「昔」として天之日矛伝説が語られ、その中に「故、是女人、自其晝寢時、妊身、生赤玉。」の例がある。この赤玉は、「美麗嬢子」となり、後に、「將行吾祖之國」と言って難波に渡来し、留まる。「此者坐難波之比賣碁曾社謂阿加流比賣神者也」と注があり、「明る姫の神」と訓める（岩波日本古典文學大系『古事記　祝詞』二五四～二五六頁）。この「赤玉」は日本書紀では、推仁天皇二年の条に、「白石」として述べられる（岩波日本古典文學大系『日本書紀　上』二五九〜二六一頁）。古事記の天之日矛は、「玉津寶云而、珠二貫」を持って渡来するが、日本書紀では、垂仁天皇三年に天日槍が来帰したことが記され、その将来物の中に「鵜鹿々赤石玉一箇」がある（同『日本書紀　上』二六〇頁）。「赤石玉」の名は播磨国明石郡の地に拠るという説もあるが、日本書紀の文脈では新羅の王の子からの将来物であるから、珍しいものであったのであろう。記紀万葉の「シラタマ」「アカダマ」の扱いを見るに、アカダマも珍重されてはいるが、「シラタマ」は古くから大切にされてきたものと読み取れ、今の歌（記7歌謡）でも「シラタマ」の方を重んじている。「シラタマ」という語自体も「アカダマ」よりも古くからあったものであろう。

＊「シロ―シラ」は後世にも、「精げる　シラゲル」「白魚　シラウオ」「白和え　シラアエ」「白玉粉　シラタマコ」「白川　シラカワ」などがあり、複合語に多用される。「白砂糖　シロザトウ」は新しい語構成に因るものである。

一般に、母音交替と呼ばれているものに「シロ―シラ」は含まれない。これに即して、「シロ―シラ」は、「アカ―アケ」ともども、「音韻変化」と言ってもよいが、筆者は、上にも触れたように、甲乙仮名は音韻の違いを表わすものではないと考えてもおり、「広く母音の交替するものが【母音交替】で、今の場合も【母音交替】に含めてよい」と考える。

遠い昔に、「シラタマ」という複合語ができ、「アカダマ」という複合語は、新しい複合語構成法が一般になってからのものであり名付けであるので、母音交替形ではなく、連濁形となったものであろう。「アカ」は「アケ」の母音交替形のようにも見えるが、記紀万葉の時代には、「アカ」「シロ」という色名が成立しているから、その形「アカ」と「タマ」とが複合したものである。

＊万葉集巻第三・２７０「赤乃曽保船」、巻第十三・３３００「赤曽朋舟」を「アケノソホブネ」と訓み、「朱塗りの船」とする説があるが、一字一音表記例はなく、「赤」を「アカ」と訓むか「アケ」と訓むかは不明。「朱塗りの船」であるならば「アカ」で、「アケ」と訓むのであれば「明け方に、漕ぎ行く船」の意である。

右に挙げた「朱　アケ」と「明け　アケ」とは同源である。その源には動詞「明く」がある。次に、その連関を述べる。

古代の色彩の四色、赤黒青白は、以下のような語と対応する（＊印は、該当語なし　●印は、別の要素の加わった語）。

A〔動詞形〕	B〔名詞形〕	C〔形容詞形〕	D〔色名〕	E〔色名〕	F〔形容詞形〕
アク（明）―	アケ（明）―	アカシ（明）	アケ（朱）―	アカ（赤）―	アカシ（赤）
クル（暮）―	クレ（暮）―	クラシ（暗）	クリ（涅）―	クロ（黒）―	クロシ（黒）
（＊）	（＊）	（＊）	アヰ（藍）―	アヲ（青）―	アヲシ（青）
（＊）	（＊）	シルシ（著）	（＊）	シロ（白）―	シロシ（白）
	●イチシロシ（著）				

Eの色名は一般に用いられるものであるが、Dの「朱・涅・藍」は、彩色材料・染色材料を反映する色名である。

白色の布は、晒すことによって生まれる。

橘之　嶋尓之居者　河遠　不曝縫之　吾下衣

橘の　島にし居れば　川遠み　さらさず縫ひし　吾が下衣　（万葉七・１３１５　譬喩歌　寄衣）

多麻河泊尓　左良須弖豆久利　佐良左良尓　奈仁曽許能兒乃　己許太可奈之伎

多摩川に　さらす手作り　さらさらに　何そこの子の　ここだかなしき　（万葉十四・３３７３）

また、

……内日刺　宮舎人方　雪穂　麻衣服者　夢鴨　現前鴨跡……

……うちひさす　宮の舎人も　栲（たへ）のほの　麻衣着れば　夢かも　現かもと……　（万葉十三・３３２４　挽歌）

では、「真っ白な」の意の「栲のほの」とも訓み得るところを「雪穂」で表わしている。「穂　ホ」は「秀」であろう。麻を晒す時、雪の上で晒すのが最も白くなる。ここの用字は、それを反映したものであろう。「雪穂」の訓みは「雪のほの」であってもよく、筆者は、むしろその方が、雪の中から生まれた麻の白さを、より鮮やかに表現するものと考える。

「サラス」は、灰汁練りした糸や布を冷水に漬け陽に当てて色抜きすることであるから、「サル（去）」に由来する語である。そして、「水に漬けること」「陽に当てること」を「サラス」と言うようになり、「人の目にさらす」こととなる。また、「あらためて」の義で「サラニ」（「左良尓」万葉十九・4278　大伴家持）と言い、「新しいもの」や「新しい様」「古いものを新しくする様」を「サラ」（この用例は時代を下る）と言う。

「新しいもの」を現代語で「真っ白な」「まっさらな」と形容することがあり、また、「古いものを新しくすること」を現代語で「白紙に戻す」と言う。ここに「白」という色名の出てくることからも、「サラ」と「白」との関係は明らかであろう。

この「サラス」が色名「シロ」の原《もと》にあるとするならば、「サラシたもの」を「サラ～」と言い、それが「シラ～」の音に変化し、やがて色名「シロ」を生じた、という想定が成り立つ。複合語には古い形が残存しやすいところから、単独形より複合語の形のもののほうが古い語形を表わす可能性が高い。この場合も、その順序となる。「シロ―シラ」の母音交替形は、このようにして出来上がったのではないか。

三　平がな・和文の時代

1　漢文と和文

平安時代に、平がな・カタカナが成立。日本語を自由に文字に写すことが可能になった。（『伝紀貫之筆　寸松庵色紙』が、貫之のものであるか、あるいは貫之の字をそのままに写したものであるならば、平がなは、九〇〇年頃には字体として形を成していたものと考えられる。）築島裕氏は『日本語の世界5　仮名』（中央公論社、一九八一年、二七八頁）において、平安時代に使われた万葉仮名からできた平がな・カタカナもあることを指摘している。

紀貫之が、

をとこもすなる日記といふものを、をむなもしてみんとてするなり

（岩波日本古典文學大系『土左日記　かげろふ日記　和泉式部日記　更級日記』一九五七年）

と、女に仮託して土佐日記を書いたのは、公式の文章語であった漢文は外国語であったから、心の襞を映すことができなかったことに因る。やはり貫之が編纂に関わっていた古今集の仮名序には、自らの言語で心を詠いたいという思いが溢れている。これらの文章に、紀貫之ら文学に関わる人々が和文の地位の確立に大きく貢献したことが知られる。これは、明治期の言文一致運動に作家たちが貢献したことに比することのできる事柄である。心を表わし他者に伝えるには、自らの言語が第一であり、文学者は、それを事としている人々であるからである。

一方、古今和歌集には仮名序のほかに真名序も付されているのであるが、そこに、漢文社会に受け入れられるためには、どうしても漢文の権威が必要であることが顕われている。新古今和歌集も同じであるが、これは、古今和歌集を承け継ぐ意識の顕われである。新古今和歌集は、真名序を付することで、歌集の正統性を表明する。（後拾遺和歌集・千載和歌集は仮名序を付す。）

平安時代中期には、源氏物語や枕草子など、主に女房階級の人々の書いた和文が、幾つか遺っている。男子の書いた土佐日記などには漢語や漢文訓読の語法が混じるのに対して、女子の書いた作品は和語が中心である。それでも、「絵　エ」や「菊　キク」が和語に入り込み、「中宮」「命婦」が存在し、「草子」や「手本」が書かれている。「調ず」「信ず」と言い、「優に」「艶に」と言う。また、源氏物語の中で、話し言葉に「ごとし」などの漢文訓読系統の言葉を使用するのは、僧侶や男子の貴族に限られており、漢文訓読語が、それを読む人々の日常語にも影響

を与えていたことを示す例となるのであるが、源氏物語の地の文には、漢語出自の語と和語とを並べた「艶に、なまめきたり」のような表現があるほか、和語を二つ続けた「あはれに、をかし」など、同趣の言葉を二つ重ねて描写することがある。

うき身世にやがて消えなばたづねても草の原をば問はじとや思ふ

と言ふさま、艶になまめきたり。

（岩波新日本古典文学大系『源氏物語　一』花宴、一九九三年）

この御子のおよすげもてを（お）はする御かたち、心ばへ、有がたくめづらしきまで見え給ふを、えそねみあえ（へ）給はず、……

（同『源氏物語　一』桐壺）

いとお（を）かしげに小さき御ほどに、とりどり掻き鳴らし給ふものの音ども、あはれに、お（を）かしく聞こゆれば、涙を浮けたまひて、……

（岩波新日本古典文学大系『源氏物語　四』橋姫、一九九六年）

「艶になまめきたり」は文選読みの応用であり、漢文の影響を受けた語法である。

＊「なまめかし」には「優美である」という解釈もあるが、〔夕霧〕に

はじめよりけさうびても聞こえ給はざりしに、ひき返しけさふ（う）ばみなまめかむもまばゆし、たゞ深き心ざしを見えたてまつりて、うちとけ給ふお（を）りもあらじやは、と思ひつゝ、さるべきことにつけても宮の御けはひありさまを見給。

（同『源氏物語　四』夕霧）

ともあり、「艶になまめきたり」の「なまめく」も「艶」と同趣の語であると考える。

和語を二つ続けた「ありがたく珍しきまで」はその延長上にある。

「あはれに、をかし」の場合、同趣でありながらも、その中で対立する概念として並べられ、叙述に深みを与えるものとなっている。これは文選読みの応用から出て、文選読みよりもさらに練った語法である。

日常は、漢文ないし変体漢文によって日記などを書いていた男子も、和歌は、平がなで書いた。また、和歌の研

究もなされ、その中で、和語の研究もなされるようになった。（和語は、悉曇学や漢学の中でも省みられた。）

これらの和文資料によって、平安時代の日本語の一端がわかるのであるが、遺された資料が文学作品であることと、その担い手が御所周辺の者であったため、そこで用いられた言語を反映したものである。

2　仮字の体系――四七音

平がなは、主に文学の世界（散文はむしろ特殊で、和歌が広く行なわれた）で用いられた表記である。四七の音にあたる文字より成り、清濁は区別されていない。『伝紀貫之筆　寸松庵色紙』（平安朝かな名蹟選集・第五巻、書芸文化院、一九七一年）でも、濁音にあたる表記はない。五七頁に、

「カハ（川）」と「ヤマガハ（山川）」の「川」に視覚の上で同一性をもたせるためには、清音と濁音とを同一文字（清音）で表記することを選ぶことになる。


と述べた。万葉仮名では、音韻意識によって、或る程度清音・濁音が表記されているのであるが、万葉集では揺れがあり、平がなが成立した時には、複合語の場合には、語の同一性のほうに重点が置かれたことになる。しだいに濁音が意味の識別に用いられるようになり、複合語ではない場合には、清音・濁音は、複合語の場合よりも明確に区別があったであろうが、複合語の音の概念に準じて文字化処理がなされ、平がなでは清音のみが成立することとなった（四七音）。「明く」と「上ぐ」などは、どちらも「あく」と表記されることになるが、文脈から判断することもでき、区別したい場合には、漢字を交えて「明く」「上く」とすれば、読み誤ることはない。

それに何より、和歌は歌うものである。色紙に書いたり消息にしたためたりすることはあるが、その時、書かれたものは単なる記録や伝達の用を担うものではない。時季に即した料紙に散らした文字が、書き手の教養の在り処を知らせ、それを受け取る人とのうるわしい交流のよすがとなる。歌も芸術品・色紙や消息も芸術品、そして交流自体が芸術でなくてはならぬ。裡に、政争の牙を隠していればなおのこと。平安貴族にとっての《みやび》とは、そのようなものであった。その貴族たちが和歌を書く時、文字は、僧侶や博士の綿密な音韻研究に基づいた、音韻

を正確に表すものでなくともよい。上に、

「カハ（川）」と「ヤマガハ（山川）」の「川」に視覚の上で同一性をもたせると言ったが、視覚が問題になるのは、書が芸術品であったこととも大きく関連することである。

書では、音韻の面よりもむしろ、視覚の上で美を求めて、異なった字体の仮字を散らす方に進む。万葉集で、一首の中の用字を変えたり、多少音韻が異なっても歌意に繫がりのある文字や面白い文字を用いた意識と同じものであり、現在のわたくしたちが、場合によって、漢字を書き分けたり、漢字・平がな・カタカナ・ローマ字の表記を選ぶ意識とも同じものである。

承暦三年（一〇七九）の識語のある大東急記念文庫本『金光明最勝王経音義』（汲古書院、一九八一年）には、巻首に「いろは歌」を万葉仮名で記し（上声を大字で平声を小字で示す）、次に濁音に相当する万葉仮名を掲げ、声点符号（●●）を付している。次に、[ŋ] の符号レ（件レ音宇ニハ異也可知之）・[n] の符号〉（件〉音ムニハ異也可知之）および声点図が掲げてある。巻尾には、カタカナで、五音又様・五音と「いろは歌」（右下に小字で母音が添えてある。）が記されている。五音又様の項には「已上清濁定音」「已上随上字音清濁不定也」「次字者濁定次字者任本音読之」、五音の項には「已上清濁不定也」「已上清濁不替之」の書き入れなどもあり、清濁や連濁が意識されている。無論、訓点資料や音義・辞書は、漢字音について著わしたものであるから、この場合の濁音は、主に、漢字音の有声音を日本語音でどう読むかということである。

『金光明最勝王経音義』には、カタカナ書きの五音と「いろは歌」とが書かれているのであるが、このようにカタカナが整ったのは、かなり遅く、初めは、万葉仮名や草仮名の中に混ぜて書かれた簡略字体であった。『金光明最勝王経音義』に、濁音に相当するものを万葉仮名で掲げているのは、この故である。カタカナは、平がなと同じく四七音の体系でまとめられるが、カタカナ体が独立した字体であったならば、濁音仮名もカタカナのものを創りだしたことであろう。そうならなかったことが、この字体を補助の役に置き続けてきたのであった。一般には、室町時代にカタカナに濁点を付したものがあらわれ、平がなに濁点の付いたものがあらわれるのは江戸時代頃からである。

また、金光明最勝王経音義は、アクセントの違いによって万葉仮名を使い分けている。音韻のみならずアクセントをも文字で書き分けるという発想は、中国の韻書の影響があるであろう。色葉字類抄などの辞書や藤原定家の下官集に見られるアクセントによる文字の書き分けは、この金光明最勝王経に見られるような万葉仮名の用い方が、平がなの使用にも及んだものであろう。

カタカナは、訓点本の書き入れなどに用いられ、宣命書きや変体漢文の中にも使われるようになる。平安時代中期には、序に掲げた虫愛づる姫君のように、和歌を書くことにも使われるようになる。

　いとこはく、すくよかなる紙に書き給ふ。かなはまだ書き給はざりければ、片かんなに、
　　契りあらばよき極楽にゆきあはむまつはれにくし蟲のすがたは
　福地の園にとある。
（『堤中納言物語』蟲愛づる姫君）

姫君が、カタカナで和歌を書いたことについて、「宇津保物語にも和歌をカタカナで書く例があり、これは、堤中納言物語の時代には、手習いの初めにカタカナを覚えたことを証するものである」と考える説もある。しかし、平安時代に、カタカナ書きの和歌は存在しても、広く行われたものではない。また、姫君は虫を愛で、「かたつぶりのつのの、あらそふやなぞ」という詩（白楽天、無常対酒「蝸牛角上争何事」――『和漢朗詠集』所収）をうち誦じる人である。それまでの習慣どおりに、女の子はまず平がなを覚えるものであるという前提で読めば、「仮字は、まだ書きたまはざりければ、片仮字に」というのは尋常ではなく、一連の笑いが倍加されることになる。やはりこれは、漢字漢文を好む姫君の特殊性を語り、笑いを誘うためのもの、と考える。[15]

注

（1）　このことは、二〇世紀の、ソシュール『一般言語学講義』の翻訳を想起させる。ソシュール『一般言語学講義』は多く

の言語に翻訳されたが、日本語版（『言語学原論』）が最初であった。印欧語を用いる人々は原語で読むことができたから翻訳する必要がなく、そのため、日本語版が世界最初ということになった。朝鮮では独自の文字を考案せず、日本では漢字を用いて日本語を表記することになった基盤は、これと同じことである。現在でも、日常生活に日本語以外の言語を話す必要のある人は限られている、というのが日本の事情である。（飛鳥時代から奈良時代にかけての貴族・僧侶・博士・官人たちの一部は、日常生活にも中国語を使っていた可能性もある。聖徳太子や、阿倍仲麻呂などの遣唐使の、ひいでた語学力は、それに由来するかもしれない。）

（2）　現在のところ、この時代の朝鮮半島には、独自の文字を考案したことを示す資料は見つかっていない。ただし、今後、朝鮮半島で、独自の文字を考案したという新しい資料が発見されることも想像することはできる。渡来系の人たちは、漢文訓読の方法を日本に伝えたのみならず、日本語の表記法も、朝鮮半島で行なわれていたものを応用したものであるという可能性もないわけではない。が、朝鮮では、後々まで、漢文を自らの言語の表記法としている。地続きで、中国の支配の力の大きかった朝鮮では、「日出処天子」の発想がなかったのと同様、日本のように自由に表記法を編み出すこともなかった、と考える。

（3）　古事記には、漢語や神名・人名に訓注を付した部分がある。序に

　上古之時、言意並朴、敷文構句、於字卽難。已因訓述者、詞不逮心。全以音連者、事趣更長。是以今、或一句之中、交用音訓、或一事之内、全以訓録。卽、辭理叵見、以注明、意況易解、更非注。

と述べられており、安萬侶が注を付した部分のあることが知られる。ところが、本文に傍注が紛れ込んだと考えられるものもある。これらは、後人が書写していくうちに書かれ、紛れ込んだものであろう。

（4）　日本書紀の一書についても同じである。伝本が種々に分かれていったものを、集めて併記した人が、後の時代にあったために、現在のようなものが遺っているのである。一書の存在するのが神代紀のみであるというのは、神道との関連があるかもしれない。

（5）　聖徳太子が編纂したという天皇記・国記は遺っていない。存在自体も疑問視されている。史書を編纂するのは、律令国家の発想であるという理由からである。しかし、中央集権国家を構想し、三教義疏を著した人が、歴史を記録しようと考えたとしても不思議ではない。もし天皇記・国記があったとすれば、そこに、古事記とは異なった日本語表記はなかったであろうか。また、そこに記された歴史はどのようなものであったであろうか。三経義疏を著した人の、歴史に対する深

い洞察の上に編まれた書は、大和朝廷の都合に合わせて作られた物語とは、様相を異にするものであったであろう。

（6）家持の歌日記と呼ばれもする巻々や東歌の巻は、家持が編纂した独立の歌集である可能性がある。家持は、陸奥按察使鎮守府将軍として、東歌や防人の歌を集めることのできる立場に在った人である。また、七八五年（延暦四）に、家持が藤原種継暗殺事件の主謀の一人とされた折に、書類や財が没収されたと考えられているのであるが、その際に、幾つかの歌集がひとまとめにされてしまったために、万葉集は、現在見るような、雑多な歌集になってしまったものである、と考える。

（7）『古代の音韻と日本書紀の成立』内篇第六章第二節「二・三　濁音仮名に用いられた全清音字」において、「多致播那播（橘は）」の場合には、万葉集に「タチ婆ナ」七例・「タチ波ナ」五例あることから、

……濁音音節を清音字で表わすという誤用……（中略）……上代日本語で「タチハナ」と「タチバナ」の二形があったらしい。……（中略）……α群でも「タチハナ」という清音の形が採られたのであれば、問題でなくなる。

この「橘」の例を除いたとしても、他の10例はいずれも、普通の教養をもつ日本人ならば、清濁を誤るような難しい語彙ではない。これらは、日本語に十分熟達しない者が清濁を誤って聞き取ったものであろう。（同書、二・三濁音仮名に用いられた全清音字　一五一～一五三頁）

と言う。万葉集の「タチ婆ナ」と「タチ波ナ」とは、いずれも「タチバナ」と訓む。万葉集は、清濁の書き分けの為されていないものが多い。清濁を無視して字面で用字を選ぶ場合もあり、平安時代の濁音表記のない仮名遣いに近い部分もある。万葉集の清濁の通りに語の訓みを考えるならば、「濁音仮名に用いられた全清音字」に挙げられた全ての用例が二つの語形をもつことになるであろう。

同書一四頁には、古事記には有坂秀世の「倭音説」の論拠が該当し、日本書紀では巻一～一三・二二～二三には該当するが、巻一四～一九・二四～二七には該当しない、として前者を「β群」、後者を「α群」と命名している。が、万葉集の吟味はなされていない。

万葉集の用字は、古事記・日本書紀よりも、清濁の混同が著しい。清濁どちらを書いても、場合によって読み分けるのが万葉の時代の「普通の教養をもつ日本人」である。「タチハナ」は、定説となっている訓みからも外れている。

森氏の挙げた「誤用例」の残り一〇例も、万葉集などと同じく、清濁が書き分けられていない例と考える。

（8）(c)については、「アメ」は「サメ」が古い形で、[s]音が脱落したものである、という亀井孝氏の仮定（『亀井孝論文集

2』「文献以前の時代の日本語」吉川弘文館　一九七三年、三四五～三四六頁）もある。（「サメ」「シネ」は、もしも、この仮定の如くであるならば、わかり易いが。）

（9）「老い」「悔い」のイはヤ行のイ。「櫂」のイは「カキ」のイ音便形。
「マウク（設く）」は「マケ（設け）」から、「マウス（申す）」は「マヲス（申す）」から変化したもので、用例が新しい。
「麻宇氣受（まうけず）」（万葉十八・４１２５　大伴家持）
「麻氣（まけ）」（万葉十七・３９５７　大伴家持）
「麻宇之多麻敝礼（まうしたまへれ）」（万葉十八・４０９４　大伴家持）
「麻乎志多麻波祢（まをしたまはね）」（万葉五・８７９　山上憶良）

（10）これと同じように自由な読みは、仏教の「和尚」の、「ワジョウ」「カショウ」「オショウ」などの読みにも見られる。重箱読み・湯桶読み、および和語と混在する熟語など、さまざまな読みや熟語を作ってきたのが日本人であった。

（11）　誹諧歌

梅の花　見にこそ来つれ　うくひすの　ひとくひとくと　厭ひしもをる（古今和歌集　巻十九・１０１１）

の「ひとくひとく」（鶯の鳴き声。「人来、人来」を掛ける。）を「ピートク、ピートク」と訳したのは亀井孝氏であった（『言語学大辞典』日本語の項、三省堂、一九八九年、一六二七頁）。法華経が一般にはまだ普及していない頃には、鶯は「ホーホケキョ」とは鳴かなかったであろう。

和歌の掛詞は、「うくひす」と詠んで、「鶯（ウグヒス）」と「憂く浸づ（ウクヒヅ）」を掛けることもあるものであるから、「人（ヒト）来（ク）」に「ピートク」を掛けるのは可能である。よって、鶯の鳴き声が「ピートク」であったとしても、今一方の「人」が「ヒト」であったか「ピト」であったかどうかまでは言及することができない。

現在、鳥は「チッ、チッ」「チー、チー」「チュン、チュン」「カア、カア」「キー、キー」「クー、クー」「クークー、グーグー」「クッ、クッ」「コッ、コッ」「ココココ」「コケコッコー」「カッコー」「キトキト」「キロキロ」「キョキョ」「ピヨ、ピヨ」「ピッ、ピッ」「ピー、ピー」「ピーチク、ピーチク」「ホー、ホー」などと鳴き、「ピーヒョロ（リ）」「テッペンカケタカ」「ホーホケキョ」と鳴いている。[tʃ] [k] [t] [p] [h] など、破裂音で捉えられているものが中心である。

鳥にも方言がある。奈良の鶯の鳴き声を「ポケチャ」と表現した友人があった。たしかに奈良の鶯は「ホーホケキョ」の「ホー」を発声しない者が多い。現在の京都で筆者が耳にするのもそれに近く、「ホケキョ」あるいは「ポケチャ」が多く、「ホーホケキョ」や谷渡り「ケキョケキョケキョ」はあまり聞かれない（谷渡りが聞かれないのは危険が少ないからで、古い時代の京の鶯も、谷渡りはあまり発声しないために、「ホーホケキョ」が鶯の鳴き声として定着していったのかもしれない）。「ひとく、ひとく」は「ピートク、ピートク」ではなく「ピトク、ピトク」でもあり得る。

資料の残っていない古い時代に、ハ行音は［p］音であったと想定されており、琉球語には今もこの音を残している地域もある。奈良時代から中世にかけての日本語のハ行音は無声両唇摩擦音［Φ］であったと言われる。バ行音［b］に対立する音は［p］音であるが、平安時代にハ行とワ行との間に清濁に近い関係が生じるので、この時までには、ハ行音は［Φ］に移っていたと推定することができる（語によって、変化の例の出る時期は異なる）。奈良時代、日本書紀のハ行音を馬淵氏は［Φ］と推定するが、［p］［b］であるからパ行音・バ行音である可能性もないわけではない。森氏の日本書紀の推定音ではα群のハ・ヒは［p］音である。

平安時代にも「ひとくひとく」の発音が「ピートク、ピートク」であれば、平安時代までの日本語のハ行音の実態は、いまだ［p］音を含んだような音も残していた可能性がある。ただ、鶯の鳴き声を現在では「ホーホケキョ」と解していて、これは［p］音ではなく［h］音で鳴いていることにも留意する必要はある。

これを「ピーチク」と翻訳した小松英雄氏は、当時のハ行子音、少なくとも「ヒ」の子音は、pとしてとらえうる範囲の音であった、という論を展開する（中央公論社『日本語の世界7』一九八一年、二六六頁）。氏が主に述べている擬声語・擬態語においては、たしかにその可能性がありそうには見える。（馬渕和夫氏は、『国語音韻論』一一〇頁に、擬声語「ほうほうと」なども「ポンポンと」であったかもしれないとし、「しかしこれらは特殊の場合であって、中世に至って一般化したと考える。」と述べる）。

ただ、鶯の鳴き方が「ピーチク」（p-t-k）であったか「ホーホケキョ」（Φ…）に近いものであったかは不明。

（12）近年、劇画などの分野から、「えﾞー＜えー」「ぐやじー＜くやしい（悔）」などの表記が生まれ、若い人の間では話し言葉の中でも用いられるものになった。「えﾞー」「ぐやじー」などは、濁音表記することで、音声に近く表現したり、心理的なものを表現したりするものである。音声の濁りが、心理的な濁りにも連なるものであることは、擬声語・擬態語においてこれまでにも指摘されてきたことであるが、それを話し言葉の中にもち込んだ表現者たちの感覚は、既成の文字や表現に左右されない起爆力に富む。

万葉集の「孤悲（恋）」や「十六（シシ　獣）」などを発案した人々が文字で遊んだのも、同じ心である。

(13)　日本で「Goethe」を、「ギョオテ」と書くのではなく「ゲーテ」と書いても、（そして、日本式に発音すれば）、やはりGoethe は、自分のことかと驚くであろう。

(14)　ところで、『古代の音韻と日本書紀の成立』の「日本語の濁音とは音色の相違があったにもかかわらず」という記述は何を根拠に判定できることなのであろうか。その前に、「そうであったとはかぎらない。」と言っているのであるから、「そうであった」でもよいわけであろう。

『古代の音韻と日本書紀の成立』は、「日本の古代の音が八八音節であったとする説」と『切韻』の音韻体系と唐代北方音とを重ね合わせて、「日本の古代音」と「唐代北方音」の両方を検討しようという意欲に満ちた書である。しかしながら、「日本の古代音」と「唐代北方音」とは、そのどちらかが明確に解明されているものであった場合にはじめて、どちらか一方を基準として、今一方を推定することのできるものである。両方が不確定要素を含むものである時、互いを歩み寄らせることで解明することが可能な場合はあるが、今の場合、「日本の古代の音が八八音節であったとする説」自体がたしかなものではないので、堂々巡りになってしまうのである。

『古代の音韻と日本書紀の成立』には、古代日本語の音韻を考察する手がかりが数多く含まれている。ただ、八母音八八音節説や一応定説となっている記紀万葉の訓みを所与のものとして、そこから日本語を考察することに問題がある。いずれにしろ証明の困難な事柄を扱うのであるから、あらかじめ用意した音韻体系に収斂する方向ではなく、そこから見えてくるものを知りたい。今、八母音八八音節自体が問われているのである。

(15)　同じく序に掲げた源氏物語（平安時代中期）の例

真名のすゝみたるほどに、仮名はしどけなき文字こそまじるめれ　（『源氏物語』梅枝）

では、真名と仮名を対比して語っている。

第二章　奈良時代の語

——人称代名詞・指示代名詞と助詞「ガ」「ノ」——

古い日本語では、主格を表わす助詞の「ガ」「ノ」は、条件句や準体句の中の主語を表わす場合に用いるのが一般で、通常は「花、咲く。」のような形を取る。が、現代日本語においても、日常会話では、主格の助詞や目的格の助詞、疑問の助詞を用いないで、「本（を）、読んだ。」「あなた（は）、学校（へ）、行く（か）？」「その花（を）、ここ（に）、置いて（ください）。」のように言うことがある。また、「これ（は）、花（です）。」のように、名詞文の助動詞を用いないこともある。「（わたくしは、）本（を）、読んだ。」では、主語も表わされていない。

ここに挙げた「ハ」「ヘ」「ニ」「カ」などの助詞は奈良時代にも既に見えるものであり、助動詞相当の「テクダサイ」は誂え願う助詞「ナ」「ネ」あるいは助動詞「ツ」の命令形「テ」として、「デス」は助詞「ソ」・助動詞「ナリ」として、形を成している。助詞の「ヲ」は、この時代には間投助詞で、まだ格助詞は成立していない。その他、奈良時代の言語と平安時代の言語とを較べると、奈良時代には、現代語につながる助詞・助動詞が形成されようとしている段階である、と言うことができる。助詞・助動詞は、その後、しだいに発達した。それを受けて、明治以後の標準語において書き言葉の助詞・助動詞が明確に規定され、現代に至っている。それでも、右に述べたように、現代でも私的な日常会話の中では、助詞・助動詞を用いないことも多く、これは、助詞・助動詞の発達以前からある日本語のもともとの姿を残しているものであると考えられる。

古い時代には、助詞の「ガ」「ノ」は、通常の言い切りの文の主語は表わさずに、連体格の格助詞として用いられることが多い。また、人称代名詞が用いられないこともあるが、現代語にはない用法も見受けられる。

序章（一三～一四頁）に触れたように、平安時代末から室町時代に、日本語は大きく変化して、現在の日本語に近い形となった。すなわち、「二段活用動詞が一段化し、また、終止形と連体形とが一つになり係り結びが機能しなくなる。」「格助詞や接続表現が現代語と似た体系をもつ。」「抄物やキリシタン資料などは、当時の口語を含んでいる。そこに記された口語は、近代語に繋がるものである。」などの変化である。

後の第三章では、序章に述べたような変化の起きる要因がどこにあったのかを検証し、また、奈良時代以前の日本語の古層を探ることになる。前もって結論を掲げれば、係り結びの構文は、連体止めによる強調構文と強調語の指示をする語とが結びついたものと、中国語の疑問・反語構文の影響を受けたものが、枠組みを構成することになったものである。平安時代になると係り結びの構文が固定して、条件句であった「こそ～已然形」の構文も単に強調を表わす構文として使用されるようになる。平安時代中期頃の使用例では、「なむ」（話し言葉に用いる）は主語や目的語を示す軽い表現で、「ぞ」「こそ」の順に、強い表現となっている、と受け止められる。

これらの係助詞が、強調したい語や疑問・反語の語に直接するのみならず、強調したい句や疑問・反語の句の中の、どの位置にでも入り得ることになるのは、既に、奈良時代の「そ」に始まっている。これは、奈良時代に、「宇流波之美　安我毛布伎美（うるはしみ　あが思ふ君）」（万葉二十・４４５１）「於保夫祢乎　許藝和我由氣婆（大舟を　漕ぎわが行けば）」（万葉十五・３６２７）など、動作主体を表わす言葉が、動詞の直前に置かれることのあったところから、「奈氣伎曽安我須流（嘆きそあがする）」（万葉十四・３５２４）などを通過して、「鳴曽去奈流早田鴈之哭（鳴きそ行くなる　わさだ雁が音）」（万葉八・１５６６）のように、「ぞ」が動詞の直前に置かれる構文を生じ、しだいに、句の中のどの位置にでも入り得る自由さを得たものである。

「うるはしみ　あが思ふ君」などの「アガ」は、所有・所属を表わす際にも用いられるものであり、アイヌ語やアルタイ諸言語にある人称接辞と性格が似ている。これは、萬葉集後期には一般的でなくなり、平安時代以後にはまったく忘れ去られた語法である。しかしながら、中世に、それまでの連体形が文の言い切りの形として使われるのと並行して、主格を表わす助詞「ガ」が多用されることとなる。これは、古く「アガ」が動作主体を表わす語であったことを、承け継いだものである。

第一章の二〔清濁〕において、n音と濁音とは連体の助詞「ノ」に相当するもので、、複合語を構成する際の鼻音が、所有・所属の助詞「ガ」・連体の助詞「ノ」と成っていったことを述べた。右のような、奈良時代から室町時代頃までの日本語の構文については第三章で検討するが、それに先立ち、第二章では、助詞「ガ」「ノ」や人称代名詞・指示代名詞が、奈良時代にはどのような使われ方をしたものであったのか、古層はどのようなものであったのかを、ひとつひとつ検討する。

一　奈良時代の一人称代名詞・二人称代名詞

1　一人称代名詞「ア」と「ワ」

（1）「わが見し子ら」と「あが見し子」

古事記歌謡に、

……真玉なす　あが思ふ伊毛（妹）　鏡なす　あが思ふ都麻（妻）……　（記90歌謡）

のように、類似の語である「妹」と「妻」とを置き替えて詠っているものがある。言葉を置き替えることで、歌に変化を付けるものである。このような例は他に、

……迦母賀（斯もが）と　和賀（わが）見し古良（子ら）　迦久母賀（斯くもが）と　阿賀（あが）見し古（子）に……　（記42歌謡）

の「斯　カ」と「斯く　カク」、「わ」と「あ」、「子ら」と「子」、

……其賀（そが）葉の　廣り坐し　其能（その）花の　照り坐す　高光る　日の御子に……　（記101歌謡）

の「そが」と「その」の「ガ」と「ノ」にも見られる。「カ」と「カク」・「ワ」と「ア」・「ガ」と「ノ」の置き替えが可能になるのは、「カ」と「カク」・「ワ」と「ア」・「ガ」と「ノ」の間に差異が認められなくなってからのことである。

また、古事記101歌謡は、古事記57歌謡をもとに作られた歌で、57歌謡では、

……斯賀斯多邇（しが下に）　生ひ立てる　葉廣　齋つ眞椿　斯賀波那能（しが花の）　照り坐し　芝賀波能（しが葉の）　廣り坐すは　大君ろかも　（記57歌謡）

「しが下に」「しが花の」「しが葉の」のように、「ソ」が「シ」になっている。指示代名詞の「シ」は古い語である。101歌謡の「ソガ」は、「シガ∨ソガ∨ソノ」と言葉が移っていく中間にあった表現である。同じ意味の表現、あるいは類似の表現を並置しているのは、歌にアクセントをつけるためである。

さらに、

……下問ひに　和賀登布伊毛袁（わが問ふ妹を）　下泣きに　和賀那久都麻袁（わが泣く妻を）……　（記78歌謡）

には、「わが問ふ妹」と「わが泣く妻」が並べられている。「ワガ問フ＋妹」（「ワガ」は主格）「ワガ＋泣ク妻」（「ワガ」は所有格）で、質が異なっている。冒頭に掲げた

……真玉なす　あが思ふ伊毛（妹）　鏡なす　あが思ふ都麻（妻）……　（記90歌謡）

の「真玉なす　あが思ふ伊毛（妹）」「鏡なす　あが思ふ都麻（妻）」では、「真玉なす」「鏡なす」は名詞「妹」「妻」に係り、「あが」はいずれも「思ふ」に係る。「修飾語＋〔（主格＋動詞）＋名詞〕」の形である。ところが、78歌謡では、「下問ひに」「下泣きに」は、動詞「問ふ」「泣く」に係る。そして、「わが」は、「下問ひに　わが問ふ妹を」では「問ふ」に、「下泣きに　わが泣く妻を」では「泣く妻」に係る。これが、「下※問ひに問ふ　わが妹を」「下※泣きに泣く　わが妻を」であれば、後世の耳には穏やかに聞こえる。ただし、それでは、「下問ひに問ふ」主体が「われ」であるのか「妹」であるのか判然としない。「問ふ」主体を明確にするために、前者を「下問ひにわが問ふ妹を」として、「下問ひに　わが問ふ妹を」「下※泣きに泣く　わが妻を」とすると、対句のバランスが崩れてしまう。そこで古事記では、異質な構成をもつ二つの句を同じ形に仕立てることで、対句を構成している。

この歌は日本書紀では、

……下泣きに　和餓儺勾菟摩（わが泣く妻）　片泣きに　和餓儺勾菟摩（我が泣く妻）　（紀69歌謡）

となっており、古事記の後半部と同じ形のものが二つ並んでいる。古事記の表現が紛らわしいので、歌の調子を整えるために、整理した結果であろう。

「わが泣く妻」のような形のものは、他に、

阿賀波斯豆摩（あが愛し妻）　（記59歌謡）

阿餓倭柯枳古（あが若き子）　（紀121歌謡）

がある。このように、熟合度の高い〈形容詞＋名詞〉に「ワガ」が係る例はないわけではない。が、「わが泣く妻」のように、「ワガ」が〈動詞＋名詞〉にかかっている例は他にはない。しかし、古事記より後に編纂された日本書紀がこの表現の方に統一していることから考えれば、「わが泣く妻」の表現は特異なものではなく、この「ワガ」の使い方は古くから行われてきたものであった、と考えることができる（特異なものであったとするならば、この

ような表現を、単に五音七音の音律を揃えるためだけに選ぶのではなく、別の表現に改めるであろう)。ただ、「ワガ」は主格にも用いられるものであるので、古事記にあるように「わが問ふ妹」と「わが泣く妻」とは紛らわしいため、「わが泣く妻」のような表現は衰退していったものであろう。

このような例を基に、古い時代には「ガ」は所有格であって、主格は後に発達したものである、とする説もあるが、記紀万葉には「ガ」のその他さまざまな主格表現も存在し、右に挙げたように、歌にアクセントをつけるために、同じ意味の表現、類似の表現を並置することもあるから、これも、二つの句を同じ形に仕立てることで対句を構成するものとしての表現であろう。

(2)「吾二人」と「二人吾」

類似の表現を並置する技法は、万葉集の「吾二人」「二人吾」にも見られる。

……取り持ちて　走り出の　堤に立てる　槻の木の……我妹子と　二人吾宿之(二人わが寝し)　枕づく　つま屋のうちに……吾二人見之(わが二人見し)

(万葉二・210　柿本人麻呂)

……たづさはり　吾二見之(わが二人見し)　出で立ちの　百枝槻の木　……我妹子と　二吾宿之(二人わが寝し)　枕づく　つま屋のうちに……

(万葉二・213　柿本人麻呂)

これらは、一首のうちに「わが二人見し」と「二人わが寝し」とを並置したものである。

ここでは「吾」という字が用いられているのであるが、万葉集では、「吾」と同じものと考えられるものに「我」の表記がある。

古事記では、一人称代名詞は、「僕」「妾」「我」「吾」などの文字で表わされているが、物語の段によって、「僕」が使われていたり、全く「僕」が出て来ず「我」で表わされていたりして、その使い分けがなされているわけではない。また、垂仁記の中の、サホビコノオホキミがその妹サホビメに言う言葉、

孰愛夫與兄歟。……（中略）……汝寔思愛我者、將吾與汝治天下

（古事記中巻　岩波日本古典文學大系『古事記　祝詞』一八八頁）

では、「我」と「吾」が一緒に用いられている。この場合、「我」と「吾」とは、特に区別して使われているわけではない。万葉集の場合にも、「吾」と「我」の表記は全く同じものと考えてよい。

「吾二人」の用例は、他に、

葦原の　密（しけ）しき小屋（をや）に　菅畳　いやさや敷きて　和賀布多理泥斯（わが二人寝し）

（記１９歌謡）

大舟の　津守が占に　告らむとは　まさしに知りて　我二人宿之（わが二人寝し）

（万葉二・１０９　大津皇子）

君来ずは　形見にせむと　我二人（わが二人）　植ゑし松の木　君を待ち出でむ

（万葉十一・２４８４）

があり、古事記の用例によって「ワガ二人」と訓む。

「二人吾」の用例は、他に、

わぎめこと　不多利和我見之（二人わが見し）　打ち寄（え）する　駿河の嶺らは　恋（くふ）しくめあるか

（万葉二十・４３４５）

行くさには　二吾見之（二人わが見し）　この崎を　獨過者（一人過ぐれば）　心悲しも

（万葉三・４５０　大伴旅人）

があり、４３４５の歌の一音一字表記によって「二人ワガ」と訓む。

次に、「ワガ二人」について。

古事記１９歌謡「葦原の　密（しけ）しき小屋（をや）に　菅畳　いやさや敷きて　和賀布多理泥斯（わが二人

寝し)」の「わが二人寝し」について岩波日本古典文學大系『古代歌謡集』には、

　私が、妻と二人で寝た、という言い方。二人で寝たのではあるが、自己を中心として言ったもの。「我が群れ往なば」（記四）、「我が二人寝し」（万一〇九）、「我が二人見し」（万二一〇）など。

と注している（五〇頁、頭注）。が、日本古典全書『古事記』では、19歌謡も4歌謡も一人称複数を表わす、という立場を取っている。即ち、19歌謡の頭注（下七〇頁）は、

　ワは、自分一個に限定せず、「我々」の意にも用ゐる。

とし、4歌謡は

　群れ飛ぶ鳥が群れ行くやうに、わたしらがつれだつて行つてしまつたなら、引かれて飛び立つ鳥が引かれて去つて行つてしまふやうに、わたしらも引かれて行つてしまつたなら。

と、「ワ」を一人称複数に訳している。さらに、上巻　神代記の

　赤猪在此山、故和禮（此二字以音）共追下者、汝待取。

　赤猪、此の山に在れば、われ共に追ひ下らむに、汝待ち取れ。

の「われ」の頭注（『古事記　上』一二七頁）に、

　用例上、ワレはアレに対しては複数的な傾向が観取されるとも言はれる。

と言う。現在では、古典全書にあるように、「ワレ」を複数的に解釈するのが一般ではあるが、古典全書にも「用例上、ワレはアレに對しては複数的な傾向が観取されるとも言はれる。」と書くように、確実な証拠が提示されてはいない。一音一字表記例での確実な用例がないからである。

　万葉集の「ワガ二人〜」と訓めるものは、「我二人〜」「吾二人〜」のように表記されている。ところが、これと形の同じ例が、古事記中巻のクマソタケルの言にある。

　於西方除吾二人、無建強人。然於大倭國、益吾二人而、建男者坐祁理。

（古事記中巻　岩波日本古典文學大系『古事記　祝詞』二〇八頁）

これを岩波日本古典文學大系では、

西の方に吾（われ）二人を除（お）きて、建（たけ）く強き人無し。然るに大倭（おほやまと）の國に吾二人に益（まさ）りて建き男（を）は坐しけり。

（古事記中巻　二〇九頁）

と訓み、日本古典全書では、

西の方に吾（あれ）ら二人を除（お）きて建く強（こは）き人無し。然るに大倭（やまと）の國に吾（あれ）ら二人に益（まさ）りて建（たけ）き男（を）は坐（いま）しけり。

（古事記下　一二七頁）

と訓む。「吾二人」についての二書の訓は異なるが、意味上は明らかに複数である。「我二人」「吾二人」の「我」「吾」が複数を表わすことが、この例によって明らかである。また、「我」「吾」と「二人」とは【同格】になるから、「我二人」「吾二人」を「ワガ二人」と訓む時、「ガ」は、【同格】を表わす語である。

「二人ワガ」の場合は、万葉集の4345の歌に「ワギメコト二人」とあり、他の三例（210・213・450）も「妹ト二人」の意である。

類似の表現に、「二人シテ」「妹トシテ　二人」がある。

二為而（二人して）　結びし紐を　一為而（一人して）　吾は解き見じ……

（万葉十二・2919）

與妹為而二人作之（妹として　二人作りし）　吾がしまは……

（万葉三・452）

452の歌の「二人作リシ」は「二人で作った」である。「二人」が「二人で」の意味で用いられている。「（ワギメコト）二人」「（妹ト）二人」は、これらと同様、「～と二人で」と現代語訳することができる。

また、450の歌「行くさには　二吾見之（二人わが見し）　この崎を　獨過者（一人過ぐれば）　心悲しも」（大伴旅人）には、「二人」と「一人」の対比がなされている。「一人で行き過ぎた」のに対して「二人で見た」のであるから、この「二吾」の「吾」は複数であると見る。

上に述べたように、古事記19歌謡「葦原の　密（しけ）しき小屋（をや）に　菅畳　いやさや敷きて　和賀布多理泥斯（わが二人寝し）」の「わが二人寝し」について岩波日本古典文學大系『古代歌謡集』には、

私が、妻と二人で寝た、という言い方。二人で寝たのではあるが、自己を中心として言ったもの。「我が群れ往なば」（記四）、「我が二人寝し」（万一〇九）、「我が二人見し」（万二一〇）など。

と注していた。「吾二人（ワガ二人）」のワは複数であることを上に確かめたのであるが、「二人吾（二人ワガ）」の場合を確かめることのできる例はない。「（妹ト）二人ワガ」の場合には、古典全書の考え方と同じように、「（妹と）ふたりで、わたくしが～」である可能性もないわけではない。

古事記のクマソタケルの言のような例は、「二人吾」にはなかったが、九九～一〇二頁に述べた「わが見し子ら」と「あが見し子」のような言い換えや、「下問ひに　わが問ふ妹を」「下泣きに　わが泣く妻を」の並置の表現技法を考え合わせるならば、「二人吾」は、「吾二人」を言い換えて、歌に動きを付けたものではないか、と考えることができる。よって、「二人吾」の「吾」も複数を表わし、「二人吾」は現代語訳すると、「二人で、わたくしたちが～」の意となる。「ワガ二人」の「ガ」は【同格】を表わしたが、「二人ワガ」の「ガ」は【主格】を表わす。

以上のように、「我二人」の「我」は複数を表わす。ところが、万葉集には、「我二人宿」に対して「我」が明らかに単数である「我獨宿」の用例がある。ただし、これには一音一字表記例はない。

み吉野の　山のあらしの　寒けくに　はたや今夜も　我獨宿牟　（万葉一・74）

泊瀬風　かく吹く夕は　何時までか　衣片敷き　吾一將宿　（万葉十・2261）

あられ降り　いたも風吹き　寒き夜や　旗野に今夜　吾獨寐牟（万葉十・２３３８）

水多み　上田に種蒔き　稗を多み　選らえし業そ　吾獨宿（万葉十二・２９９９）

同じ「我」「吾」の文字が、単数を表わしもし複数を表わしもするのはなぜなのだろうか。文字は同じであっても、単数と複数の場合に何らかの違いがあるのであろうか。

「我」には「ワ」「ワレ」、「吾」には「ア」「アレ」をあてはめる人もあるが、万葉集の「我」「吾」の表記は「ワ」「ア」の区別を表わすものでもない。また、「安賀於毛布（あが思ふ）」（十七・４００９）「和我母波奈久爾（わが思はなくに）」（十四・３５０７）のように同じ動詞に「ワガ」「アガ」が接しているもの（この場合は、「ワ」も「ア」も単数）もある。なかんずく冒頭に掲げた

……迦母賀（斯もが）と　和賀（わが）見し子ら　迦久母賀（斯くもが）と　阿賀（あが）見し子に……（記４２歌謡）

の歌では、「ワ」と「ア」とを置き替えて変化を付けていた。それ故、複数のものは「ワ」「ワレ」、単数のものは「ア」「アレ」と言っていたということでもない。

古事記の「吾二人」（一〇四頁）を岩波日本古典文學大系では「ワレ」、古典全書では「アレラ」と訓んでいて、この場合、どちらの訓を取るかは、注釈者の選択によっている。

「我二人〜」を「ワガフタリ」、「我獨〜」を「アガヒトリ」と訓み分けている注釈書もある。これは、「ワ」が複数的なものであり、「ア」が単数的なものであることを考慮した訓であり、「我獨〜」の一音一字表記例がないため、あくまでも「我二人〜」「我獨〜」に限ってなされている訓である。その他の一音一字表記例はそれぞれの表記に従って訓んでいるので、万葉集全体を見ると出入りがある。

（3）アとワ

一人称代名詞の「ア」と「ワ」の違いは、

ア、アレ　一人称単数

　　　　　個人的（私的）

ワ、ワレ　一人称単数・一人称複数

　　　　　共同体を背景にもつもの（公的）であるが、アと同様に個人的（私的）なものとしても用いる。

と要約することができる。そして、「ワ」「ワレ」が複数を表わす例は、

(1)　古事記中巻のクマソタケルの言

　　於西方除吾二人、無建強人。然於大倭國、益吾二人而、建男者坐祁理。

の「吾二人」の「吾」が複数であること。

(2)　万葉集に「和我於保伎美（わが大君）」（十八・４０５９　河内女王）「和期於保伎美（わご大君）」（十八・４０９９）がある。柿本人麻呂・額田王の歌にも「吾大王」（一・３６　人麻呂）「和期大王」（二・１５５　額田王）があって、「わが大君」「わご大君」と訓むと考えられる。人麻呂や額田王の歌は公の場で歌われたものであって、この「わが大君」「わご大君」の「ワ」は「われわれ」にあたる複数のものであり、敬意を表わす敬語表現である。

(3)　古事記に「和賀久邇（わが国）」（古事記５３歌謡）がある。この場合は、天皇が自分の領有する国を言ったもので、「ワガ」は一人称単数の所有形である。

　神功紀に「吾國」「我土」の語があって、これも「ワガクニ」と訓んでよいと考えられる。これは、百済に対する倭国のことであって、現在の「わが国」と同じ概念のものである。

の三点に見出すことができる。(1)については一〇四〜一〇五頁に述べた。(2)(3)について以下に詳述する。

「ワガ大君」について

万葉集に「わが大君」「わご大君」という表現が何例かある。

吾於富吉美・吾大王・吾大皇・我大王・吾王・吾皇・我王
和其大王・和期大王・和期大皇・吾期大王

これらは、「和我於保伎美　ワガオホキミ」（万葉十八・４０９９）の例に倣って、「ワガオホキミ」「ワゴオホキミ」と訓まれている。

「ワガオホキミ」の一音一字表記例は、万葉集巻第十八・４０５９　河内女王の歌のみである。

橘の　下照る庭に　殿建てて　酒みづきいます　和我於保伎美（わが大君）かも
（万葉十八・４０５９　河内女王）

この歌は、「右件歌者在於左大臣橘卿之宅肆宴御歌并奏歌也」の左注が付いていて、御製歌と栗田女王の歌と共にある。これは左注に言う「奏歌」であろうから、「わが君」は、「われわれの大君」であろう。

「ワゴオホキミ」の一音一字表記例は、万葉集巻第十八・４０９９の歌のみである（作者名はないが、前後が大伴家持の歌であることと、歌の内容などから、家持の歌であると考えられる）。

古を　思ほすらしも　和期於保伎美（わご大君）　吉野の宮を　あり通ひ見（め）す　（万葉十八・４０９９）

この歌は、「為幸行芳野離宮之時儲作歌一首　并短歌」（４０９８～４１００）という題詞の付いていることから、「わが大君」は「われわれの大君」であることはあきらかである。

柿本人麻呂・額田王の歌にも、「わが大君」「わご大君」と訓める歌がある。

やすみしし　吾大王の　聞こしをす……　（万葉一・３６　柿本人麻呂）

やすみしし　和期大王の　恐きや……　（万葉二・155　額田王）

宮廷歌人であった柿本人麻呂や、やはり、宮廷歌人の性格をもっていたと考えられる額田王が、公の場で、「わが大君」「わご大君」と歌う時、それは、「われわれの大君」の謂いである。その他、上に掲げた「ワガオホキミ」「ワゴオホキミ」と訓まれているものも事情は同じで、「われわれの大君」という意味で用いられている。

また、記紀にも多数の「我天皇」「我皇」が出て来る。

恐我天皇、猶阿蘇婆勢其大御琴。　（古事記中巻　二二八頁）

我皇當能定此國者、行路自通。　（日本書紀上　二〇一頁）

これも、多くは、「われわれの天皇」「われらの大君」のことである。ここからも、「ワ」が一人称複数でもあり得ることを証することができる。

ただし、「われわれの天皇」「われらの大君」の「われわれの」「われらの」は、単なる複数を示すのではなく、後の「天皇」や「大君」が高位の人であることから、「われわれがお仕え申し上げる」の意味をもつに至った、敬意を表わす敬語表現に成っている。（一二四頁に述べる）

「ワガ国」について

古事記に「和賀久邇（わが国）」（53歌謡）がある。

おしてるや　難波の埼よ　出で立ちて　和賀久邇（わが國）見れば　淡島於能碁呂島　檳榔の島も見ゆ　佐氣都島見ゆ　（記53歌謡）

これは、仁徳天皇の歌であるから、「わが国」とは「天皇の領有する国」のことである。

また、神功紀に、「我國」「我土」の語があって、日本古典文學大系『日本書紀』ではいずれも「ワガクニ」と訓んでいる（『日本書紀』上、三五二〜三五三頁）。

甲子年七月中、百濟人……、到於我土曰、……
必應告吾國
吾國多有是珍寶

他国との関係において「我土」「吾國」が言われているのであるが、仁徳天皇の領土意識とは異なっていても、呼び方は「ワガクニ」が継承されている。

この「ワガクニ」は、現代語の「我が国」と同じである。現代の日本語では、連体の格助詞は「ノ」を用い、「ガ」を用いることはほとんどない。ただ、「ワガ」のみ、「わが子」「わが道」「わが国」「わが家」などの中に残存している。それ故、上記の神功紀「吾國」「我土」の例は、「ワガクニ」と訓んでほぼ間違いがない、と考える。

（4）内と外

「ワガ子」は、古くは「アガ子」の形である。[1] 記紀万葉では、「アコ（あるいはアゴ）」「アガコ」である。

阿誤（豫）……日本書紀歌謡８・８・１０・１０（いずれも「アゴヨ」の形で、囃し詞である）
吾子……万葉十三・３２９５、万葉十九・４２４０
安我古……万葉五・９０４
安我故……万葉十九・４２２０

また、「ワガ道」には、「和賀由久美知能（我が行く道の）　かぐはし花橘は」（古事記４３歌謡）の例があり、実際に歩く道を指している。

現代語の「わが子」は、「大切な、わたくしの子」の意であり、「わが道」は、「他人とは考え方が違っていたとしても、自分で選ぶ独自の生き方」の意である。「わが子」は、単なる「わたくしの子」というのではなく、「大切な」という意味の加わった熟語であり、「わが道」は、其の解釈に「自分」が入るように、再帰代名詞「オノレ」を用いた「己の道」と言い換えることのできるものである。以上のように、現代語の「わが子」「わが道」は、「ワガ」に特別な強勢の意が入っている。

「ワガ子」はもと「アガ子」であった。「ア」は一人称単数を表わす。「安我吉美（あが君）」（万葉十九・４１６９）「安我古（あが子）」（万葉五・９０４）「安我故（あが子）」（万葉十九・４２２０）は、手離すことのできない愛情の対象としての「おかあさん」「わたくしの子」であり、「安我未（あが身）」（万葉十五・３７５７、十八・４０７８、十九・４２２０）はわたくしの身体として切り離す事ができない。

磯の浦に　常夜日来住む　鴛鴦の　惜しき安我未波（あが身は）　君がまにまに
（万葉二十・４５０５　大原今城真人）

かにかくに　ものは思はじ　朝露の　吾身一者（吾が身一つは）　君がまにまに
（万葉十一・２６９１　寄物陳思）

この「アガ子」の意を承け継いだのが、現代語の「ワガ子」である。「ワガ道」も「道」が抽象的な意味になり、そこに「ワガ」という古い語を付けた時、「ワガ」に新たな意味が加わったものである。「わが道を行く」は“Going my way”の訳である。

「わが国」「わが家」の「ワ」は、直接「わたくし」を指すわけではない。「わが国」は「この国」と言い換えることのできる場合もあり、「われわれの国」である場合もある。わたくしが所属するその国を指す時に「わが国」と言う。「わが家」は「わたくしの家」（my house）であることもあるが、「わが家」の「家」は、「家族」ないし「家族の生活の場」「家族が住む場所としての家」（my home）であることもある。すなわち、この「家」には、「家族」が含まれているのである。ここでもやはり、自分の所属の対象としての「家」が語られているわけである。以上のように、現代語の「わが国」「わが家」の「ワ」の領域は複数的なものであることがわかる。また、「わが国」の対語は、「わたくしの国」に対する「あなたの国」であることもあり、また、自分の国以外の「よその国」であることもある。「わが家」の対語は、「よその家族」「よその家」「外」であるが、外を明確に意識することなく、自らの拠り所として動かぬもののように感じていることが多い。「わが国」「わが家」の対語が「よその国」「よその家」である時、ここでは、「われ」と「われ以外」とが対比されている。

以上、現代語の「わが国」「わが家」について述べたが、奈良時代の「ワガ」が付く「屋戸」「家」（わぎへ・わがへ）なども同じである。「母」や「背」や「妹」も家族の構成員として考えられているのである。

「ワ」は、その背後に共同体の構成員のあるものであり、それは、現代語の「わが国」が「われわれの国」に置き替えることのできるのと同じような性格のものである。そこから一人称複数までの距離は近い。そしてまた、共同体の《公》の性格から、「ワ」は「ア」に較べて公的な場面で用いられるものとなる。

「我家（ワガへ、ワギへ）」「我背子（ワガセコ）」「我妹子（ワギモコ）」などは、「ワガ」と後の名詞との結合の度が強く、これで一語になっていて、「ワガへ、ワギへ」、「ワギモコ」などは音が約まってさえもいるものである。これらを現代語に置き替える最上の訳は、

我家＝うち
わが背子＝うちの人
我妹子＝うちの、うちのやつ、家内(2)

(5) 単数と複数

以上、述べたことより、

ア、アレ　　一人称単数
　　　　　　個人的（私的）

ワ、ワレ　一人称単数・一人称複数

共同体を背景にもつもの（公的）であるが、アと同様に個人的（私的）なものとしても用いる。ということを、確めることができた。

「ワ」「ワレ」の複数は、その背後に共同体と共同体の構成員のあるものであった。人は共同体の一員として、その価値観の中で生きる。奈良時代前後より現在までの日本の社会の構造に照らしてみれば、それは、自己と他者とを峻別する社会ではなく、共同体の価値観に従って生きることの求められる社会である。「我」ではなく、「我々」が単位である。我と我々の間に明確な一線はない。それが、日本語の一人称の単数と複数とが明確に区別されて来なかった理由である。「ア」「アレ」は一人称単数であるが、「ワ」「ワレ」は一人称単数でも複数でもあり得る。また、漢語より取り入れた「我」「吾」の文字が、或る時は単数を表わし、或る時は複数を表わすのも、同じ理由から区別せずに用いた結果である。

一人称代名詞の単数と複数とが区別されないことは、しかし、日本語において特別なことではない。なぜなら、日本語には、「ラ」「タチ」のように複数を表わす助数詞はあっても、多くのものは複数であることを表わす印となる言葉を付加されずに使われ、せいぜい「ナド」という言葉が付けられる程度であるからである。

- 人々、花々……畳語

子供ら、学生たち

児童など……この場合には、複数であることはわかるが、「児童」が一人であることもある。

「犬が来た。」は一匹なのか五匹なのかはわからない。

「皿が三枚あります。」は、「皿」に複数であることを示す印がない。

2　一人称代名詞「ア」と二人称代名詞「ナ」

(1) 親愛の接頭辞「ア」と「ナ」

一人称代名詞「ア」が体言に係る例に、

吾妻（アヅマ）…………「阿豆麻波夜（吾妻はや）」（記中巻）

　景行紀には、「吾嬬者耶　嬬此云菀摩」とある。

吾子（アゴ）……………「阿誤豫（吾子よ）」（紀8歌謡）（紀10歌謡）

吾背・吾兄（アセ）……「阿勢袁（吾兄を）」（記29歌謡）

　「阿世袁（吾兄を）」（記104歌謡）

　「阿西嗚（吾兄を）」（紀76歌謡）

あぎ（アギ）……………「伊奢阿藝（いざ、あぎ）」（記38歌謡）

　「佐耶岐阿藝（さざきあぎ）」（記中巻）

　「伊奘阿藝（いざ、あぎ）」（紀29歌謡）

　「伊奘阿藝（いざ、あぎ）」（紀35歌謡）

がある。万葉集には、「通はすも吾子」（万葉十三・3295）・「この吾子を」（万葉十九・4240）のように「アコ」あるいは「アゴ」と訓み得る例があるが、一音一字表記例はない。(3)

　このうち、「吾子（アゴ）」、「吾背・吾兄（アセ）」は、古事記・日本書紀においては囃子詞として用いられているものである。また、「あぎ（アギ）」の用例のうち、歌謡のものでは、いずれも、「いざ、あぎ」という呼びかけの形で用いられている。

　古事記43歌謡と日本書紀35歌謡とは類歌である。ただ、日本書紀で、

　いざ、あぎ（伊奘阿藝）（紀35歌謡）

となっているものが、古事記では、

いざ子ども（伊邪古杼母）（記43歌謡）

になっている、という対応が見られる。「いざ子ども」は自分の子弟や従僕に呼びかけているものであるが、「いざ、あぎ」は、親しみをこめた敬語表現である。この「あぎ」は「吾君」と解釈されている。

「あぎ」の今一つの用例は、古事記応神天皇段の、

佐邪岐阿藝之言（自佐至藝五字以音）如我所思。（古事記中巻　日本古典文學大系『古事記』二四〇頁）

である。日本古典文學大系『古事記』では、これを、

「佐邪岐、阿藝の言ぞ、我が思ふ如くなる。」（日本古典文學大系『古事記』二四一頁）

として、頭注に、

雀よ（大雀命に呼びかけたことば）お前の言うことが。アギは吾君。

としている。しかし、「佐邪岐阿藝」は（自佐至藝五字以音）とされているのであるから、これだけで一語で、「さざきあぎの言ぞ、我が思ふ如くなる。」

と訓み、「佐邪岐阿藝」は「オホサザキの君（きみ）」というような訳になるところであろう。

大雀（オホサザキ）の君の言うところこそ、わたくしの思いに適ったものだ。

この時、「アギ」は、接尾辞の資格に成っている。これは、一三五頁に述べる、「ナネ」が「妹ナネ」のように接尾辞に成るものと同じ変化である。

以上のように、古事記・日本書紀の「吾子よ」「吾兄を」は、囃子詞としての用例のみであり、「吾君」も「いざ、あぎ」という呼びかけや「～の君」にあたる語である。

これらのうち、「吾妻（阿豆麻）」の「妻（ツマ）」が「アヅマ」と濁音になり、「吾子（阿誤）」の「子（コ）」が「アゴ」と濁音になっていることは、これが一語に熟合していることを示すものである。「あぎ（阿藝）」も「ギ」が濁音である。「イザナギ」の「ギ」（「キ」であろう）や現代語の「兄貴　アニキ」の「キ」にも通ずるものであ

る。「君」であると考えられているが、通常の解釈の「君　キミ」の約言であるのではなく、「君」の意にあたる語「キ」が存在したと考える。

この「ア」の用法と同じ用法と見られるものは、万葉集では、「吾子」（いとしいわが子）があり、記紀の「アゴ」によって「アゴ」と訓んでいるが、一音一字表記例はない。

……いかなるや　人の子ゆゑぞ　通はすも吾子……　（万葉十三・３２９５）
大船に　ま梶しじ貫き　この吾子を　唐国へ遣る　斎へ神たち　（万葉十九・４２４０）

一人称代名詞のこのような用い方は、後の時代に、

あが仏（竹取物語）
わ御前（平家物語・祇王）

などの形で引き継がれていき、「吾子（アコ）」のみ、現代にも、

万緑の　中や吾子の歯　生え初むる　　草田男

のように、短歌や俳句の表現の中に生きている。

「あが仏」「わ御前」「吾子（アコ）」などは、一語に熟合していて、「アガ」・「ワ」「ア」は親愛を示す接頭辞の資格に成っている。記紀の「吾子」「吾背」「吾君」の「ア」も、一人称代名詞の所属形を出自とするが、既に、接頭辞に成っているか、あるいは一語に熟合して語源も忘れ去られたものである。

次に、二人称代名詞「ナ」が体言に係る例に、

汝背（ナセ）……………「吾夫君、此云阿我儺勢」（神代紀一書第七　上九七頁）
「愛我那勢命」（記上巻　六四頁）
「奈勢能古（汝背の子）」（万葉十四・３４５８）
汝妹（ナニモ）…………「汝妹、此云儺邇毛」（履中紀　上四二七頁）

「愛我那迩妹命乎」（記上巻　六〇頁）

がある。記紀の「ナセ」「ナニモ」は、「汝背」「汝妹」の字をあてて解釈される。

「ナ背」「ナ妹」は二人称「ナ」の複合語で、この「ナ」は、古くは一人称代名詞であったのではないか、という説（岩波日本古典文學大系『日本書紀』上　九一頁「我愛之妹」の補注　五五六頁、三省堂『時代別国語大辞典上代編』「な（汝・己）」の項）もある。が、この例の「ナセ」「ナニモ」はいずれも、その前に親愛を示す接頭辞「我」「阿我（アガ）」が付いているのであるから、「ナ」にもともとの意義があっても、既に一語に熟合しているものである。

「ナニモ」は、一音一字表記例は無い。古事記の例に、「愛我那迩妹命乎」（記上巻　六〇頁）と「迩」の字を入れてあるので、[ŋ]の音が加わって「ナニモ」と言ったことがわかる。「アヅマ」の「ツマ」、「アゴ」の「コ」が濁音化していたのに対して、「アセ」の「セ」は濁音化していない。同様に、「ナセ」の「セ」も濁音化していない。「ナニモ」に[ŋ]音が入っていることは、「アヅマ」「アゴ」の濁音化と関係があるものではないか、と考えられる（第一章二、五九～六〇頁）。右の「アガ」・「ワ」「ア」と同じく、この「ナ」も、親愛を示す接頭辞の資格であったものが、一語に熟合したものである。（さらに、一三八～一三九頁に述べる。）

（2）「我鳥」と「汝鳥」

一人称代名詞所有の形「ワ」と二人称代名詞所有の形「ナ」の用例は、古事記の中に、

八千矛の　神の命　萎え草の　女にしあれば　わが心　浦渚の鳥ぞ　今こそは　和杼理（我鳥）にあらめ　後は　那杼理（汝鳥）にあらむを　命は　な死せたまひそ　いしたふや　海人駈使　事の語り言も　こをば……（後略）　（記3歌謡）

「和杼理（我鳥）」「那杼理（汝鳥）」がある。この「ワドリ」「ナドリ」は、直前の「わが心　浦渚の鳥ぞ」を承ける。この歌は、八千矛神の歌の、

八千矛の　神の命は　八島國　妻枕きかねて　遠々し　高志の國に　賢し女を　有りと聞かして　麗し女を
有りと聞こして　さ婚ひに　在立たし　婚ひに　在通はせ　太刀が緒も　いまだ解かずて　襲をも　いまだ解
かねば　嬢子の　寝すや板戸を　押そぶらひ　わが立たせれば　引こづらひ　わが立たせれば　青山に　鵺は
鳴きぬ　さ野つ鳥　雉は響む　庭つ鳥　鶏は鳴く　うれたくも　鳴くなる鳥か　この鳥も　打ち止めこせね
いしたふや　海人駈使　事の語り言も　こをば　（記2歌謡）

を承けて歌ったものである。

「わが心　浦渚の鳥ぞ」について、夫を求める心を表わす、とする説が行われてきた。万葉集などに、浦渚に鳴く鳥が妻を喚ぶ歌があることによる。新編日本古典文学全集『古事記』（小学館、一九九七年）では、「ウラは心の意、スは形容詞スシ（酸）の語幹で、心が楽しまない意が含まれる。」とするが、「心が楽しまない」ことが、歌の言葉とどのように関わるものであるのか不明である。これは後に「今こそは　我鳥にあらめ　後は　汝鳥にあらむを」という言葉が続くのであるから、浦渚の鳥が居所をあちこちに移すことをとらえて言ったものであろう。また、浦渚に居る鳥は千鳥などの小さな鳥であろうから、心細い思いを喩えるものでもあるであろう。

また、新編日本古典文学全集『古事記』では、「命は　な死せたまひそ」は「夜明けを告げる鳥の命を指す。」とする。古くは「恋死になさいますな。」とするもの（岩波日本文學大系『古代歌謡集』など）があったように、この「命」が誰の命であるのかはわかり難い。3歌謡は、八千矛神の歌に対して歌ったものであるから、直接には八千矛神が「打ち止めこせね」と歌った鳥のことを指してはいる。が、ここの言葉続きは、浦渚の鳥の命のようにも受け止められる。

戸を開けようとしない沼河比売に、
あなたが戸を開けてくれない間に、もう、鳥の鳴く朝になってしまった。あの鳥の声を聞いていると、心が引き裂かれそうだ。こんな鳥など、打ち殺してしまってくれ。

と歌う八千矛神は凶暴で、けっして温かいものではない。撃ち殺されるかもしれない鵐や雉や鶏よりも小さな鳥に、わが心を譬える沼河比売は、心の中で、自分が打ち殺されそうな程の恐怖に脅えている。

わたくしは弱い女ですから、わたくしの心は、恰度そこの浦渚で鳴いている鳥の心のように震えています。強い者に従うしか生き延びる道はありません。この鳥は、今はわたくしの鳥ですが、後にはあなたの鳥になりましょう。（わたくしの心は、今はわたくしのものですが、後にはあなたのものになりましょう。）ですから、どうぞ殺さないで下さい。

と沼河比売は歌っているのである。

この「我鳥」「汝鳥」を、古事記の注釈書の多くは、

自分の身の上を鳥にたとえた表現である。（小学館　日本古典文学全集『古事記』一九七三年、一〇二頁、頭注）

という立場で、

我鳥……自分の思うままに自由にふるまう鳥

汝鳥……あなたの思いのままになる鳥（同）

のような解釈をしている。その解釈においては、「鳥」は「わが身」のこととなっていて、「我鳥」「汝鳥」は特定の意味をもつに至った熟語のように受け止められている。「汝鳥」の方はまだ、そのような譬喩が自然に受け入れられるが、「我鳥」の方は釈然としない。「汝鳥」が「あなたの思いのままになる鳥」であるならば、「我鳥」は「わたくしの思いのままになる鳥」になり、「鳥」はわたくしの所有物で、自分の身から切り離して譲渡することが可能な何物かを指すことになってしまうからである。(4)

ここは、

萎え草の　女にしあれば　わが心　浦渚の鳥ぞ

を承けて、

今こそは　和杼理（我鳥）にあらめ

後は　那杼理（汝鳥）にあらむを

と言っているのであるから、「鳥」は「わが心」の譬喩である。「わが身」ではなく、「わが心」を鳥に譬えて、殺されそうな鳥と自分の心とを重ねているのであって、この場合の「我鳥」「汝鳥」という語の中に

我鳥……自分の思うままに自由にふるまう鳥

汝鳥……あなたの思いのままになる鳥

のような譬喩があるわけではない。この「我鳥」「汝鳥」は文字通り、

わたくしの鳥

あなたの鳥

ということで、「我（ワ）」「汝（ナ）」は、人称代名詞所有の形である。そして、「わが心」を「浦渚の鳥」に譬えたことで、二次的に

我鳥……わたくしの心は、わたくしのもの

汝鳥……わたくしの心は、あなたのもの

という譬喩がなされているのである。

しかしながら、この「我鳥（ワドリ）」「汝鳥（ナドリ）」のそのすぐ前に、「わが心」という所有・所属を表わす格助詞「ガ」を伴った用例があるのであるから、この

「ワ＋鳥」

「ナ＋鳥」

の用例は特殊である。これらの「我鳥」「汝鳥」は、所有・所属の格助詞「ガ」を伴った「わが鳥」「なが鳥」が、

わが鳥＝「わたくしの」＋「鳥」（わたくしの所有する鳥）

なが鳥＝「あなたの」＋「鳥」（あなたの所有する鳥）

などであるのと異なるのであろうか。

記紀万葉には、

　青山、赤駒、黒馬
　かなし妹、ともし妻

のように、形容詞語幹が名詞を修飾して複合語となるものがある。これらは、特別な山を指したり、馬の種類を示したり、大切な妻の或る状態・その妻に対する自身の感情を述べたりする熟語表現である。

同様に、「我鳥（ワドリ）」「汝鳥（ナドリ）」などの「ワ」「ナ」も、「鳥」と強く結び付いて、一語を成している。それ故、「鳥（トリ）」も濁音化して「ドリ」と成ってもいるのである。即ち、「ワ」「ナ」は、その係っていく名詞と強い結び付きをもって、複合語をなし、「わたくしの鳥」「あなたの鳥」と言う以上の、

　わたくしの＋鳥
　あなたの＋鳥

のように、「わたくしの」「あなたの」に強勢の入るもので、

　わたくしの大切にしている鳥
　あなたの大切にしている鳥

の意味に成っているものである。

一一五〜一一八頁に述べた「吾妻（アヅマ）」「吾子（アゴ）」「吾背・吾兄（アセ）」「吾君（アギ）」など、親愛を示す接頭辞の資格に成った「ア」は、この複合語の用法がさらに強く結び付いて、人称代名詞の意義が忘れられ、親愛を示す接頭辞に成ったものである。

　吾君＝「わたくしの」＋「君」……（「わたくしの」に強勢の入るもの）

　→ 大切な人
　　 可愛い子

万葉集には、また、

高光る（日の皇子）、高照らす（日の皇子）

のように、形容詞語幹が動詞を修飾して複合語と成るものがある。これは、「高い天から日が射す」ことを表わす熟語表現で、「日（ヒ）」に係る枕詞となり、「高い天から日が射す」という原《もと》の意義は生きていながらも、熟合して「尊い」という意義を付加している。「高い」ことが「天」を意味するのであるから、「高（タカ）」の中に「尊い」という意義が含まれているということである。この場合は、「高（タカ）」が、尊敬を表わす接頭辞に成ってい る。即ち、「アヅマ」「アゴ」「アセ」「アギ」などは、この「タカヒカル」「タカテラス」と同じ語構成になってい るのである。

一一五～一一八頁、一一八～一二二頁に述べた「ア」「ワ」「ナ」、および、一三四～一四〇頁に述べることになる「汝妹（ナニモ）」「汝背（ナセ）」「ナネ」などの「ナ」は、複合語や接頭辞の資格に成っていて、人称代名詞の意義が薄れており、また、用例が限られている。これは、所有・所属を表わす場合を、助詞「ガ」を介することで表わすようになり、特別な意義をもつもののみが遺ったもので、「アガ」「ワガ」「ナガ」など、助詞「ガ」を介するものより、古い用法であろう。

（3）親愛の接頭辞「アガ」と敬意の接頭辞「ワガ」

「吾子よ」「吾兄を」が囃子詞として使われていたり、「いざ吾君」が呼びかけに使われていたり話し言葉の中で「さざきあぎの言……」のように使われたりするように、これらの言葉は、直接、相手に対して言うことのできる言葉である。

それに対して、多くの場合、「吾が子」や「吾が背」や「吾が君」などは、直接に相手に呼びかける時には使わない。他人に自分の子や背や君のことを話す時や、大勢の人々を前にして歌を歌う時などに、自分の子や背や君を明確に指し示すために用いる言葉である（直接に相手に呼びかける時は、名を呼んだり、「汝」などと言う）。

ただ、日本書紀神代紀に

吾夫君、此云阿我儺勢　（神代紀一書第七　九七頁）

とあり、これは、本文の

吾夫君尊、何來之晩也。　（同上　九三頁）

を承けたものである。古事記の

愛我那勢命　（記上巻　六四頁）

愛我那邇妹命乎　（記上巻　六〇頁）

の「我」もまた、日本書紀の「阿我（アガ）」に同じく「アガ」と訓むものであろう。

このように、呼びかけに使われた「アガ」は、親愛を示し、後の時代の「あが仏」（竹取物語）に承け継がれていく。

一〇九～一一〇頁に述べたが、万葉集に「和我於保伎美　ワガオホキミ」（万葉十八・４０５９）・「和期於保伎美　ワゴオホキミ」（万葉十八・４０９９）などがあって、「われわれの大君」の意であった。記紀にも多数の「我天皇」「我皇」が出て来て、これも、多くは、「われわれの天皇」「われらの大君」のことであった。即ち、この場合、「吾」「我」は一人称複数で公的なものとして用いられていた。が、「われわれの天皇」「われらの大君」の「われわれの」「われらの」は、単なる複数を示すのではなく、「天皇」や「大君」が高位の人であることから、「われわれがお仕え申し上げる」の意味をもつに至った、敬意を表わす敬語表現に成っていた。

ところが、「吾大王」と表記されているものの中に一例、親しみを込めた「わたくしの」の意を含むものがある。

天皇の御製

ますらをの　鞆の音すなり　物部の　大臣　楯立つらしも　（万葉一・76）

御名部皇女の和へ奉る御歌

吾大王（わが大君）　ものな思ほし　皇神の　継ぎて賜へる　吾がなけなくに　（万葉一・77）

天皇を讃える他の歌とは異なり、これは、不安を訴える元明天皇（新潮日本古典集成では、「任の重さへの不安」としている）に、姉である御名部皇女が和したものである。これも「ワガオホキミ」と訓み、天皇に「吾大王」と呼びかけるのは公的なものであろう。ただ、これは姉妹の間の歌であり、心の内を気遣ったものであるから、この場合の「吾大王」の「吾」には親愛を表わす気持ちも含まれていよう。

（4）「我大神」（わが大神）と「我天皇之御子」（わが天皇の御子）

親愛の接頭辞「アガ」に対して、敬意を表わす「ワガ」の使われたものに、古事記の、雄略天皇が葛城山で一言主の神に出会ったときの言葉、

恐我大神　（記下巻　三一六頁）

がある。「恐し、我が大神」で、ここにも「我が」が出て来る。この「我が」は、一言主の神が雄略天皇の守り神であったのでもないので、「わが大君」などと同じように自分がその支配下にあることを表明する《敬意》の「われわれ」と考えてよい。したがって、その訓みは、「ワガオホカミ」である。

軽太子・軽大郎女の物語（古事記下巻　允恭天皇段）の中の、大前小前宿禰の言葉、

我天皇之御子、於伊呂兄王無及兵。　（記下巻　二九四頁）

も同じで、「我天皇之御子」は「ワガオホキミノミコ」と訓む。この「我天皇之御子」は、もはや日継ぎの御子は、軽太子ではなく穴穂御子であると認めた言葉で、「天皇になり給ふべき、御子よ」と言っているのである。

これには、日本古典全書『古事記』に、「我天皇之御子」を「我（あ）が天皇の御子」と訓んで、

アガは親愛の情を表わす。天皇と御子とは同格で、「親愛なる天皇にます御子」の意。後の清寧天皇段に「オホキミノミコノシバカキ」といふ例が見える。この時は穴穂御子はまだ天皇ではないわけではあるけれども、後を遡らせてゐる。

（日本古典全書『古事記』下　頭注　二三六頁）

という解釈がある。上位とは言っても、大前小前宿禰は臣である。この場合、《親愛》ではなく、《敬意》と言ったほうがよい。よって、「我」は「ワガ」と訓む。

ところで、万葉集に「わが大君　皇子の命」という表現がある。いずれも皇子である。

吾王　皇子之命乃（二・167）……　日並皇子を指す

吾王　御子乃命　（三・475）……　安積皇子を指す

吾王　皇子之命　（三・478）……　安積皇子を指す

他に、「現つ神　わが大君」（万葉六・1050）・「わが大君　神の命」（万葉六・1053）もある。この場合の「吾」を「ワガ」と訓むことは、一二三～一二五頁に述べた通りである。

また、万葉集巻第二・162の歌に

八隅知之　吾大王　高照　日之皇子……

やすみしし　わが大君　高照らす　日の御子……

（万葉二・162　古歌集中出）

がある。これは天武天皇のことである。万葉集巻第一・45の歌にも

八隅知之　吾大王　高照　日之皇子……
やすみしし　わが大君　高照らす　日の御子……　（万葉一・45　柿本人麻呂）

があり、これは軽皇子を指す。

「やすみしし　わが（わご）大君　高照らす　日の御子」は全五例あるが、そのうちに軽皇子（一・45、一・50）新田部皇子（三・261）に用いられたものがあり、「やすみしし　わが大君　高光る　日の皇子」全一例は弓削皇子（二・204）に、「やすみしし　わが大君　高光る　わが日の皇子」全一例は長皇子（三・239）に、「高光る　わが日の皇子」全二例は日並皇子草壁皇子（一・171、一・173）に用いられている。天皇への讃辞のように受け止められやすい「やすみしし　わが大君　高照らす　日の御子」「やすみしし　わが大君　高光る　日の皇子」「高光る　わが日の皇子」という言葉の多くが、皇子に捧げられていることが注目される。

「わが大君　皇子の命」は、その枕詞「やすみしし」「高照らす」「高光る」の省かれた形で、「わが大君」と「皇子の命」とは同格である。

このような「わが大君　皇子の命」と同じ表現が、古事記本文では、「我天皇之御子」となったものである。同格であるのは、「我天皇」と「御子」とで、「われらが天皇であらせられる（天皇になり給うべき）、御子よ」と言っているのである。

（5）長寿を寿ぐ「長（ナガ）」

たまきはる　内の朝臣　那許曾波　余能那賀比登（汝こそは　齢の長人）　そらみつ　大和の國に　雁卵産と
聞くや　（記71歌謡）

高光る　日の御子　諾しこそ　問ひ給へ　眞こそに　問ひ給へ　阿禮許曾波　余能那賀比登（あれこそは　齢の長人）　そらみつ　大和の國に　雁卵産と　いまだ聞かず　（記72歌謡）

那賀美古夜（なが御子や）　遂に知らむと　雁は　卵産らし　（記73歌謡）

古事記73歌謡の

那賀美古夜（なが御子や）

の「ナ」は二人称代名詞「汝」で、「御子」と同格である、という説が一般的である。日本古典文學大系『古代歌謡集』頭注（八一頁）には、この「なが御子や」について、

「汝」と「御子」は同格。「汝が命」「汝兄の君」などと同じ語法。ヤは詠嘆の助詞。

とあり、日本古典全書『古事記』頭注（下　二一九頁）には、

日の御子にいますあなたが。ナとミコとは同格で、ナたるミコの意。「汝の御子」即ち「あなたの皇子たち」の意にもとれぬことはないが、天皇に對して「ナ」とのみ言つて壽ぐのは自然でない。「汝が命」などと同様の言ひ方と見られる。

とある。しかしながら、上に掲げた「わが天皇の御子」と訓み得る例が、同じ古事記の中にあることでもあり、また、同格の「ガ」が人称代名詞とともに用いられている一音一字表記例はない。それ故、この「なが御子や」の「なが」を「汝が」として、「御子」と同格であると考えることは、疑問である。

日本古典文學大系『古事記』の頭注（二八一頁）に、

記伝をはじめ多くの注釈書は、汝王でここは天皇を指すと説いている。しかし汝が御子即ち天皇の皇子の意には解せられないであろうか。

という案も提出される所以である。

金子武雄『続日本紀宣命講』（高科書店、一九四一年）では、一四詔の中の「御命爾坐世、伊夜嗣爾奈賀御命聞看止勅夫御命乎……」の「奈賀御命」を、「汝が命」と解釈している。が、宣命の中で「御命」は「大命」の意で用いられており、他にヒトを指して「命」としている例はない。ここは、「朕（元正天皇）の御命であるのであるから、

あなた（聖武天皇）が大命を謹んで聞きなさい、と仰せになる大命を……」の意である。このような例があることは、かえって、「汝が命」という語の存在を疑わせるものともなり、今の場合の「汝が」と「御子」とが「汝が御子」のようには結びつき難いことの傍証となる。

古事記73の歌は、仁徳天皇が建内の宿禰に「雁卵産と聞くや」（71歌謡）と問うたのに対して、建内の宿禰が「雁卵産と　いまだ聞かず」（72歌謡）と答え、また、「なが御子や　遂に知らむと　雁は卵産らし」と歌ったものである。（日本書紀には、71歌謡・72歌謡の類歌はあるが、73歌謡の類歌はない。）日本で雁が卵を産むことは、二百九十歳の齢の長人の建内の宿禰でさえ、いまだ聞いたことのない出来事であった。そして、そのことを、建内の宿禰は、

天皇がいついつまでもこの国を統治なさる兆しでありましょう。

と言って寿いでいるわけである。天皇は建内の宿禰のことを「那許曾波　余能那賀比登（汝こそは　齢の長人）」と呼び、建内の宿禰自身も「阿禮許曾波　余能那賀比登（あれこそは　齢の長人）」と言っているのであるが、建内の宿禰が天皇の長寿を寿ぎ、「天皇がいついつまでもこの国を統治なさる」と言う時、そこに同時に天皇の長寿も寿がれていることは自明のことである。天皇もまた、建内の宿禰同様に「齢の長人」となることが期待されている。「那賀美古（なが御子）」とは、そのような長寿の人としての天皇のことである。つまり、「那賀美古（なが御子）」は、「余能那賀比登（齢の長人）」と類似の表現で、「長御子」のことなのであった。「那賀美古」には「余能（齢の）」が付いていないことと、「長寿の人は、建内の宿禰である」という思い込みが、「長御子」の語を隠していたのである。

（6）「汝命」の訓み

右に掲げた73歌謡についての、『古代歌謡集』「なが御子や」の頭注（同書、八一頁）に、「汝が命」の語が見える。

「汝」と「御子」は同格。「汝が命」「汝兄の君」などと同じ語法。
また、日本古典全書『古事記』でも、「汝命」を「ナガミコト」と訓んでいる。

汝命者所知高天原矣事依而賜也
汝命（ナガミコト）にぞ、所知しめす高天の原を事依さして賜ふ。（古事記上　二〇〇頁）

何ゆえ、「汝兄の君」の「汝」が「ナ」で、「汝命」の場合は「ナガ」なのであろうか。これは、「ナガミコヤ」を「汝が御子よ」と解釈したところから、「ナガ」の表現があるものであるとして、「汝命」を「ナガミコト」と訓んだものである、と考えられる。日本古典全書の場合も同様であろう。

この「汝命」を、日本古典文學大系の『古事記』では「イマシミコト」と訓み（七三頁）、『日本書紀』では「汝」「汝王」を

汝　イマシ　（神代紀下　一〇八～一〇九頁）
汝　イマシミコト　（神代紀下　一六六～一六七頁）
汝王　イマシミコト　（神功紀上　三四〇～三四一頁）

と訓んでいる。今、仮に、「汝命」を「イマシミコト」と訓んでおく。

(7)「汝兄」「汝弟」の訓み

古事記にはまた、「汝兄」「汝弟」の例がある。意祁袁祁兄弟が山部連小楯に見顕される段である。

「汝兄先儛。」（記下巻　三二二頁）
「汝弟先儛。」（記下巻　三二二～三二四頁）

この「汝兄」「汝弟」は、従来、「ナセ」「ナオト」と訓まれている。一一七〜一一八頁に、親愛の接頭辞「ナ」を挙げた。

吾夫君、此云阿我儺勢（汝背）（神代紀一書第七　九七頁）
愛我那勢命（汝背の命）（記上巻　六四頁）
奈勢能古（汝背の子）（万葉十四・3458）
愛我那迩妹命乎（汝妹の命）（記上巻　六〇頁）

万葉集の例は、

奈勢能古夜（汝背の子や）　とりのをかちし　中だをれ　我を音し泣くよ　息づくまでに（万葉十四・3458）

である。また、一音一字表記ではないが、

伊刀古名兄乃君（いとこ汝背の君）……（万葉十六・3885）

がある。「背（セ）」という語は男子を指して言う語であるから、「名兄」は「ナセ」と訓むことができよう。「名兄」を「ナセ」と訓むことができるものであるならば、古事記の「汝兄」「汝弟」の例

「汝兄先儺。」（記下巻　三二二頁）
「汝弟先儺。」（記下巻　三二二〜三二四頁）

のうち、「汝兄」は「ナセ」と訓むことはできそうに見える。「汝弟」の方はどうであろうか。

「ナオトノミコト」という語の一音一字表記例はないが、万葉集巻第十七・３９５７の歌

……はしきよし　奈弟乃美許等（汝弟の命）……

（万葉十七・３９５７　大伴家持）

の「奈弟乃美許等」は、一般に「ナオトノミコト」と訓まれている。(5)

また、万葉集巻第九・１８０４の歌に、

父母が　成しのまにまに　箸向　弟乃命者（箸向かふ　弟の命は）……

（万葉九・１８０４　哀弟死去作歌一首　并短歌　田辺福麻呂之歌集出）

がある。この歌の「弟乃命」は、一般に「オトノミコト」と訓まれている。

ところで、「セ」は、兄でも弟でもあり得る語である。古事記の「我那勢命」は、上述のイザナミノミコトが夫のイザナギノミコトに言うものの他に、アマテラスオホミカミが弟のスサノヲノミコトのことを言う場合もある（記上巻　七四頁）。また、日本書紀では、アマテラスオホミカミ・スサノヲノミコト姉弟について、「姉」を「ナネノミコト」、「弟」を「ナセノミコト」「イロセノミコト」と訓み慣わしてきた(6)（岩波日本古典文學大系『日本書紀』神代紀、一〇四～一〇八頁）。このことを考え合わせると、「汝弟」は、「ナセ」と訓む可能性が高い語である。

万葉集巻第十七・３９５７の場合、「ナオトノミコト」は七音、「ナセノミコト」は六音であるから、「奈弟乃美許等」を「ナセノミコト」と訓むと音数が不足する。しかし、

それ故、ここは「ナオトノミコト」と訓む。

と言うこともできるし、

音数が不足しても「ナセノミコト」と訓む。むしろ、「ナセノミコト」と言った方が、言い切る形になって、

悲しみが強く出る。

と言うこともできる。

３９５７の歌は、ほとんどが一音一字表記で表わされ、

「大王（オホキミ）」　「出（イデ）」　「青丹（アヲニ）」　「泉河（イヅミガハ）」
「馬駐（ウマトドメ）」　「好去而（マサキクテ）」　「平安（タヒラケク）」　「待（マテ）」
「道（ミチ）」　「山河（ヤマカハ）」　「念間（オモフアヒダ）」　「使（ツカヒ）」
「奈弟（＊）」　「時（トキ）」　「穂出秋（ホニヅルアキ）」　「芽子花（ハギノハナ）」
「暮庭（ユフニハ）」　「里（サト）」　「山（ヤマ）」　「白雲（シラクモ）」

のような読み誤りの少ない語のみ、表意的な表記をしている。その表記の仕方からすれば、「汝弟」を「ナセ」と読むか「ナオト」と読むかは、その当時においては間違えようのないものであったことは、たしかである。

また、右にも掲げた万葉集巻第九・１８０４の歌に、

父母が　成しのまにまに　箸向　弟乃命者（箸向かふ　弟の命は）……
（万葉九・１８０４　哀弟死去作歌一首　并短歌　田辺福麻呂之歌集出）

がある。この歌の「弟乃命」は、一般に「オトノミコト」と訓まれている。この場合は、「オト」と訓んでも二音、「弟」一字を「ナセ」と訓んでも二音である。

「セ（背）」「イモ（妹）」は、夫婦・恋人・兄弟姉妹・男子または女子を親しんで呼ぶ語である。「セ」「イモ」の覆う範囲が広いのは、現代語でも若い男子や女子を「お兄さん」「お姉さん」と呼ぶのと多少似ている。狭い集団内で「何処其処の兄さん」「何処其処の姉さん」と呼ぶ習慣のある集団や、親族の男子女子を「太郎兄さん」「花子姉さん」と呼ぶ習慣をもつ地域もあって、「兄」「姉」は、必ずしも年長者にのみ使われる例ばかりではない。

古事記の「汝兄」「汝弟」を「ナセ」「ナオト」と訓み、万葉集巻第十七・３９５７の「奈弟乃美許等」を「ナオトノミコト」、万葉集巻第九・１８０４の「弟乃命」を「オトノミコトハ」と訓もうとするのは、「セウト（兄人）」「オトウト（弟人）」の対応を考えていることに拠る。しかし、この時代に「オト（弟）」に対応するのは、「エ

（兄）」である。「汝弟」を「ナオト」と訓むのであれば「汝兄」は「ナエ」、「汝兄」を「ナセ」と訓むのであれば「汝弟」も「ナセ」と訓むことになろう。

右に述べたように、日本書紀では、アマテラスオホミカミ・スサノヲノミコト姉弟の「姉」を「ナネノミコト」、「弟」を「ナセノミコト」「イロセノミコト」と訓み慣わしてきた。これに従って、「汝弟」を「ナセ」と訓むのが良いと考える。「汝兄」も同じく「ナセ」である。

即ち、古事記の意祁袁祁兄弟は、互いに

お兄さん、あなたが先に舞って下さい。

弟よ、あなたが先に舞いなさい。

の意で、

「汝兄先儛。」

「汝弟先儛。」

と言っているのであるが、「汝兄」「汝弟」の訓はどちらも「ナセ」で、二人の言葉は変わらない。表記は、その意を汲んだ表記となっているのである。

さらに、万葉集の「奈弟乃命」「弟乃命」も「ナセノミコト」と訓む。

（8）親しく呼びかける語「ナネ」

「汝背」「汝妹」「汝兄」「汝弟」などの「ナ」と同じ「ナ」をもつ語に、「ナネ」がある。

朝髪の　思ひ乱れて　かくばかり　名姉（なね）が恋ふれそ　夢に見えける（万葉四・724　大伴坂上郎女）

神沼河耳命、白其兄神八井耳命、那泥〔此二字以音〕汝命、持兵入而、殺當藝志美美。（記中巻　一六四頁）

万葉集巻第四・724の歌は、大伴坂上郎女が娘の大嬢に賜うたもので、「名姉（ナネ）」は、「あなた」「妹（いも）」という意味の言葉の入るところである。[7]

古事記の例では、神沼河耳命が兄の神八井耳命に語りかけている。

お兄さん。あなた、兵を率いて入って、たぎしみみを殺したまえ。[8]

万葉集の例・古事記の例、いずれも、「ナネ」は「あなた」と解され、男女を問わず、「妹（いも）」や「お兄さん」に、親しく呼びかける語である。「ナネ」が「あなた」を指すのであるから、「ナネ」の「ナ」は二人称代名詞「汝」であることが想定される。「ネ」の由来は不明であるが、この時代には既に、「ナネ」で一語で、親しく「あなた」と呼びかける言葉になっている。

一三二頁にも述べたように、日本書紀では、アマテラスオホミカミ・スサノヲノミコト姉弟の「姉」を「ナネノミコト」、「弟」を「ナセノミコト」「イロセノミコト」と訓み慣わしてきた。この「ナネノミコト」の「ナネ」も、今の「ナネ」と同じものである。

万葉集にはまた、「妹ナネ」という語がある。

小垣内の　麻を引き干し　妹名根（妹なね）が　作り着せけむ　白たへの　紐をも解かず……

（万葉九・１８００）

この歌では、「ナネ」が「妹」に接続して使われている。

万葉集巻第十四・３４４６の歌に、「伊毛奈呂（妹ナロ）」があり、「背」に対しては、「世奈（背ナ）」（十四・３４０５など）「勢奈那（背ナナ）」（十四・３５４４）「勢奈能（背ナノ）」（十四・３４０２）「世呂（背ロ）」（十四・３３７５など）がある。「妹ナネ」の「ナネ」は、「ナロ」「ナ」「ナナ」「ナノ」や「ロ」と同じ接尾辞である、と考えられる。ただし、「ナロ」「ナ」「ナナ」「ナノ」や「ロ」の例は、万葉集では全て東国歌・防人歌である。また、古事記には、「淤富岐美呂（大君ロ）」（５７歌謡）の例がある。[9][10]

「ナネ」は「あなた」と解され、男女を問わず、「妹」や「お兄さん」に、親しく呼びかける語であった。それが、

「妹ナネ」のような親愛を表わす接尾辞にもなっていったものである。東国歌の「ナロ」「ナ」「ナナ」「ナノ」や「ロ」が「妹」「背」に接続するものは、この「ナネ」の変形である。(11)

ところで、古事記歌謡の中に、「其ねが本」があり、

みつみつし　久米の子らが　粟生には　賀美良比登母登（臭韮一本）　曾泥賀母登　曾泥米都那藝弖（其ねが本　其根芽つなぎて）　撃ちてし止まむ　（記11歌謡）

日本書紀では、「其のが本」となっている。

みつみつし　來目の子らが　垣本に　粟生には　介瀰羅毗苔茂苔（臭韮一本）　曾迺餓毛苔　曾禰梅屠那藝弖（其のが本　其根芽つなぎて）　撃ちてし止まむ　（紀13歌謡）

岩波日本古典文學大系『古代歌謡集』の「其ねが本」補注（一一一頁）には、

宣長が「其根が本」と解して以来、この説が今日まで行われているが、「韮は土中に隠れたる根の処も茎に立てる物なれば、其処を根が茎と云ふべし」（記伝）という説明は苦しい。書紀には「其ノが本」とあり、ネとノは同義語か同語と思われる。形式からいうと、これは「臭韮一本―其ねが本」と尻取式に同語反復したもので、「御諸の厳橿が本―橿が本」（紀九二）や「日下江の入り江の蓮―花蓮」（紀九五）と同じ。従って、「其ね（の）が本」は「臭韮一本」と同じ意味と思われる。思うに代名詞ソの下のノ、ネ、は名詞又は体言的接尾語ではなかったか。「アヤカシコネの尊」（別名アヤカシキの尊、神代紀）、「いろネ」（倭名抄）のネや、「夫ノが袖」（万三四〇二）、「妹ノら」（万三五二八）、「志斐ノが」（万二三六）のノ、何れも人を表わす名詞又は接尾語として用い、代名詞にはレを用いるのが普通であるが、「我ヌ」（万三四七六）のヌ、「汝（ナ）ネ」（万七二四）のネは人代名詞に用いられている。また代名詞に用いるレは人にも物にも用いるし、「マシ」（汝）も人に用いるのが普通であるが、催馬楽の高砂では「白玉椿玉柳」をマシと言っている。とすれば、ネやノも元来人を表わ

す尊称または親称であったものが接尾語化して、事物代名詞に添えても用いられたのではないかと思う。
と述べられている。ここに

書紀には「其ノが本」とあり、ネとノは同義語か同語と思われる。

とあるように、「其ね」と「其の」とは同じものである。

「其ねが本」は、次の句の「そねめ」を引き出すための序詞であろう。「臭韮一本」の「モト」と「其ねが本」の「モト」とが同音で引き出され、「其ねが本」の「ソネ」と「そねめ」の「ソネ」とが同音で引き出される、という関係で、歌の幹は、

久米の子らが　そねめつなぎて　撃ちてし止まむ

である。日本書紀では、「其ね」を同義の「其の」に替えてしまったために、序詞の言葉続きが途切れてしまっている。

「そねめつなぎて　撃ちてし止まむ」を、古事記１０歌謡の「頭椎い　石椎いもち　撃ちてし止まむ」、１２歌謡の「口ひびく　われは忘れじ　撃ちてし止まむ」と合わせて考えると、「そねめつなぎて」は、戦いの方法を表わす言葉であるか敵に対する憎しみを表わす言葉である、と考えられる。

また、右の『古代歌謡集』補注に、

代名詞にはレを用いるのが普通である

とある。万葉集巻第十三・３２９９の歌の或本歌頭句「こもりくの　泊瀬の川の　彼方に　伊母良（妹ら）は立たし　この方に　和礼（われ）は立ちて」では、「妹ラ」と「ワレ」とが対比されている。「レ」は「ラ」と交代可能なラ行音である。人称代名詞・指示代名詞「ワ」「ナ」「コ」「ソ」「カ」などと、「レ」の接した「ワレ」「ナレ」「コレ」「ソレ」「カレ」などの形のものとは、「妹」―「妹ラ」「子」―「子ラ」などが共立していることに比することのできるものである。

『古代歌謡集』補注にはまた、

ネもノも元来人を表わす尊称または親称であったものが接尾語化して、事物代名詞に添えても用いられたのではないかと思う。

とある。「汝ネ」「其ネ」の「ネ」は同じものである、ということである。

以上のことから、「ナネ」「ソネ」は、「ナレ」「ソレ」の前身あるいは変形であろうと考える。

次に、「ナネ」の「ナ」について。一三〇～一三四頁に挙げた「ナニモ」「ナセ」

吾夫君、此云阿我儺勢　（神代紀一書第七　上九七頁）

愛我那勢命　（記上巻　六四頁）

愛我那迩妹命乎　（記上巻　六〇頁）

……はしきよし　奈弟乃美許等（なせの命）……　（万葉十七・3957　大伴家持）

の「ナ」も、「ナネ」の「ナ」に同じく「汝」で、それぞれ「汝背」「汝妹」「汝弟」という字を充てることができる。

これらの「ナ」について、古くは一人称代名詞「ナ」が存在したとする考えもある。

岩波日本古典文學大系『日本書紀』上、九一頁　注一九　補注1-五〇（「我愛之妹」の「妹」の項　五五六頁）

ナニモは、汝妹と書く例もあり、相手の女性を、親しみと敬意をこめて呼ぶ表現。もと、ナは我の意（朝鮮語でもnaは我の意）。ニモは「ノ妹」の意。nöimo →nimo つまりナニモは、「我の妹」の意であったが、ナが一人称から二人称の代名詞に使われるようになってから、「我の妹」の意の語源が忘れられ、単に、相手の女性に対する親敬の表現となったものらしい。

親敬の表現になったということは、この「ナ」が接頭辞であるということである。ただ、「汝妹」の表記も見られるところに、語源はともかくとして、当時の人々に「ナ」は「汝」の意であるという意識があったことは、明らかである。

長御子や（ナガミコヤ）………那賀美古夜（記73歌謡）

「汝兄」「汝弟」の訓み

汝兄（ナセ）………………汝兄（記下巻　三二二頁）

汝弟（ナセ）………………汝弟（記下巻　三二二～三二四頁）

親しく呼びかける語「ナネ」

汝姉（ナネ）………………名姉（万葉四・724　大伴坂上郎女）

汝ね（ナネ）………………那泥〔此二字以音〕汝命（記中巻　一六四頁）

「汝命」の訓み

汝命（ナネ）………………汝命（記上巻　七二頁）

などについて述べた。

「汝背」「汝妹」「汝兄」「汝弟」「汝姉」「汝ね」などの「汝」は、中国語の

汝輩、汝曹

などの用法と同じである。「汝命」と「汝輩」「汝曹」とを並べれば、あるいは、中国語の語構成が日本語に影響を及ぼしたものであるかもしれない、とも見える。ただ、一一五頁に挙げたアゴ・アセ・アギや一一八頁に挙げたワドリ・ナドリのような例もあるので、日本語にもあった語構成であろう。

現代の日本語で、家族に対する二人称代名詞の役割を果たすのは、

夫婦の場合………あなた、君（子どもに合わせて……お父さん・お母さん）

兄弟姉妹の場合……お兄さん、お姉さん（弟妹を呼ぶのは名）

などの語である。ナセ・ナニモ・ナネは、これにあたる当時の言い方で、「汝」と「背」「妹」「兄」「弟」「姉」「命」が一語に熟合したものである。「汝」は二人称代名詞、「背」「妹」などは相手との関係を表わす語であるが、これがひとまとまりになって二人称代名詞の役割を果たしている。この時、「汝（ナ）」は二人称代名詞の資格を

失って、親愛の接頭辞に近づいている。

また、「ナネ」には、「妹ナネ」のように、接尾辞的に成ったものもある。これは、現代日本語で、氏名の後に

〜学兄

〜姉

などの敬称を付けるのと同じである。

ところで、日本古典文學大系『日本書紀』では、「姉」表記のものを

姉　ナネノミコト　（神代紀『日本書紀』上、一〇二〜一二一頁）

と訓んでいる。ところが、「姉」と並んで、「阿姉」表記のものもあり、

吾元無黑心。但父母已有嚴勅、將永就乎根國。如不與姉相見、吾何能敢去。是以、跋渉雲霧、遠自來參。不意、阿姉翻起嚴顏。（神代紀『日本書紀』上、一〇五頁）

と訓んでいる。

これも日本古典文學大系『日本書紀』では、

阿姉　ナネノミコト　（神代紀『日本書紀』上、一〇四頁）

と訓んでいる。前後に「姉」表記のものがあって、この「阿姉」と「姉」に区別はなさそうである。大系本頭注には、

阿姉の阿は、散文韻文に見えるが、特に俗語会話文に多い助字。

とある。この「阿」には、「父」「母」などに付けて親愛の気持ちを表わす用法がある。これはちょうど、「ナセ」「ナニモ」の「ナ」が親愛の接頭辞の働きをしていることに匹敵するものである。「阿姉」表記は、その意識を反映したものであるであろう。(12)

二　再帰代名詞と接尾辞「ラ」

1　再帰代名詞

再帰代名詞の「オノ」「オノレ」「ワ」「ワレ」「ナ」の用例に、次のようなものがある。

……もののふの　八十伴の緒も　於能我於弊流　於能我名負弖（おのが負へる　おのが名負ひて）……
（万葉十八・４０９８）

於能礼故（おのれ故）　罵らえて居れば　青馬の　面高夫駄に　乗りて来べしや
（万葉十二・３０９８　寄物陳思）

我情（わが心）　焼くも吾有（吾なり）　はしきやし　君に恋ふるも　我之心柄（我が心から）
（万葉十三・３２７１　雑歌）

高麗劒　己之景迹故（高麗剣　わが心から）　よそのみに　見つつや君を　恋ひ渡りなむ
（万葉十二・２９８３　雑歌）

常世辺に　住むべきものを　劒刀　己之行柄（剣大刀　なが心から）　おそやこの君
（万葉九・１７４１　雑歌）

＊「オノ」「オノレ」は、人称を限定しない再帰代名詞である。
「ワ」「ワレ」は、一人称代名詞より出たものである。

右に掲げた用例のうち、３２７１の歌は、恋の苦しさを、わたくしの心を焼いているのもこのわたくし自身。素晴らしいあなたに恋しい思いをするのもこのわたくし自身から出たこと。（あなたのせいではないけれど……。）

と歌った歌で、第二句の「ワレ」・第五句の「ワ」が再帰代名詞である。

第一句の「わが心」の「ワ」も加えて、三例とも再帰代名詞と考える説もある。新古今集の頃の内省的・観念的な歌であれば、そのように考えることもできるが、万葉集の歌でもあり、３２７０の歌の反歌でもあるので、まずは、現実の恋の心に発して歌っているものである、と考える。それ故、第一句の「わが心」の「ワ」は、一人称代名詞である。第五句の「わが心」の「ワ」は、後の、出自・原因を表わす助詞「カラ」と響きあって、「わが心から」は「わたくし自身の心から出たことが原因で」の意味となる。この場合の「ワ」は、一人称再帰代名詞である。(13)

２９８３の歌

高麗劔　己之景迹故（高麗剣　わが心から）　よそのみに　見つつや君を　恋ひ渡りなむ

（万葉十二・２９８３　雑歌）

では、「己」を「ワ」と訓んでいる。――「狛劔　和射見我原（高麗剣　和射見が原の）」（万葉二・１９９）の例もあって、「高麗剣」は「ワ」に係ることができる。高麗剣の柄頭にある環（ワ）が特徴的なところからである、という。――「ワ」と訓むと考えられるところに「己」字が使用されていることから、この場合の「ワ」が、再帰代名詞として用いられていることは明らかである。この歌は、一人称「ワレ」の自分自身の気持ちを詠んでいるものであるから、「わが心から」の「ワ」は一人称代名詞から離れてはいない。それ故、この場合は、「ワ」は一人称代名詞で、「わが心から」は「わたくし自身の心が原因で」という意味になる。

しかし、それは、「自分自身の心が原因で」「自分自身から出た思いで」と言うのと、それほど隔たってはいない。「ワ（ガ～）」「ワレ」は、後に、人称を限定しない再帰代名詞ともなるが、それは、再帰代名詞というものが、一人称であれ二人称であれ三人称であれ、「自分自身」ということにおいて、一続きのものであるからである。

常世辺に　住むべきものを　劔刀　己之行柄（剣大刀　ながら心から）　おそやこの君

（万葉九・1741　雑歌）

の場合、

(1)「剣大刀」は、「両刃（モロハ）」「鞘（サヤ）」「研ぐ（トグ）」「身（ミ）」「腰（コシ）」及び「名（ナ）」に係る枕詞である。

(2)「己」は、オノ（ガ）・オノレ・ワ（ガ）・ワレと訓む。さらに、神代紀の神名「大己貴」は「大名持」でもあり、「オホナムチ」と訓む。したがって、「己」をナと訓むことができる。

という理由で、この「己」字を「ナ」と訓む。この場合の「己（ナ）」は、二人称代名詞「汝（ナ）」と関係のある、二人称再帰代名詞である。[14]

「己之行柄（ながら心から）」の「己（ナ）」は、二人称再帰代名詞である。1740の長歌では浦の島子の物語を第三者の目から叙述し、1741の反歌では、浦の島子があたかも目の前に居るかのように、「こんなことになったのは、あなた自身の心から出たことだよ。愚か者だなあ、この人は。」という語調で歌っていることになり、長歌と反歌の視点が変えてあることで、一気に浦の島子が身近な存在になるという、効果的な構成になっている。

「水上の浦の島子が家所（1740）」を見、そこに「命死にける」「浦の島子（1740）」が横たわっている姿を思い浮かべて「おそやこの君」と言う1741の歌の視点は、恰度、聖徳太子の歌とされる、

家ならば　妹が手まかむ　草枕　旅に臥やせる　此旅人何怜（この旅人あはれ）

（万葉三・415　挽歌）

の「この旅人あはれ」と同じである。そこに距離はありながら、その浦の島子に「あなた」と語りかけて、「こんなことになったのは、あなた自身の心から出たことだよ。」と言っているわけである。

ただ、「この君」は、直接呼びかける「汝」「君」ではない。「この君」との間に少し距離のあるところから、こ

の「なが心から」には、人称を限定しない再帰代名詞の気味も感じ取れる。そこで、新潮日本古典集成では、

◇汝　二人称に対する再帰代名詞。あなた自身。

（新潮日本古典集成『萬葉集　二』四〇二頁）

と注しながらも、「自分自身」と訳している。現代語の「自分」は、本来、人称を限定しない再帰代名詞であるが、他にもさまざまな用法がある。[15]「己之行柄（なが心から）」の二人称再帰代名詞「己（ナ）」は、二人称再帰代名詞であるが、人称を限定しない再帰代名詞に解することのできるものを有しているのである。

「この君」と指している人を、「ナ」という二人称再帰代名詞で承けることができるのは、この時代に、三人称代名詞は発達していず、指示代名詞としても使われる「シ」で第三者を指していた、という事情と関係のあることであろう。

３２７１「我が心から」・１７４１「己が心から」のように、「〜が心から」を有する他の歌、

見れど飽かぬ　人国山の　木の葉をば　己心（わが心から）　なつかしみ思ふ　（万葉七・１３０５）

恋草を　力車に　七車　積みて恋ふらく　吾心柄（吾が心から）　（万葉四・６９４　廣河女王）

石走る　垂水の水に　はしきやし　君に恋ふらく　吾情柄（吾が心から）　（万葉十二・３０２５）

なども、同様に、「わたくし自身の心が原因で」「わたくし自身の心から出た思いで」と訳す（これらの場合は、いずれも一人称再帰代名詞）。

１３０５の歌の場合、従来「心の底から」と訳されてきた。現代語の「心から懐かしく思う」に近い表現のように見えるが、「ナツカシ」は動詞「ナツク」の形容詞形であって、

春の野に　菫摘みにと　来し吾そ　野乎奈都可之美（野を懐かしみ）　一夜寝にける

（万葉八・１４２４　山部宿祢赤人）

のような例もあり、この時代の「ナツカシ」には、「心惹かれる」の意義がある。ここも同様に、山の木々を見て心惹かれる自分自身の心の在り方を言うものである。さらに、１３０５の歌に１４２４の歌と同様の、人事に関する比喩を認めるならば、なおのこと、この「己が心から」は、６９４・３０２５の「吾が心から」と同じ表現であるということになる。

以上述べたように、「吾が心から」「己が心から」は、「自分（わたくし、あなた）自身の心が原因で」「自分（わたくし、あなた）自身の心から出た思いで」の意味の言葉である。これは、後の時代の「ワレカラ」と似ており、「ワレナラナクニ」の対である。

2　接尾辞「ラ」――複数と親愛

（第二章の一、一三五～一三七頁）および注（11）に述べた接尾辞のうちに、「夜」「夜ラ」、「野」「野ラ」、「子」「子ラ」など、モノ・ヒトを表わす語と、それに接尾辞「ラ」の付いたものとの対応があった。

接尾辞「ラ」は、万葉仮名表記では「等」で表わされることが多く、複数を表わす「ラ」との区別がない。接尾辞の「ドモ」は、もとは複数を表わす語であり、現代語の「子ども」は単数も表わす（複数であるときには「タチ」が付いて、「子どもたち」になることがある）が、これと同じ変化であろう。

山上憶良臣、宴を罷る歌一首

憶良等者（憶良らは）　今は罷らむ　子泣くらむ　それその母も　吾を待つらむそ

（万葉三・３３７　山上憶良）

新潮日本古典集成『万葉集』では、その頭注に

◇憶良ら　憶良なんか、の意。みずから名を言うのは、謙遜の意を表わす。

（新潮日本古典集成『萬葉集　一』一九八頁）

と述べ、

私ども憶良のような者はもうこれで失礼します。家では子供が泣いていましょう。多分その子の母も私の帰りを待っていましょうよ。

と解釈する。この注釈では、「憶良」と自分の名前を言うところが謙遜の意になるとし、「憶良ら」の「ラ」については言及がない。

ところで、現代の三重県の言葉に、単数でも「わたしら」「うちら」「僕ら」「おら＝おれら」という言い方が残っている。

① わたしら、田舎者やで、……（わたしは田舎者だから……）
② うちら、知らん。（わたしは知らない。）
③ 僕ら、行かへん。（僕は行かない。）
④ おら、そんな映画、見たない。（俺は、そんな映画は見たくない。）

のように、他者と対比して自分のことをへりくだって言う場合（①）や、他者の問いに対して「知らない。」と答えたり、他者の勧めを断ったり、自分の意思を表明する時に、「わたしは」と取り立てて言うもの（②③④）である。取り立ての表現に成るのは、「人様はどうかわかりませんが、わたくしの場合は」という謙遜表現から出て、謙遜の意味を忘れ、取立ての意味だけが残ったものである。

「うち」は「わが家」の意味の言葉でもあるから、

うちら、山田さんとことは違うよってに、……。（わが家は山田さんの家とは違うから……。）

のような使い方もする。これも他者と対比して謙遜する表現である。

憶良の歌の「憶良ら」の「ラ」も、この《対比して謙遜する表現》にあたるものではないか。

皆さんは、どうぞ、楽しんでいて下さい。わたくしどもは、もう、これにて失礼させて頂きます。

日本古典集成の言うように、「みずから名を言うのは、謙遜の意を表わす。」ことになるであろう。その上に、「ラ」

が付いた時、そこには他者との対比の意味が出て、

皆さんは、どうぞ、楽しんでいて下さい。

という気持ちが明確にあらわれる。三重県生まれの筆者は、この歌に、そのような意を読み取るのであるが、如何であろうか。

この場合の「ラ」は、複数を表わす「ドモ」が中世以後、謙遜の意をもつようになり、現代語で「わたくしども」が、へりくだった表現になるのと同じである。この「ラ」が、単数の「野」「子」などに付く時には、自分に親しい「野」や「子」を指すこととなり、へりくだった表現または親愛の表現に成る。

「夜」に「ラ」が付いた「夜ら」には、

……大船の　ゆくらゆくらに　思ひつつ　吾睡夜等呼（わが寝る夜らを）　数みもあへむかも

（万葉十三・３２４７）

のように複数を表わすものが多いが、

豊国の　企救の高浜　高々に　君待夜等者（君待つ夜らは）　さ夜更けにけり

（万葉十二・３２２０）

などの「夜ら」は単数で、「君を待つ、その夜」と、夜を特定するものである。

日本書紀歌謡に、

……辭豆曳羅波（下枝らは）　人皆取り　保菟曳波（上枝は）　鳥居枯らし……那伽菟曳能（中つ枝の）　含隠り……

（紀３５歌謡）

のように、「枝」と「枝ら」の並置されているものもある。この歌は、古事記歌謡では、

……本都延波（上枝は）　鳥居枯らし　志豆延波（下枝は）　人取り枯らし　三栗の　那伽都延能（中つ枝

の）　ほつもり……（記43歌謡）

と、全て「枝」になっている。この場合、「枝」と「枝ら」とに区別はなく、「ラ」は音調を整える役割をする。万葉集の、

　　乞食者の詠める二首

……吾角者（わが角は）……吾耳者（わが耳は）……吾目良波（わが目らは）……吾爪者（わが爪は）……吾毛等者（わが毛らは）……吾皮者（わが皮は）……吾完者（わが肉は）……吾伎毛母（わが肝も）……吾美義波（わがみげは）……（万葉十六・3885）

の場合も、一音節語を二音節にするために「ラ」が付けられている（これが複数を表わすのならば、「角」や「皮」などにも「ラ」が付くはずである）。これらの場合には、「枝」と「枝ら」などは同じものである。「猿（マシ）」「猿（マシラ）」、「久慈（クジ）」「鯨（クヂラ）」の対応も、これと同じものからできたものであろう。

接尾辞「ラ」は、万葉仮名表記では「等」で表わされることが多く、複数を表わす「ラ」との区別がない。上に述べた「ウチ」は、一人称代名詞になることもあれば「わが家」の意になることもある。ここで思い起こされるのが、〔第二章の二〕に述べた「ワ」「ワレ」である。「ワ」「ワレ」は、一人称単数でもあれば、「我二人」のように複数の例もあり、「わが家」「わが国」は「われわれの家」「われわれの国」の意であった。

さらに、日本語では、名詞の単数形と複数形とを区別しないことが多い。「花々」「学生たち」のように畳語にしたり複数を表わす「タチ」を付けたりする場合もあるが、「花が咲いている」「学生が五人居る」と言う時には単数形と同じ形である。また、「犬」や「皿」には、語形変化もなければ複数を表わす接尾辞も付かない。日本語では、単数であるか複数であるかの区別は、あまり問題ではないのである。

これは、日本人の発想が、《うち》と《そと》の対比を軸とするもので、《うち》の中の者は「われわれ」という

《身内》の意識で同一視され、《そと（＝よそ）》の者と区別することと、同じところに発するものである。「われ」と「われわれ」との間に明確な一線はない。《うち》において、「われ」は主張するものではない。主語は常に「われわれ」である。そして、対比は、我と汝の間になく、「われわれ」と「よそ」の間でなされる。《うち》に関することは謙遜し、《よそ》には敬意を表する。「わたくしども」が一人称の謙遜表現に成るのは、このような事情に因る。

親愛の接尾辞「ラ」が、万葉仮名では「等」で表わされることが多く、複数を表わす「ラ」との区別がなかったのも、同様である。「子ら」「妹ら」の「ラ」は、身内意識の親愛表現、「野ら」の「ラ」は、「取るに足りない」「ちっぽけな」くらいの意味である。万葉集巻第十六・３８８５「乞食者の詠める二首」の「吾目良波（わが目らは）」「吾毛等者（わが毛らは）」の「ラ」は、特に訳出するまでもない軽い意味のものであるが、捕われた鹿が自らの目や毛に「ラ」を付けて音数を整えたのは、謙遜の気持ちを表わしたものでもある。

三　指示代名詞と人称代名詞

右に述べた「夜ラ」「野ラ」「枝ラ」「子ラ」など、モノ・ヒトを表わす語に付く接尾辞「ラ」と、「コレ」などの「レ」とは、同じラ行音でもあり、何らかの関係のあることが考えられる。

次に、「コレ」などの指示代名詞、および、指示代名詞にも人称代名詞にもなる「シ」、について述べる。

1　「コ・ソ・カ、ア・ワ・ナ・タ」

指示代名詞・人称代名詞には、「コ・ソ・カ、ア・ワ・ナ・タ」系列と「コレ・ソレ・カレ、アレ・ワレ・ナレ・タレ」系列と、「コ・ソ・カ、ア・ワ・ナ・タ」系列とそれに接尾辞「レ」の付いた「コレ・ソレ・カレ、アレ・ワレ・ナレ・タレ」系列とがある。

不定称の「イヅレ」の場合は、「イヅレ」しかない。これを「イヅク（何処）」「イヅチ（何方）」などの同種の疑問代名詞と較べてみると、「イヅレ（何れ）」の「レ」にモノの意味のあることがわかる。指示代名詞の「コレ」「ソレ」「カレ」の「レ」も同じものである。人称代名詞の「アレ」「ワレ」「ナレ」「タレ」にも「レ」があり、これはヒトを表わす。即ち、指示代名詞・人称代名詞の「レ」は、モノ・ヒトを表わす、ということである。

2　「コレ」・「コノ」、「シガ」、「ソノ」

（1）現在・目の前に在るものを「コレ」「コノ〜」と指し示す歌

万葉時代の人々は、国見をはじめとして、見ること・聞くことに重い意味を認めた人々であった。目の前に在る景物を賞め讃え言祝ぐ。悠久の自然の佇まいに厳粛な気持ちをいだく。変わらぬ姿を見せている山や川になぞらえて永遠を願い、また、その望みの絶たれた嘆きを詠う。挽歌は、去にし人を讃えつつ、後れし人の現在の悲しみを詠うものである。──現実のモノが過去を思い起こさせ永遠を願わせる。遠い人や家を想わせる。そして、喜びや悲しみは再び現在の己に還ってくる。──「見る」「見れば〜見ゆ」「見れど飽かぬかも」「見が欲し」「見まく欲し」「見まく欲る」、また、現存の助動詞の「リ」・継続の助詞「ツツ」などは、そのような万葉人の視点を端的に表わす言葉である。このような歌が成立するのは、万葉集の歌が、その場に居合わせる人々に対して詠われるものであったことに因る。（【対詠】【状況依存】などと言われてきた。）

現在・目の前に在るものを「コレ」「コノ〜」と指し示す時にも、同じ視点で詠まれた歌がある。

現在の感慨を詠い、

　春の野に　霞たなびき　うら悲し　許能暮影尓（この夕影に）　うぐひす鳴くも

（万葉十九・4209　大伴家持）

目の前の物が、遠い人や失われた日々を想い起こさせる。

世間は　空しきものと　あらむとそ　此照月者（この照る月は）　満ち欠けしける　（万葉三・４４２）

梅の花　散らくはいづく　しかすがに　許能紀能夜麻尓（この城の山に）　雪は降りつつ
（万葉五・８２３　梅花歌三十二首）

わが旅は　久しくあらし　許能安我家流（このあが着る）　妹が衣の　垢付く見れば　（万葉十五・３６６７）

一方、山川を見て久遠に思いを致し、トキジクノカクノコノミ＝橘を手に取れば、永遠が願われる。

古も　かく聞きつつか　しのひけむ　此古川之（この古川の）　清き瀬の音を　（万葉七・１１１１）

橘の　とをの橘　八つ代にも　あれは忘れじ　許乃多知婆奈乎（この橘を）　（万葉十八・４０５８　元正天皇）

常世物　己能多知婆奈能（この橘の）　いや照りに　わご大君は　今も見るごと
（万葉十八・４０６３　大伴家持）

そうした感慨を詠うものとして、「（〜である）コノ〜（よ）」の形を取って、詠嘆を込めるものもあり、

鶉鳴く　古しと人は　思へれど　花橘の　にほふ許乃屋度（このやど）　（万葉十七・３９２０　大伴家持）

わがやどの　いささ群竹　吹く風の　音のかそけき　許能由布敝可母（この夕かも）　（万葉十九・４２９１　大伴家持）

「〜ソ、コレ」「〜ヤ、コノ〜」の形で、「〜だよ。これ（この〜）は。」というのもある。

あしひきの　山行きしかば　山人の　朕に得しめし　夜麻都刀曽許礼（山づとそこれ）
（万葉二十・４２９３　元正天皇）

常世辺に　住むべきものを　剣大刀　己が心から　於曽也是君（おそやこの君）　　（万葉九・1741）

また、目の前のものに呼びかけるものもある。

許能之具礼（このしぐれ）　いたくな降りそ　我妹子に　見せむがために　黄葉取りてむ　（万葉十九・4222　久米広縄）

4222では、「コノ」は名詞に係る。これと同じように名詞に係るものであるが、上に掲げた巻第三の442の歌

世間は　空しきものと　あらむとそ　此照月者（この照る月は）　満ち欠けしける　　（万葉三・442）

では、名詞「月」に「照る」という限定の語が付いている。「この照る月」は、「今、ここに照っている月」の意である。

山上憶良の歌には、「この照らす」がある。

……天へ行かば　汝がまにまに　地ならば　大君います　許能提羅周（この照らす）　日月の下は　天雲の向伏す極み……　　（万葉五・800）

「この照らす　日月の下」は「この天（あめ）の下」の意である。「この照る月」の「照ル」は「月」の属性を表わす言葉が「月」を限定していたのであったが、「この照らす日月」の「照ラス」は他動詞形で、

天地乎　弖良須日月乃（あめつちを　照らす日月の）　極み無く　あるべきものを　何をか思はむ　（万葉二十・4486　皇太子御歌）

のように、目的語を取るはずのものである。

　であるにもかかわらず、８００の歌では目的語がないために、「照らす」の主体が何で、何を照らしているのか、即座にはわかり難いため、やや難しい表現である。しかし、それは、現代の人の感覚であって、「高照らす　日の御子」のような枕詞もあり、アマテラスオホミカミという名の神もあるから、憶良の時代には「照らす」と言えば、「日月」が「天地」を「照らす」ものに決まっていた、ということは考えられる。その下地があってはじめて、「この照らす　日月の下」という表現は了解可能となる。

　それでも、皇太子（大炊王）の歌のように、「天地を照らす日月」という表現も存するのであるから、憶良の表現は舌足らずである。「この照らす　日月の下は」は、意味の統一が崩れるギリギリのところで成り立つ表現である。

　また、大伴家持の歌に、

　　……あしひきの　山のたをりに　許能見油流（この見ゆる）　天の白雲……　（万葉十八・４１２２）

　　許能美由流（この見ゆる）　雲ほびこりて　との曇り　雨も降らぬか　心足らひに　（万葉十八・４１２３）

という例がある。「今見えている、この雲」というのであろうが、現代語であれば「今見える」「ここに見える」と表現するところである。このように訳せば、「この見ゆる　天の白雲」「この見ゆる　雲」は「この照る月」と似ている。が、「この照る月」の場合、「照る」は「月」の属性であった。ところが今の場合は、「見ゆ」は「雲」の属性ではない。「雲」は、わたくしの目に映じた景物である。用言が名詞を限定しても、右にも掲げた「許能安我家流（このあが着る）　妹が衣」（万葉十五・３６６７）のように主述関係が修飾句になっているものや形容詞が付いているものであれば、わかり易い。が、自発の動詞「見ゆる」のような語が「雲」を修飾する形になっているために、わかり難いのである。

家持作の歌には、憶良に学んだ用語が散見される。この歌も、憶良の、

……天へ行かば　汝がまにまに　地ならば　大君います　許能提羅周（この照らす）　日月の下は　天雲の
向伏す極み……　（万葉五・800）

の「この照らす　日月の下は」にヒントを得て創作したものであろうと考える。が、憶良の「照らす」は「日月」と強く結び付いた語であった。それに対して、家持の「見ゆる」と「雲」とは恣意的である。それ故、憶良のものよりさらに唐突な表現になっている。

（2）《国賞め》の歌――「これや、この」

「この見ゆる……雲」のような例は他には見ないが、「コノ」とそれが係っていく名詞との間に長い修飾語の挟まれているものに、「これや　この～背の山」がある。
万葉集中に、「コレヤ　コノ～」の歌が二例ある。

此也是能（これやこの）　大和にしては　あが恋ふる　紀路にありといふ　名に負ふ　背の山
（万葉一・35　越勢能山時阿閇皇女御作歌）

巨礼也己能（これやこの）　名に負ふ鳴門の　渦潮に　玉藻刈るとふ　海人娘子ども
（万葉十五・3638　過大嶋鳴門而経再宿之後追作歌二首　田邊秋庭）

＊　二つの歌には作者名が掲げられてはいるが、田邊秋庭は伝未詳であるので、どちらが先に成立したものであるのか、わからない。

二つの歌を較べれば、
コレヤ　コノ……ト言フ＋名詞

という歌の型を見出すことができるのであるが、これは、「ト言フ」をも含み込んで「コレヤ　コノ」が固く結び付いた慣用表現の枠を構成して、

これやこの　行くも帰るも　別れつつ（イては）　知るも知らぬも　逢坂の関

（後撰和歌集十五・１０９０　蝉丸……國歌大観）

＊　國歌大観番号を付するが、文字については、適当と考えられるものをあてた。

のように、後世に受け継がれていく。

蝉丸の歌は、

「行くも帰るも別れつつ（イては）知るも知らぬも逢ふ」

「逢坂の関」

と「アフ」が懸詞になっている。そして、「逢ふ」と「逢坂の関」との間には「逢ふといふ逢坂の関」―「〜ト（イ）フ」が含まれている。「-ahu」と「-to(i)hu」とは「hu」の音が同じである点でも、この蝉丸の歌は、万葉集の歌の型をよく消化したものに成っている。

この歌を参考にすれば、万葉集３５の歌は、「これや　この（〜といふ）名に負ふ背の山」が主軸で、「大和にしてはあが恋ふる紀路にありといふ」が間に挟まれているものであることがわかる。

「コレヤ」の部分を省いて考えれば、蝉丸の歌は、

行く人も帰る人もここで別れ、知っている人も知らない人もここで逢うという、あの名高い逢坂の関が、この関だ。

であり、万葉集３５の歌は、

大和にあってはわたくしが恋い焦がれていた、紀路にあるという有名な背の山が、この山だ。

の意である。

一方、万葉集の35の歌と3638の歌とを較べると、「これやこの……名に負ふ背の山」「これやこの　名に負ふ鳴門の渦潮」のように、

コレヤ　コノ……名ニ負フ＋地名（あるいは土地の風物）

という歌の型を見出すこともできる。「コレヤ　コノ」の、万葉集に近い時代の例は、伊勢物語に二例あるが、その一例が、やはり地名に係っている。

これやこの　天の羽衣　諾しこそ　君が御衣と　奉りけれ（伊勢物語41……國歌大観）

これやこの　我にあふみを　遁れつつ　年月経れど　増さり顔なき（ィなみ）（伊勢物語128……國歌大観）

＊　伊勢物語は、本によって章段の番号が異なるので、國歌大観によって歌番号を掲げる。

41の歌は、第3句が「諾しこそ」であるから、第二句と第三句の間に句切れがあることが明らかである。「これやこの　天の羽衣」は「これこれ、これこそがあの天の羽衣です。」の意で、この歌では「コノ」はすぐ後の「天の羽衣」に係っている。128の歌では、「コノ」に「我」が続いているが、「コレ」の指すものと「コ（ノ）」の指すものは同じであり、「コレ」と指すことのできるのはヒトではないから、ここは、「わたくしに逢う、この近江」の意で、「コノ」は「近江」（地名）に係っているものである。

万葉集の歌に「名ニ負フ」という賞め言葉があることも考え合わせるならば、「コレヤコノ」の歌は、本来は、地名に係わる《国賞め》の歌であったのではないだろうか。万葉集3638の歌では、「コレヤコノ」が係わるのは地名「鳴門」ではなく「鳴門の渦潮」であるが、土地の風物を賞めることも、《国賞め》の一形態である。

以上、伊勢物語の二つの例では、「コノ」が係っていく語は、「コノ」に直接するか近い所にある。これらの歌と同じように、「コレヤ　コノ」の歌は、本来は、「コノ」の係っていく語が「コノ」のすぐ後に置かれるものであったのであろう。

コレヤ　コノ　名ニ負フ　〇〇（地名）

それを背景にもっているからこそ、（35の歌で）阿閇皇女は、間に長い修飾語を置くことができ、また、聞く人もそれを了解することができたものであったのであろう。

伊勢物語の例のように、「コレヤ　コノ　名ニ負フ　〇〇（地名）」を、さらに単純化すると、

コレヤ　コノ　名ニ負フ＋〇〇（名詞）

を経て、

コレヤ　コノ　〇〇（名詞）

という形が得られる。上に、伊勢物語41の歌

これやこの　天の羽衣　諾しこそ　君が御衣と　奉りけれ

の「これやこの　天の羽衣」を、「これこれ、これこそがあの天の羽衣です。」と訳した。この歌では、「コノ」の係っていく語「天の羽衣」には修飾の言葉が付いていない。ただし、「天の羽衣」といえば、「名に負う」どころではなく、「あの　天の羽衣」としか言いようのない、伝説の品である。修飾語が付かないのは、その故である。と言うよりも、「コレヤコノ」が「あの」にあたる役割を含んでいるのである。

伊勢物語41の歌は「これこれ、これこそがあの天の羽衣です」、128の歌は「わたくしに逢う、この近江」の意であるが、これは、一五三～一五四頁に掲げた、

あしひきの　山行きしかば　山人の　朕に得しめし　夜麻都刀曽許礼（山づとそこれ）　（万葉二十・4293　元正天皇）

常世辺に　住むべきものを　剣大刀　己が心から　於曽也是君（おそやこの君）　（万葉九・1741）

の「～ソ　コレ」「～ヤ　コノ～」と似た形であることがわかる。これらと同様に、「ヤ」は間投助詞である。

ただし、「コレヤ　コノ」の歌は、間投助詞「ヤ」の前項も後項も指示代名詞「コ」であり、また、「コレヤ　コ

ノ」は、もともと「コレヤ　コノ　名ニ負フ　○○」の形で歌を形成しているものである。「これや　この　名に負ふ　背の山」の歌は、「コレヤ　コノ」と「○○（地名）」との間に「名ニ負フ」が入っていることに因って、「コレヤ　コノ　○○（地名）」のように単純ではなく、「これなのだ。この山があの有名な背の山なのだ。」と言うことになる。したがって、３５の歌の意味は、

ああ、これなのだ。この山が、大和にあっては、わたくしが見たい見たいと思ってきた、紀路にあるという、あの有名な背の山なのだ。

である。蝉丸の歌で、「逢ふ」において「この　逢坂の関」と「行くも帰るも別れつつ（ィては）知るも知らぬも逢ふ」とが、兼ねられていたように、背の山の歌では、「背の山」において「この　背の山」と「大和にしてはあが恋ふる紀路にありといふ名に負ふ背の山」とが兼ねられている。蝉丸の歌は、幾重にも、万葉集３５の歌を理解し、消化したところに創り上げられた名歌なのであった。

ところで、「ヤ」には、係助詞（疑問）のものもあるから、３５の歌を鑑賞する時、

これが、大和にあっては、わたくしが見たい見たいと思ってきた、紀路にあるという、有名な背の山なのか。

という歌意を含むことができ（疑問的詠嘆と解する説がある）、

松島や　ああ松島や　松島や

に同じく、その両方を含んだ、言い知れぬ感動を詠んだ歌と考えることもできるため、後世において、さまざまに解釈されてきたのであった。

《国賞め》の歌の形式を基にして、阿閇皇女が一個人の感慨を述べる時、このような意味を込めることは考え得ることではある。しかしながら、万葉集の時代には「ヤ」は間投助詞であり、また、万葉集より後で成立した伊勢物語の二例がいずれも「コレヤコノ」を詠嘆の意味で用いていることを考え合わせると、万葉集の二例も《国賞め》を基とした詠嘆の意味で用いたものである、と考える方が自然であろう。（蝉丸の歌の場合には、疑問的詠嘆で解釈し得る。）

新潮日本古典集成『萬葉集』は、「ヤ」を詠嘆的疑問とする立場を取っているので、万葉集巻第十五・３６３８の歌については、

これがまあ、名にし負う鳴門の渦潮、その渦潮に棹さして玉藻を刈るという、海人おとめたちなのか。

と訳するが、その頭注に、

◇これや　「や」は疑問的詠嘆を表わす。結句までかかる。
◇名に負ふ　その名に背（そむ）かない、の意。
◇玉藻刈るとふ海人娘子ども　渦潮に小舟をあやつって藻を採るおとめを讃美している。

（新潮日本古典集成『萬葉集　四』一七五頁）

と述べる。「玉藻刈るとふ海人娘子ども」が「おとめを讃美している」ことになるというのは、「藻」に「玉」が冠っていることに因るのであろう。「ヤ」が結句までかかるという指摘はどうか。

「コレヤコノ」は「名ニ負フ」を介して地名（あるいは土地の風物）に係わる言葉であるから、本来は、「これやこの」は「鳴門の渦潮」に係わって、

ああ、これなのだ。これが有名な鳴門の渦潮だ。

となるものである。が、この歌では、「鳴門の渦潮」で歌が言い納められるのではなく、「鳴門の渦潮に……」と、さらに後に続いていく。この場合、「コレヤコノ」は既に一語的に一纏まりの語として把えられており、これだけで「コノ」という程の意味合いを表わすか、あるいは、「名ニ負フ」と固く結び付いた発語のような言葉になっている。

伊勢物語１２８の歌の「これやこの　我にあふみを　遁がれつつ」が成立するのは、「コノ」という程の意味合いからであり、伊勢物語４１の歌の「これやこの　天の羽衣」が成立するのは、「コレヤコノ」が「名ニ負フ」を含みこんだ言葉としてあるところからであるが、３６３８の歌の「コレヤコノ」は、伊勢物語の例に見られるような「コレヤコノ」に至る段階のものとして把えることができる。

ところで、「これやこの　名に負ふ背の山」の歌の場合には、「背の山」を見て感慨を述べるものであるので、詠嘆は初句から結句まで一本に通っている。ところが、３６３８の歌の場合には、「これやこの　名に負ふ　鳴門の渦潮」と「コレヤ　コノ……名ニ負フ＋地名（あるいは土地の風物）」の型を用いながら、その句がさらに「鳴門の渦潮に玉藻刈るとふ海人娘子ども」という句を修飾する形になっている。

冒頭に述べたように、万葉集３５の歌と３６３８の歌には、また、

コレヤ　コノ……ト言フ＋名詞

の型を見出すことができた。３６３８の歌には第四句に「ト言フ」が入っているため、３５の歌と同じく、初句の「コレヤコノ」の勢いが結句にまで及ぶこととなる。新潮日本古典集成の注に「これや」が「結句までかかる。」とする所以である。

即ち、３６３８の歌では、「コレヤコノ」は「鳴門の渦潮」と「海人娘子ども」との二つに係わるという二重の構造になっている。したがって、３６３８の歌の訳は、

これが有名な鳴門の渦潮。そして、これが、鳴門の渦潮の潮の流れに棹さして玉藻を刈るという評判の海女たちなのだ。

となる。

前に、万葉集の３５の歌と３６３８の歌とはどちらが先に成立したものであるかわからない、と述べた（一五六頁）。が、以上のことから、用法としては、３５が古く３６３８が新しい、と言うことができる[16]。

（3）「これの水島」

指示代名詞に助詞「ノ」が接する時には、「コノ」「ソノ」のように「コ」系列を用いる。不定称「イヅレ」の場合には「イヅレノ」となる。ところが、万葉集の中に、「コレノ」という用例が二例ある。

聞きしごと　まこと尊く　奇しくも　神さびをるか　許礼能水嶋（これの水島）（万葉三・245　長田王）

草枕　旅の丸寝の　紐絶えば　あが手と付けろ　許礼乃波流母志（これの針もし）（万葉二十・4420　防人の妻の歌）

「コ」の用法は広く、「この夕」「この世」などのように、直接モノを指すのではない用法もある。それに対して、「コ」にヒト・モノを表わす接尾辞「レ」の付いた「コレ」の形は、モノそのものをはっきりと指し示す働きに勝れている。それは、端的には、

あしひきの　山行きしかば　山人の　朕に得しめし　夜麻都刀曽許礼（山づとそこれ）（万葉二十・4293　元正天皇）

の「これ」に明確な形で詠われている。したがって、上記のような「コレノ」の形は、「※この水島は」「※この針もして」などと言うより強調した言い方である、と受け止められる。

そこで、4420の歌の場合は、「これ、これ、この針ですよ」と言っているとも考えられる。が、単に「コノ」に等しい東国方言である可能性もある。東国方言には、「背ロ」「妹ナロ」のような接尾語の例が多く、「レ」は「ロ」と同じラ行音であるからである。

245の歌の場合は、話に聞いていたように、ほんとうに尊く、霊妙に神々しい風情であることか。この地、水島は。と解釈できる。これは、

此也是能（これやこの）　大和にしては　あが恋ふる　紀路にありといふ　名に負ふ　背の山（万葉一・35　阿閇皇女）

の「これがあの有名な〇〇なのだ」という感動を通過して、「聞いたことは確かにその通りだ」とたしかめている歌である。歌の内容の連続性から考えて、245の歌の「これの」の場合には、35の歌の「コレヤコノ」を約めた表現である、と見ることができる。

(4)「ソノ」「ソガ」

古事記101歌謡（雄略天皇大后の歌）に、「ソガ」「ソノ」が並存している。

大和の　この高市に　小高る　市の高處　新嘗屋に　生ひ立てる　葉廣　齋つ眞椿　曾賀波能（其が葉の）
廣り坐し　曾能波那能（其の花の）　照り坐す　高光る　日の御子に　豊御酒　獻らせ　事の　語り言も　こ
をば
（記101歌謡）

この歌は、前にある57歌謡（磐之姫皇后の歌）、

つぎねふや　山城川を　川泝り　わが泝れば　烏草樹（さしぶ）を　烏草樹の木　斯賀斯多邇（其が下に）
生ひ立てる　葉廣　齋つ眞椿　斯賀波那能（其が花の）　照り坐し　芝賀波能（其が葉の）　廣り坐すは　大
君ろかも
（記57歌謡）

のヴァリエーションである。こちらは「シガ」になっている。

「シ」は、モノにもヒトにも用いられる指示代名詞であるが、主格と所有格の用法のみで、常に助詞「ガ」を取る。指示代名詞「コ」「ソ」は「ノ」を取るのが一般であるが、この57の歌の「しが」に引かれて101の歌に「そが葉」という表現がなされたものである、と考える。「花」の方は「その花」となっているが、これは、「ガ」「ノ」の助詞を替えることによって、歌に動きを付けるためであろう。「そが葉」「その花」が同時に使われるということは、古事記の時代に、「ガ」「ノ」が同じ働きをする語であると受け止められていた、また、「そが葉」と

言っても間違いとは見做されなかった、ということにほかならない。

（5）指示代名詞「シ」

指示代名詞「シ」は、モノにもヒトにも用いられる。主格と連体格の用法のみで、助詞「ガ」を取り、「シガ」の形のみであらわれる。

古事記・日本書紀・万葉集の「シ」の用例は、上記の古事記57歌謡のほか、以下の九例である。

モノを指示

枯野を　鹽に焼き　斯賀阿麻里（しが餘り）　琴に作り……　（記74歌謡）

枯野を　鹽に焼き　之餓阿摩離（しが餘り）　琴に作り……　（紀41歌謡）

……栄枝を　五百經る懸きて　志我都矩屢麻泥爾（しが盡くるまでに）　大君に堅く　仕へ奉らむと……　（紀78歌謡）

鵜川立ち　取らさむ鮎の　之我波多波（しが鰭は）　われにかき向け　思ひし思はば　（万葉十九・4191　大伴家持）

……やすみしし　わが大君　秋の花　之我色々尓（しが色々に）　見したまひ　明めたまひ……　（万葉十九・4254　大伴家持）

ヒトを指示

大魚よし　鮪突く海人よ　斯我阿禮婆（しが離れば）　うら戀ほしけむ　鮪突く志毘　（記110歌謡）

あたらしき　猪名部の工匠　繫けし墨縄　旨我那稽麼（しが無けば）　誰か繫けむよ　あたら墨縄

（紀80歌謡）

……あが子古日は……うつくしく　志我可多良倍婆（しが語らへば）……

（万葉五・904）

……老人も　女童も　之我願（しが願ふ）　心足らひに……

（万葉十八・4094）

これらの「シ（ガ）」の働きは、前出の語を指して、「そ（の）～」「それ（の）～」「それ（が）～」「その人（が）～」「あなた（が）、君（が）～」と言葉を続けるものである。

モノを指示するものは主格の用例と連体格の用例とがあるが、ヒトを指示するものは主格の用例のみ。記110歌謡では、直接には「鮪」を指しながら、「鮪」が「嬢子」の比喩になる形である。万葉904と万葉4094は三人称「その人（が）～」であり、紀80歌謡の「シ」も既述の「猪名部の工匠」を指しているが、「猪名部の工匠」に呼びかけて、「あなたが」と歌っている、ともとれる。この場合、二人称を暗示している。

小学館『日本国語大辞典』（初版）「シ」の項　補注は、

「し」は専ら格助詞「が」を伴って用いられるが、「の」を伴わないところから、これを指示代名詞とせず、人代名詞に入れるのが妥当とする説もある。その固定した用法から見ても、奈良時代すでに衰滅に近づいていた語と考えられる。

としている。奈良時代の日本語では、指示代名詞は格助詞「ノ」を取り、人称代名詞は「ガ」を取るのが一般である。それ故、ここにあるように、「シ」は、指示代名詞ではなく人代名詞（人称代名詞）である、という考え方も出てくるのである。

しかしながら、奈良時代の「シ」の働きは、「既述のモノやヒトを指す」というところに在るのであるから、これには指示代名詞という名称があたる。ただし、後の時代の指示代名詞と人称代名詞とを含めての指示代名詞ということである。

指示代名詞・人称代名詞という術語は、明治時代以降、印欧語（とくに英語）の文法用語を翻訳して作られた。それ故、印欧語の言語の在り方を反映したものである。例えば、助動詞の概念なども、英語と日本語とでは大きく異なっている。指示代名詞についても同じである。

指示代名詞としてどのような語を用いるかは、印欧語の中でも、言語によって差がある。名詞に性の別をもつ言語では、人称代名詞がモノを指示することがある。性の別をもつ言語と言っても、男性・女性の別のある仏語と、さらに中性をもつ独語とでも異なる。

印欧語では、おおむね、人称代名詞に一人称・二人称・三人称、単数・複数の別がある。ところが、インド・ヨーロッパ語の中にも、三人称代名詞をもたない言語も少なからずある、という。そして、現在の三人称代名詞が、指示代名詞から発展したもので、その発展の跡をたどることができる言語もある、という。千野栄一氏「非インド・ヨーロッパ語の研究」（『北の言語』三省堂　一九九二年、所収。第一八章）に、以下の記述がある。

1人称、2人称の別は機能と対応するため、その程度は別としてすべての言語が何らかの形式を持っているが、3人称の形式は言語によりさまざまであり、インド・ヨーロッパ語の中でも3人称の人称代名詞を備えていないものは少なくない。また、スラブ諸語やロマンス諸語でみられるように、現在では3人称の人称代名詞をもつものとして扱われている言語でも、指示代名詞から発展した跡をたどることができるものも少なくない。

また、現代のアルタイ諸語のうち、ツングース諸語を除いては、本来の三人称代名詞は無く、必要な場合には指示代名詞を用いる、という。『言語学大辞典』第1巻「アルタイ諸言語」五三四頁（三省堂、一九八八年）に、以下の記述がある。

人称代名詞は、第1・第2人称（1p., 2p.）に単数（sg.）と複数（pl.）を区別するが、第3人称（3p.）に関しては、ツングース諸語を除く他の現代諸言語では、本来の人称代名詞はなく、必要な場合には指示代名詞が用いられる。

アルタイ諸言語は、その使用者の居住地が変わり、支配者が変わり、言語にもさまざまな影響のあったことが推測される言語である。三人称代名詞をもつ言語との交流もあったであろう。そのような言語において、現代、本来の三人称代名詞がない、という。このことから、現代アルタイ語の基底の言語は、三人称代名詞のない言語である、と推測することができる。(17)

世界の言語の、そのような事実を考えるならば、多くの言語とは異なって、日本語においては、三人称代名詞が先にあって、それが指示代名詞に用いられるようになった、とは考え難い。「シ」は、モノを指示する指示代名詞であったものが、ヒトを指示する人称代名詞に代用されたものであろう。このことは、「コレ、ソレ、カレ、アレ」「コナタ、ソナタ、アナタ」「コチ、ソチ」「コチラ、ソチラ、アチラ」「コノ方、ソノ方、アノ方」など、日本語の人称代名詞には、指示代名詞出自の語が多くあることによっても、類推することができる。

また、奈良時代からの格助詞「ガ」と「ノ」との用法を見ると、格助詞「ガ」は、しだいに格助詞「ノ」に浸透されていっている。記紀万葉の時代に、モノを指示するものでもヒトを指示するものでもあり得た「シ」が、格助詞「ガ」を取ることから、古くは、主格・連体格の格助詞はモノの場合でもヒトの場合でも「ガ」であった、ということを推測することができる。

以上のことを総合すると、

(1)「シ」は、奈良時代すでに衰滅に近づいていた古い語である。

(2)「シ」は、もとは指示代名詞であった。

(3)古くは、体言を修飾する形は、所属の助詞「ガ」を用いた。それ故、「シ」も「ガ」を取った。

(4)指示代名詞「シ」は、モノだけでなくヒトをも指示するようになった。「シガ」は、モノにもヒトにも用いられることになった。

(5)新しい指示代名詞は、助詞「ノ」を取ったが、「シ」は、古い形（「シガ」）のまま、衰滅まで固定的に使われた。

ということになる。

（6）「その八重垣を」

嬢子の　床の邊に　わが置きし　つるきの太刀　曾能多知波夜（その太刀はや）　（記３３歌謡）

の「ソノ」は、前の「嬢子の床の邊にわが置きしつるきの太刀」を指し、「その太刀はや」は「ああ、その太刀よ。」と訳すことができる。

八雲立つ　出雲八重垣　妻ごみに　八重垣作る　曾能夜幣賀岐袁（その八重垣を）　（記１歌謡）

の場合には、「その八重垣を」の「ヲ」を格助詞と解している注釈書もあるが、[18] ３３歌謡と同じ形で、「ヲ」は詠嘆を表わす終助詞である。日本古典全書『古事記』頭注（上、二二二頁）の

終りのヲは感動の意を現はす助詞。

の解釈がよい。３３歌謡と同様に、「ああ、その八重垣よ。」と訳す。[19] これらの「ソノ」は、一旦叙述の終了したものの全体を受けるものである。

わたつみの　沖つ白波　立ち来らし　安麻乎等女等母　思麻我久流　見由（海女娘子ども　島隠る見ゆ）
（万葉十五・３５９７）

の「見ユ」は、前項の「わたつみの沖つ白波立ち来らし海女娘子ども島隠る」を承けて「ソレガ見エル」と言う。

ひさかたの　月は照りたり　暇なく　安麻能伊射里波　等毛之安敝里　見由（海人のいざりは　燈し合へり　見ゆ）
（万葉十五・３６７２）

においては、前項の「ひさかたの月は照りたり暇なく海人のいざりは燈し合（ふ）」を助動詞の「リ」で確認する形になっている。奈良時代には「リ」は現存を表わす助動詞であるが、この場合には、形式的な助動詞となっている（現代語の「デアル」の「アル」にあたる）。これらの歌は、「〈S＋P〉、ソレガ見エル」と訳すことができる。

ここには表出されていない指示語（ソレ）を「ソノ〜」の形で表わし、感動の語「ハヤ」「ヲ」で締めくくったのが、古事記33歌謡・1歌謡である。

一音一字表記ではないが、万葉集の

たまきはる　宇智の大野に　馬並めて　朝踏ますらむ　其草深野（その草深野）（万葉一・4　中皇命）

……隈もおちず　思ひつつそ来し　其山道乎（その山道を）（万葉一・25、万葉一・26）

なども同様に解釈できるものである。

(7) 前項指示

万葉集巻第三・381の歌、

家思ふと　心進むな　風まもり　よくしていませ　荒其路（万葉三・381）

の「荒其路」を、注釈書の多くは「荒しその路」と訓むが、岩波日本古典文學大系『萬葉集』の頭注には、

アラキとも訓める（『萬葉集　一』一八七頁）

と注している。一音一字表記ではないので、どちらとも断定はできない。

形容詞に「ソノ」が続いているものは、万葉集にほかに三例ある。全て、大伴家持の歌である。巻第十八・4094「大夫乃　伎欲吉彼名乎（ますらをの　清きその名を）……」は、「ますらをの」と「清き」とが「名」に係り、「ソ」は直接には「ますらを」を承けている。前にある「大伴の　遠つ神祖の　その名をば　大久米主と　負ひ持ちて　仕へし官」の「大伴」を指す。巻第二十・4465「安多良之伎　吉用伎曽乃名曽（あたらしき　清きその名そ）」は、後の「大伴の　氏と名に負へる　ますらをの伴」の「大伴の氏」を指す。また、巻第十八・41

０６「波之吉余之　曽能都末能古等（はしきよし　その妻の子と）……」があるが、「ハシキヨシ」は、活用せずに、これだけで「ツマ」に係る。いずれも、３８１　の「其」とは異なった用法である。

動詞の連体形を「ソ（ノ）」が承けるものに、

二上の　峰の上の繁に　隠りにし　彼霍公鳥（そのほととぎす）　待てど来鳴かず

（万葉十九・４２３９　大伴家持）

のような例もある。この場合、「ほととぎす」は「～隠りにし」の主体である。が、

……汝が恋ふる　曽能保追多加波（その秀つ鷹は）　松田江の　浜行き暮らし　つなし取る　氷見の江過ぎて
多古の島　飛びたもとほり　葦鴨の　集く古江に　一昨日も　昨日もありつ……

（万葉十七・４０１１　大伴家持）

……天離る　鄙治めにと　別れ来し　曽乃日乃伎波美（その日の極み）……　（万葉十七・３９７８　大伴家持）

のように「〈Ｓ＋Ｐ〉＋ソノ～」の形もある。修飾語の連体形および句（Ｓ＋Ｐの連体形）を承けて「ソノ～」と言葉を継ぐ形である。[20][21]

このような、前項指示の働きは、名詞を承けるものにもある。

……尓比可波能　曽能多知夜麻尓（新川の　その立山に）　常夏に　雪降り敷きて……

（万葉十七・４０００　大伴家持）

のように、「名詞＋ノ」を「ソノ」で承けるものである。他には、一音一字表記のものはないが、これに拠って、「～ノ　ソノ～」と訓む。

白玉之　人乃其名（白玉の　人のその名）（万葉九・１７９２）

大伴乃　遠都神祖乃　其名（大伴の　遠つ神祖の　その名）（万葉十八・４０９４）

大夫乃　伎欲吉彼名（ますらをの　清きその名）（万葉十八・４０９４）

あがための　織女之　其屋戸尓（たなばたつめの　そのやどに）　織る白たへは　織りてけむかも（万葉十・２０２７）

以上四例は、現代語でも用いる表現である。「ＡノソノＢ」の形で、ＢはＡが所有するもの、あるいは、ＢはＡに所属するものである。

柿本人麻呂歌集に、

三毛侶之　其山奈美尓（三諸の　その山並に）　児らが手を　巻向山は　継ぎの宣しも（万葉七・１０９３　柿本人麻呂之歌集出）

「三諸の山並に〔妻の手を巻くという〕巻向山が続いている。その様が実に良い。」がある。「みもろ」は、「神の来臨する場所」である。「三諸乃　神名備山（みもろの　かむなびやま）」（万葉三・３２４）もあれば、「甘南備乃三諸山（かむなびの　みもろのやま）」（万葉十三・３２２７）「甘嘗備乃　三諸乃神（かむなびの　みもろのかみ）」（万葉十三・３２２７）もあるから、「三諸」は、「神の来臨する場所としての山一帯の地名」としても使われていたであろう。１０９３の歌の場合には、三輪山周辺の地を指すものである。三輪山周辺には、山稜が柔らかく重なり合っている。「三諸の　その山並」とは、「三諸にある連山」を言うものである。これも、ＢがＡに含まれている。

同様に、右に掲げた家持の、

……尓比可波能　曽能多知夜麻尓（新川の　その立山に）　常夏に　雪降り敷きて……
（万葉十七・４０００　大伴家持）

をはじめ、

大浦之　其長濱尓（大浦の　その長浜に）……
（万葉八・１６１５　聖武天皇）

……海上之　其津乎指而（海上の　その津をさして）……
（万葉九・１７８０　鹿嶋郡苅野橋別大伴卿歌一首　并短歌　高橋連蟲麻呂之歌中出）

なども、「新川にある立山」「大の浦にある長浜」「海上にある港」の意である。

また、

九月之　其始鴈乃（九月の　その初雁の）　使ひにも　思ふ心は　聞こへ来ぬかも
（万葉八・１６１４　櫻井王）

は、「九月に来る初雁」のことである。「九月と言えば初雁の来る季節だ。九月という月は、初雁を含んでいる。」……これを、上に述べた２０２７の歌の延長に置けば、やはり、Ａ（九月）はＢ（初雁）を所有していることになる。

何すとか　君を厭はむ　秋芽子乃　其始花之（秋萩の　その初花の）　嬉しきものを
（万葉十・２２７３）

も同じである。新潮日本古典集成『萬葉集』頭注は、

「その」は、上の「秋萩」をさして強めたもの。
（『萬葉集　三』一四三頁）

と述べる。現代語でこのように表現すれば強調形となる。が、これもやはり、「初花」を「秋萩」が含んでおり、

「秋萩の　その初花」は、現代語にすれば、「秋萩の初花」である。

以上の、「名詞＋ノ」を「ソノ」で承けるものは、いずれも、「Aノ　ソノB」の形の、AがBを含むものである。これらの表現が人麻呂歌集から見え、万葉集より後の時代には用いられないことより、これらは古体を示しているものであると考える。

同じように、「なでしこが　その花」のように、「名詞＋ガ」を「ソノ」で承けるものもある（これは、万葉集後期の大伴家持周辺の歌に現れる）。

石竹之　其花尓毛我（なでしこが　その花にもが）　朝な朝な　手に取り持ちて　恋ひぬ日なけむ

（万葉三・408　大伴家持）

……那泥之古我　曽乃波奈豆末尓（なでしこが　その花妻に）　さ百合花　ゆりも逢はむと……

（万葉十八・4113　大伴家持）

4113の歌は「なでしこの花のような、美しい妻に」の意で、「なでしこが　その花」が「妻」に係る序詞となっている。この歌には、反歌があって、

那泥之故我　花見流其等尓（なでしこが　花見るごとに）　娘子らが　笑まひのにほひ　思ほゆるかも

（万葉十八・4114　大伴家持）

と、ここでは「なでしこが花」になっている。やはり大伴家持の歌に、「なでしこの花」の例もある。

わがやどの　瞿麦乃花（なでしこの花）　盛りなり　手折りて一目　見せむ児もがも

（万葉八・1496　大伴家持）

家持は、古い歌から選んだと考えられる用語を用いることがある。「なでしこが　その花」「なでしこが花」「なで

しこの花」の三つの語法は、そのような家持の、豊富な語感から出た表現であろう。
「瞿麦乃花（なでしこの花）」の例があるのであるから、家持の時代には、後代と同じく、「ノ」を用いていたのであろう。「なでしこが花」は一時代前の表現で、「なでしこが　その花」は、さらに古い表現であった、と考える。以後の日本語においては、欧文で関係代名詞が用いられるような場合に「ソノ」が用いられることはあるが、「なでしこが　その花」のように、所有・所属を表わす際に

〈名詞＋ノ（ガ）＋ソノ＋名詞〉

の形を取ることは行なわれないからである。

今一つ、「コノ」にも同様の用法が一例見出される。

鴛鴦の住む　伎美我許乃之麻（君がこの山斎）　今日見れば　あしびの花も　咲きにけるかも

（万葉二十・４５１１　嘱目山斎作歌三首　三形王）

上に掲げた「海上之　其津乎指而（海上の　その津をさして）」（万葉九・１７８０）の歌は「鹿嶋郡苅野橋別大伴卿歌一首　并短歌」という題が付いており、大伴旅人に捧げられた歌であるから、家持は、この歌を熟知していたであろう。また、「嘱目山斎作歌三首」（万葉二十・４５１１〜４５１３）のうちの一首（４５１２）は、家持のものである。家持周辺に、このような表現が集まっている。[22]

中国語の「之」、アルタイ諸言語の所有・所属の形、と「〜ノ　ソノ〜」

ところで、中国語においても、「之」字は、指示の働きと連体の働きを合わせもつ語で（主格を表わすとされるものも、【主格指示】）、この「〜ノ　ソノ」と相似た性格の語である。

また、『言語学大辞典』（三省堂）の「アルタイ諸言語」の項（第一巻、五三七〜五三八頁）に、以下のような所有・所属の形式が述べられている。

•これらの諸言語では、人称代名詞の属格あるいは所有代名詞のほかに、所有関係を示す人称語尾がある。

•エヴェンキ語の所有代名詞は、人称代名詞の語幹に「属格の接辞」-ŋii の接合した形である。

min*ŋii*「私の」　sin*ŋii*「君の」　nuŋan*ŋii*·n「彼の」

mun*ŋii* (ex.)「我々の」　mit*ŋii* (in.)「我々の」　sun*ŋii*「君らの」　nuŋar*ŋii*·tin「彼らの」

（別形）mit*kii*「我々の」(in.)

məən*ŋii*·vii「自分（自身）の」　məər*ŋii*·vər「自分たち（自身）の」

（別形）məən*ŋii*·vər「自分たち（自身）の」

•所有や所属の関係は、たとえば、次のように表わされる。

《トルコ語》

baba·*m*·ın kitab·*ı*「私の父の（属格）・（その）本」

komşu·*muz*·un tavuk·lar·*ı*「我々の隣人の（属格）・（その）・鶏（pl.）」

《エヴェンキ語》

minŋii·amii*m* laaŋ·il·*in*「私の父（amiin, -v：私の）の（主格）・（その）仕掛けわな（pl.）」

oro·r·*ti* xalga·r·va·*tin*「我々の（in.）鹿（pl.）の（主格）・（それらの）足（pl.）を（対格）」

日本語も朝鮮語も、アルタイ諸言語の一つではないか、という見方もある。それでも、異なった言語形態を多くもつ言語の例であり、また、アルタイ諸言語の多くは現代語の形であって、古い言語の像を知ることが難しいため、直接比較することはできないが、日本語に訳す時に「その」「それらの」と訳すことになる接辞の付くことが参考になる。

なお、漢語の「之」字は、日本語音で、「シ」と捉えられた。「斯」字も「シ」と捉えられた。このことは、「之」字や「斯」字と用い方の似ている日本語の間投助詞の「シ」、指示代名詞・人称代名詞の「シ」と何らかの係わりのあることではないか。これらの「シ」は、漢文を音読するうちに日本語の中に取り入れられていった語ではなかったか。これを証する手掛かりが、朝鮮の漢文読み下しの語の中にないだろうか。朝鮮での漢文読み下しの研究に期待したい。

四　助詞「ガ」「ノ」

1　体言に接続する「ガ」「ノ」

（1）所有・所属の「ガ」

古事記・日本書紀・万葉集などの和文資料に見られる、連体の用法の格助詞のうち、〈名詞・代名詞＋「ガ」〉が〈名詞〉に係るものは、

(1)「伊母我目（妹が目）」（万葉十五・３７３１）「和我勢（わが背）」（万葉一・１９）「伊毛我　多毛等（妹が袂）」（万葉五・８５７）「和何則能（わが苑）」（万葉五・８２２）「和賀久邇（わが国）」（記５３歌謡）「和賀美岐（わが神酒）」（記３９歌謡）

のように所有・所属を表わすものが多く、それは、

「ア・ワ・ナ・タ（誰）、オノ、シ（彼・斯）」

などの代名詞を承けるものと、

「背・妹・君・わが背・わが背子・我妹・我妹子・夫・妻、（わが）父・（わが）母」

など、身近な人を承けるものが大半で、その他、

「浦嶋子」

などの人名を承けるもの、

「皇我朝（スメラガミカド）」（七詔　天平元年八月廿四日）

「天皇可御命（スメラガオホミコト）」（一四詔　天平勝宝元年七月二日）

（金子武雄『続日本紀宣命講』高科書店、一九四一年）

のように、「皇」「天皇」を承けるものがある。

⑵　「多知賀遠（太刀が緒）」（記3歌謡）

なども、⑴の延長上にあるもので、「緒」は「太刀」の付属物であることを表わすが、そこから、「太刀」が「緒」を包む関係の修飾と成る。

「奈泥之故我波奈（撫子が花）」（万葉十七・4010）

も同じである。

「寸戸我竹垣（寸戸が竹垣）」（万葉十一・2530）

は、「キへに在る竹垣」の意である。

〈名詞・代名詞＋「ガ」〉が〈名詞〉に係る「ガ」の用法は、以上のようなものである。この「ガ」の用法は、所有・所属と言ってよい。(23)

上に述べたような連体の用法の格助詞「ガ」の承ける語は、格助詞「ノ」が現在の用法と同じように広く種々の語を承けることができるのと較べれば、その範囲が限られたものである。

格助詞「ガ」が承ける「ア」「ワ」「ナ」などの人称代名詞や、また、身近な人は、「ガ」の専一であって、格助詞「ノ」を用いることはない。これに対して、格助詞「ノ」の方は「コ」「ソ」などの指示代名詞を承けることができる。ただし、人称代名詞にも指示代名詞にも用いられる「シ」は、「ガ」が承ける。

……白玉の　我が子古日は……さきくさの　中にを寝むと　うつくしく　志我（しが）語らへば……

（万葉五・904）

……やすみしし　我が大君　秋の花　之我（しが）色々に　見したまひ　明らめたまひ……

（万葉十九・4254）

これは、〔第二章の三、一六八頁〕に述べたように、「シ」は、もと指示代名詞であったものが三人称代名詞に代用されるようになったものであり、助詞「ガ」は、古くは、指示代名詞も人称代名詞も承けることができ、主格・所有格や連体の用法を形成したものである。

ところが、古事記の中に一例、指示代名詞「ソ」を「ガ」で承けたものがある。

大和の　この高市に……葉廣　斎つ眞椿……曾賀波能（其が葉の）　廣り坐し　曾能波那能（其の花の）　照り坐す……

（記101歌謡）

これは、〔第二章の三、一六四頁〕に述べたように、古事記57歌謡の

……斯賀波那能（其が花の）　照り坐し　芝賀波能（其が葉の）　廣り坐す……

（記57歌謡）

の「シガ」を承け継ぎ、「ガ」と「ノ」とを並置することによって、歌に動きを付けたものである。

（2）ガの出自

格助詞「ガ」は所有・所属を表わす語であった。この時代に、「海のある所。海」という意義の「宇美賀（海が）」（記36歌謡）という語がある。「陸（クヌカ）」「於久可（オクカ）」などの「カ（処）」が「ウミ（umi）」のm音にひかれて「賀（ga）」音になったものと考えられる（「オクカ」は現代では「オクガ」と濁音になる。「住処（スミカ）」の場合は、「住ミ」が動詞連用形であるため、「スミカ」は一語ではあるが「スミ」と「カ」との間に切れがあり、「カ」の清音を維持しているものと考えられる）。この「カ・ガ（処）」は「場所」「～のある場所」を言う語である。

「カ・ガ」は「～のある場所」を表わす語であるから、これが、所有・所属を表わす格助詞「ガ」に発展していったものではないか、と考えられる。

(3) 所有・所属の「ガ」と連体の「ノ」

記紀万葉の時代には、人称代名詞が連体の用法や主格に立つ時には「ガ」が用いられる。それに対して指示代名詞には「ノ」が用いられる。

「コノ」「ソノ」「アノ」などが現代語では一語に熟合しているのと同じように、連体の用法の時の「アガ」「ナガ」なども一語的なまでに緊密に結び付いている。「ア」「ナ」が独立した語であるには違いないのであるが、結び付きが緊密なのは、「アガ」「ナガ」が体言に続く場合には所有・所属の意に限られることに因る。「あが君」「君が目」など人称代名詞や人を表わす名詞を承けるものの「ガ」は「～が有（も）つ」の意であるが、「太刀が緒」「雁が音」などの「ガ」もまた、「～が有（も）つ」の意である。

「ガ」は人称代名詞をはじめ、「君」「妹」などの限られた語をしか承けない。人以外の名詞を承けるものも、「太刀が緒」「梅が枝」「雁が音」など、限られたものである。「ガ」が人称代名詞にも指示代名詞にも用いられた「シ」を承けることや、後の時代には「ノ」が人称代名詞も承けることになることを考え合わせれば、「ガ」は古い形であるのであろう。

右に述べたように、記紀万葉の中で、連体の用法の「ガ」は、人称代名詞のほか「妹」「君」「雁」「梅」など限られた語を承ける。そのため、「ガ」は、共同体がまだ小さかった頃（部族集団）に使っていた言葉であったのが、集団が大きくなってから（クニの形成）も、かつての語彙の範囲内の語には引き続き使い続けられた言葉のように見える。

ただし、宣命には、「天皇我大命」などの例（沖森卓也編『資料　日本語史』一三「天平勝宝九年瑞字宣命」桜楓社、一九九一年）がある。

「天皇我大命」が成立するのは、それが「天皇から出された勅命（天皇の身より出されたお言葉）」であるからである。それはちょうど、仁徳天皇が、

おしてるや　難波の埼よ　出で立ちて　和賀久邇（わが國）見れば　淡島　於能碁呂島　檳榔の島も見ゆ　佐氣都島見ゆ
（記５３歌謡）

と歌った時に、「わが國」とは、自らの所有する国のことであった（第二章の一、一一〇頁）のと同じである。「天皇」にとって「大命」は自己の所有物にほかならない。「於保伎美乃美己等（大君の命）」（万葉十四・３４８０）「於保吉美能麻氣（大君の任）」（万葉十七・３９６９）とは、同じ包む関係ではありながら、その内実が全く異なっているのである。それは、「梅が枝」「梅の枝」という、古典的な対比（『奈良朝文法史』宝文館、一九五四年、四一四〜四一五頁）に等しい。人称代名詞「ワ」「ナ」が再帰代名詞にもなり得たように、「梅が枝」の「梅」も「天皇我大命」の「天皇」も、「梅自身」「天皇自身」を含み得、「枝」も「大命」もその「身」から不可分にして在る。

仁徳天皇の国見の歌にも端的にあらわれているように、「見る」ことが所有する（統ぶ・会ふ）ことに繋がった時代の所有・所属とは、そのような《身の一部分としての所有・所属》なのである。「梅が枝」が、ヒトが外から景物として眺めた「梅」の木より伸びている「枝」のことを指すのと、それは観点が根本から違っている。「ガ」の所有・所属とは、そのようなものである。

「於保伎美乃美己等（大君の命）」（万葉十四・３４８０）・「天皇我大命」のような、両者混淆した用法のあるのは、直接的には、その表現主体の「命」「大命」に対する意識の違いである。上述したように、古事記１０１歌謡に「其が葉」「其の花」が並置されていて、古事記の編纂された時代には、「ガ」と「ノ」とが同等に扱われていた。右の「天平勝宝九年瑞字宣命」は天平勝宝九年（七五七年）のもので、正倉院蔵である。そこに「我（ガ）」が用いられているということは、「大命」が「天皇」から切り離せないものとして把えられている、ということである。公的な文書である宣命は、漢文訓読の語法に則って書かれている。古い語法を踏襲する意識のうちに、力で以て

国を制圧した王の意識は生き続けているのである。

2 「ガ」「ノ」の《待遇表現上の区別》説について

平安時代以降の和文の中では、一般に言われているような、「ガ」は親愛・卑下を表わし、「ノ」は敬意・心理的距離を表わすものとして用いられている場合がある。

いかなれば四条大納言のはめでたく、兼久がはわろかるべきぞ。(24)(25)

（新編 日本古典文学全集『宇治拾遺物語』小学館 一九九六年、四四頁）

しかしながら、天平勝宝九年の宣命の中に「天皇我大命」のような例があることから、助詞「ガ」が、古くは《所有》を表わす語であったということは明かであろう。後の時代に成立した書ではあっても、漢文訓読系統の語の中には古い語法が残っているからである。それも、「ガ」が承ける語は「天皇」なのである。

奈良時代までの「ガ」の用例の中に、それが用いられた場合に、「その人物に対する」「軽侮、憎悪、卑下等の感情」を伴うものはない。〔第二章の一、一二三～一二五頁〕に見てきたように、「アガ」「ワガ」などは親愛・敬意の接頭辞に成りさえするものであった。

ところで、記紀万葉の一人称代名詞「ア」「ワ」と二人称代名詞「ナ」との使用頻度を見ると、「ナ」は数が少ない。替わって「君」「妹」「わが背子」「我妹子」などの言葉が使われている。万葉集の時代の歌は、対詠と名付けられてもいるように、多くの聴き手の前で詠われるものが中心であった。大伴家持周辺には、「歌日記」と呼ばれている歌群が遺されたため、独詠や個人的な贈答歌も遺っている。また、柿本人麻呂歌集にも、採集した歌とともに、自らの独詠と思われる歌も遺っている。万葉集の時代にも独詠はあったが、遺された多くの歌は、他者の前に披露された歌である。そのような事情から、歌の中に二人称代名詞が出てきても、それは、特定の個人を指すものであったとしても、誰にもあてはまり得る体《てい》の二人称なのであった。二人称代名詞ではなく、「君」「妹」と呼ぶこともあり「わが背子」「我妹子」と呼ぶこともある。「わが背子」「我妹子」は、二人称に替わるものであるが、その中に「ワガ」（わたくしの）を含み、自分にとっての相手の位置付けがなされているものである。

ただし、古事記・日本書紀の本文の記述には、「汝」「汝命」などの語が多用されている。これは、漢文という、日本語とは形態の異なった言語の習慣に合わせたものである。

平安時代の源氏物語などでは、二人称代名詞はあまり使用しない。現代の日本語でも、二人称代名詞を使うことは少なく、また、二人称代名詞を使う範囲は同等以下に限られ、目上の人は姓や役職で呼ぶ。少なくとも平安時代から、この傾向があったと考えられる。

そうして、現代語で、この「ガ」が用いられるのは、「わが国」「わが家」「わが道」「わが子」のように一人称代名詞に係わるものであることを考慮すれば、「ガ」の使用される領域がしだいに一人称の周辺に限られていったであろうことが推測される。そのような事情から、「ガ」の用いられるときには、謙譲の感情を伴うことが多くなっていったものであろう。

籠もよ　み籠持ち　ふくしもよ　みぶくし持ち　この岡に　菜摘須児（菜摘ます子）　家告閑（家告らせ）
名告紗根（名告らさね）　そらみつ　大和の国は　おしなべて　我こそ居れ　しきなべて　我こそ坐せ　我に
こそは　告らめ　家をも名をも

（万葉一・1　大泊瀬稚武天皇）

の「菜摘ます子」などに見られるように、万葉集の時代には、天皇が一介の少女に向かって敬愛の語を用いることがある。敬語が上下関係を中心に機能するのは、平安時代になってからのことである。大泊瀬稚武天皇（雄略天皇）の歌は、もとは民謡であったものが、天皇の名を借りて載せられたものである、とする説もあるが、そうであったとしても、このような敬語の用いられている歌を天皇の歌として、それも巻頭に、載せることができるのは、万葉集を編んだ人々に、平安時代の敬語とは全く異なった敬語意識があったことの証左である。

自然に包まれて生きていた奈良時代と、宮廷の中の人間関係を摩擦なく行なうことが生きること（みやび＝都ぶ

=宮ぶ。対義語は「鄙ぶ」）であった平安時代との、また、敬語が他者を敬愛するところに発するものであった奈良時代と、社会機構の中の上下関係を基盤とするものとなった平安時代との、人々のものの考え方がここに反映されている。あるいはまた、「見る」ことが所有すること（統ぶ、会う）ことに繋がった時代と、「眺む」ことも再び自らに帰ってきて、心の奥深く沈潜して「思ふ」（あはれ）ことになっていった時代との、人の心の「うち」と「よそ」の違いである、と言ってもよい。奈良時代の「うち」と「よそ」は、ヒトであれモノであれ、ヒト自身・モノ自身が所有しているか否かが基準であり、平安時代以降の「うち」と「よそ」は、どこまでも人間関係を慮るものであった。

いかなれば四条大納言のはめでたく、兼久がはわろかるべきぞ。

（新編　日本古典文学全集『宇治拾遺物語』小学館、一九九六年、四四頁）

のような「ノ」と「ガ」の使い分けの生じたのは、平安時代の《待遇表現》の発達によるものである。

ここに、「ウチ」と「ヨソ」の対比をした。「ウチ」の対義語は「ト（外）」であり「ヨソ（余所）」である。「ヨソ」は、空間的・心理的に隔たることを言う語で、「ウチ」と「ソト」の対比より以上に、待遇を表現するのに適当な対比である。

そこから派生した「ヨソヨソ」は「別々、疎遠」を表わし、「ヨソヨソシイ」は「隔たりがある」ことを表わす。「ヨソフ・ヨソホフ（装）」は「準備する、飾る」ことを言い、「ヨソイキ（外行き）」は「晴れ着、外出用の着物、あらたまった態度や言葉」を言う。内は親しく、外は疎い。ヨソの者にはあらたまった態度を取る。威儀を正し、礼を尽くす。

また、「ウチ（内）」という言葉は、「身内」の「内」であり、「家庭内」を指す言葉でもあり、「建築物としての家」を指す言葉でもあり、また、一人称代名詞としても使われる言葉である。これだけの概念を内包して、その時時の文脈によって使われる一方で、その全てでもあり得るのが、「ウチ」である。わたくし個人と身内とが同一視される現実が、この言葉の用法に顕れている。

3　連体の用法

記紀万葉に遺されている連体の助詞のうち、用例が固定化し、既に古い表現であると認められるものに、「湯都盤村（斎つ磐群）」（万葉一・22）の「ツ」、「麻奈迦比（目な交）」（万葉五・802）の「ナ」などがある。これらは、用例も少なく、連体の助詞は、多くは「ガ」「ノ」が用いられる。

「ガ」は、「寸戸が竹垣」（寸戸ニ在ル竹垣）のように所在を表わすもの、「大刀が緒」（大刀ニ属スル緒）は所属を表わす。「雁が音」「撫子が花」の「ガ」は所属を表わすものを出自とするが、これで一語と成っている。とりわけ、人称代名詞や「君」「妹」などに接続して所有を表わすものは、「ガ」を用いる。所有を表わすものを除いては、「ガ」の用例は少なく、「寸戸が竹垣」や「大刀が緒」に相当するものの多くは、助詞「ノ」を用い、後世にはそれが一般に用いられるようになることから、「ガ」を用いるものは古い表現で、しだいに、より範囲の広い「ノ」に勢力を譲っていったことがうかがわれる。

この「ガ」が指示代名詞を承ける例がある。古事記の中に、「曾賀波（そが葉）」（記101歌謡）の用例があり、これは「しが葉」にひかれて「そが」とし、「その花」の「ソノ」と並置することで歌に動きを付けたものである（第二章の三、一六四頁）。

その「シガ」は、近称・遠称を問わず用いられた指示代名詞で、人称代名詞にも用いられたが、元来は指示代名詞であると考えられるから、古くは、指示代名詞全般も「ガ」で承けるものであったのであろう。

ところで、人称代名詞を「ガ」が承けるものに「わが背子」「わが子」などがあるが、記紀万葉の歌の中には、「吾背（アセ）」「吾子（アコ）」「吾君（アギ）」「吾妻（アヅマ）」や「我鳥（ワドリ）」「汝鳥（ナドリ）」など、格助詞「ガ」を介しない例が見られる。記紀万葉におけるそれらの語の用法は、「わたくしの大切な」という意味を含んだもの（ワドリ、ナドリ）、あるいは、親愛を示す接頭辞に成り至ったもの（アセ、アゴ、アギ、アヅマ）である。その用例の限られていること、後世には用いられないこと、「吾背を」「吾子よ」などが囃子詞に遺されていることなどから、上に述べた格助詞の「ツ」や「ナ」などと同じく、古い用法であろう、と考える。

これは、形容詞が名詞や動詞を修飾するものの形に、「青山」「長道」「高光る」などのク活用形容詞語幹のほか、「かなし妹」「ともし妻」のようにシク活用形容詞語幹のものもあって、形容詞が連体形を取らずに語幹の形で名詞や動詞を修飾し得たことと連繫するものである。すなわち、人の所有を表わす場合、「アセ」「ワドリ」などのように、格助詞「ガ」を介しない在り方が、古い日本語の姿であった。「ガ」は「ノ」より古いと見られるが、さらに古くは、「ガ」も不要であった、ということである。

「ガ」が人称代名詞を承けるのに対して、「ノ」は指示代名詞を承ける。同格・比喩の用法や、「於曾能風流士（愚の遊士）」（万葉二・126）のように形容動詞語幹を承ける用法もあって、「ノ」の用法は幅が広い。「ガ」は、所属・所有を表わす語であったが、「ノ」は連体の機能を表わす、抽象的な語であった。

同格の「ノ」は、現代語で「〜であり、〜である（もの）」と訳すように、指定の助動詞「ニ（アリ）」に近い。用言を二つ並べた「あはれに、をかし。」の「ニ」とも近い点で、形容動詞語尾「ニ（アリ）」にも近い。比喩の「ノ」は、「白木綿花に落ち激つ」（万葉六・909）の「ニ」に近く、「〜のようだ」という様態を表わす点で形容動詞語尾「ニ（アリ）」に近い。現代語でも「のんびりの性格」「たくさんの人」と言うように、形容動詞語幹を承ける「ノ」は形容動詞語尾の「ニ（アリ）」と同源である、と考えられる。また、「ガ」「ノ」が形式名詞に続くもののうちの「カクノゴト」（副詞＋「ノ」＋形式名詞）の「ノ」も、形容動詞語尾に近い性格のものである。

右に挙げた「ニ」（ni）は全て同源であろうが、それらに似た用法が「ノ」（no）にあることから、「ノ」の役割は、もともとはそのようなところにあったのではないか、と考える。それが、修飾作用をもつ語として用いられるようになり、「ガ」の領域と交わり、やがて、連体の用法においては、「ガ」より優勢になっていったものではないだろうか。

注

（1）「ワガ子」は、時代によってさまざまな表現があり、現代語には、短歌や俳句の表現の中に「アコ」も残っている。

（2）「家の妹」「家の児ら」などは、似た表現のようであるが、こちらは家を遠く離れた夫が、「家に残して来た妻」のことを言う表現である（万葉集の一音一字表記のものを以下に掲げる）。

ありきぬの　さゑさゑしずみ　伊敝能伊母（家の妹）に　物言はず来にて思ひ苦しも（万葉十四・3481）
春の野に　草食む駒の　口止まず　我を偲ふらむ　伊敝能兒呂（家の児ろ）はも（万葉十四・3532）
赤駒が　門出をしつつ　出でかてに　せしを見たてし　伊敝能兒良（家の児ら）はも（万葉十四・3534）
ぬばたまの　夜渡る月に　あらませば　伊敝奈流伊毛（家なる妹）に　逢ひて来ましを（万葉十五・3671）
旅なれば　思ひ絶えても　ありつれど　伊敝尓安流伊毛（家に在る妹）し　思ひがなしも（万葉十五・3686）
防人に　立たむ騒きに　伊敝能伊牟（家のいむ）が　業るべきことを　言はず来ぬかも（万葉二十・4364）
旅と言へど　真旅になりぬ　以弊乃母（家のも）が　着せし衣に　垢付きにかり（万葉二十・4388）
白玉を　手に取り持ちて　見るのすも　伊敝奈流伊母（家なる妹）を　また見てもやも（万葉二十・4415）

（3）日本古典全書『古事記』上（二五八～二六〇頁）では、「我子」をアコ、「我君」をアギと訓んでいる。岩波日本古典文學大系『古事記』（二一七頁）は、「我が子」「我が君」。

（4）土橋寛『古代歌謡集全注釈　古事記編』（角川書店、一九七四年、三四～三五頁）には、
ワドリ・ナドリについては、……「我が心浦渚の鳥ぞ」という譬喩に基づく即物的造語で、一般的な用語ではない。

として、

「み山蜘蛛が巣や、七枝にかかる、我や汝枝にかかり欲しゃよー」

「振りかかるかかる、我が枝にかかる、振りかかりてぃからや、後悔や為らぬ」

という与論島の歌を挙げている。この歌の「汝枝」は「汝」、「我が枝」は「我」のことであるから、ワドリ・ナドリがこれと同じというのであれば、「ワドリ」は「我」、「ナドリ」は「汝」のことになる。そのような譬喩の仕方はあるが、今の場合には当てはまらない。この歌で参考になるところは、「汝（枝）」と「我が（枝）」とが同列に扱われているというところである。

（5）新潮日本古典集成『萬葉集』は、これを「ナオトノミコト」と訓み、「ナ」について

「汝」は親愛の接頭語。

と注している。「ナ」の出自・役割の捉え方はさまざまであるが、「ナ」を「汝」の意とする点は諸説同じである。

（6） 大系本『日本書紀』の訓読については、解説（大野晋）に、

……残存する各種の資料を、できるだけ活用しつつ、各巻それぞれ現存最古の写本の訓読を復元することを目標とした。……

（『日本書紀』上　四九頁）

とある。

（7） 新潮日本古典集成『萬葉集　一』の頭注（三三七頁）には、

◇汝姉　弟妹の姉に対する呼びかけの語を母が用いたもの。

とするが、後に述べる古事記の用例では、弟が兄に対して「ナネ」と言っているので、これは必ずしも「姉に対する呼びかけの語」とは限らない。

岩波日本古典文學大系『古代歌謡集』の古事記11歌謡「其ねが本」補注（一一一頁）には、万葉集巻第四・724の「汝（ナ）ネ」の例が掲げられ、

ネもノも元来人を表わす尊称または親称であったものが接尾語化して、事物代名詞に添えても用いられたのではないかと思う。

としている。

（8） 日本古典文學大系『古事記』頭注（一六五頁）は、

汝ネで、人を親しんで呼ぶ語。

とし、日本古典全書『古事記』頭注（下　七二頁）は、

ナネのナは「汝」、ネは尊敬・威能をあらはす接尾語と解される。神名にもカシコネ・ヒコネなどの例が多い。

としているが、万葉集巻第四・724の「ナネ」を同じものであると考えるならば、「あなた」に近いもので、「尊敬・威能をあらはす接尾語」という程の重いものではないであろう。

（9） 万葉集巻第十一・2522「恨登思狭名盤在之者外耳見之心者雖念」の「狭名」を「セナ」と訓む説もあるが、新潮日本古典集成の訓

恨めしと　思ふさなはに　ありしかば　外のみぞ見し　心は思へど

に従う。2522の歌をこのように訓むので、「背ナ」の用例も全て東国歌であることになる。

(10) 古事記に「淤富岐美呂（大君ロ）」（57歌謡）の例があることを考え合わせると、古くは「〜ロ」は尊称ないし親称で、万葉集の時代には、親称の用法が東国方言に残ったものではないか、と考える。

「介辭古耆呂介茂（恐キロカモ）」（紀47歌謡）、「他賀多泥呂迦母（誰が料ロカモ）」（記66歌謡）、「登母志岐呂加母（羨シキロカモ）」（記95歌謡）などの「ロ」では、「（〜である）人」「〜であるもの」「〜であること」の意になっている。

(11) 「ナネ」と同類のものとして上に掲げた「ロ」には、「古呂（子ロ）」（十四・3509など）「伊毛呂（妹ロ）」（二十・4427）もあり、これは、「伊毛良（妹ラ）」（五・863）「乎等女良（娘子ラ）」（十五・3610）「古良（子ラ）」（五・856など）「都麻良（妻ラ）」（二十・4332）などの「ラ」の変形である。

見渡しに　妹等（妹ラ）は立たし　この方に　吾は立ちて……

或本の歌の頭句に云はく「こもりくの　泊瀬の川の　彼方に　伊母良（妹ラ）は立たし　この方に　和礼（われ）は立ちて」といふ。　（万葉十三・3299）

に「妹等」「伊毛良」があり、「等」も「ラ」と訓むことができる。

これらの「ラ」は、人に用いられている例であるが、「安左乎良（麻苧ラ）」（十四・3484）「荒野等（荒野ラ）」（六・929）「夜等（夜ラ）」（十・2224）など、モノに用いられるものもある。

「ラ」には、「八多籠良（家田子ラ）」（二一・193）「國栖等（国栖ラ）」（十・1919）のように、複数を表わすものもある。接尾辞・複数のいずれにも「良」「等」表記があって、区別が見えない。

「八多籠良」について、古来、「ハタコラ」「ヤタコラ」の訓がある。塙書房『萬葉集』・新潮日本古典集成『萬葉集』・岩波日本古典文學大系『萬葉集』や澤瀉久孝『萬葉集注釈』などは「ハタコラ（畑子ラ）」としているが、平凡社『萬葉集總索引』の「ヤタコラ」が正しく、「家田子ラ」である。

また、3299の歌には、「妹ラ」と「ワレ」とが対比されている。「ラ」と「レ」の間に関連の考えられるものである。

(12) 古事記・日本書紀には、いくつかの表記の不統一が見られる。以下に、表記の不統一について述べる。

古事記の一人称代名詞は、「僕」「妾」「我」「吾」などの文字で表わされているが、物語の、段によって、「僕」が使われていたり、まったく「僕」は出て来ず「我」で表わされていたりして、使い分けがなされているわけではない。また、垂仁記の中の、サホビコノオホキミがその妹サホビメに言う言葉、

孰愛夫與兄歟。……（中略）……汝寔思愛我者、將吾與汝治天下　（記中巻、一八八頁）

では、「我」と「吾」が一緒に用いられている。

日本古典文學大系では、

夫（を）と兄（いろせ）と孰（いづ）れか愛（は）しき。……（中略）……汝（いまし）寔（まこと）に我（あれ）を愛（は）しと思はば、吾と汝と天の下治らさむ。　（記中巻　一八九頁）

日本古典全書では、

夫と兄と孰れか愛しき。……（中略）……汝（いまし）寔（まこと）に我（あれ）を愛（は）しと思はば、吾（あれ）、汝（いまし）と天下を治めむ。　（『古事記』下　一〇六頁）

と訓んでいる。この場合の「我」と「吾」とは、特に区別して使われているわけではない。（この段、サホビコノオホキミの言葉の一人称代名詞はこの二例、および、サホビメが兄の言葉を天皇に伝える際に「吾與汝共、治天下。」が使われている。）

その後にも、天皇がサホビメに言う言葉の中に、

吾見異夢。從沙本方暴雨零來、急沾吾面。又錦色小蛇纏繞我頸。如此之夢、是有何表也。　（記中巻　一九〇頁）

があり、大系本は、

吾（あ）は異（け）しき夢（いめ）見つ。沙本の方より暴雨（はやさめ）零（ふ）り來て、急（には）かに吾が面（おも）に沾（そそ）きつ。又錦色（にしきいろ）の小さき蛇（へみ）、我が頸に纏繞（まつは）りつ。如此（かく）の夢は、是れ何の表（しるし）にか有らむ。　（記中巻　一九一頁）

と訓み、日本古典全書は、

吾（あれ）、異（け）しき夢（いめ）を見つ。沙本（さほ）の方より暴雨（はやさめ）零（ふ）り來（き）て、急（はや）も吾（あ）が面（おも）を沾（ぬら）しぬ。又、錦色の小蛇（へみ）、我（あ）が頸（くび）に纏（ま）き繞（まつ）はりつ。かかる夢は、何の表（しるし）にかあらまし。　（『古事記』下　一〇六頁）

と訓む。

日本古典全書ではすべて「アレ」「アガ」であり、大系本では初めに「ア」とある以外は訓みが書いてない。「ア」「アガ」と訓むということであろう。この場合も「我」と「吾」には使い分けがない。（この段では、天皇の言葉は「吾」、サホビメの言葉では「妾」が使われている。）

これらは、「我」と「吾」に区別があるのではなく、表記が統一されていないのである。

また、古事記に較べれば統一のある日本書紀にも、上に述べたような「姉」「阿姉」の例がある。

古事記も日本書紀も、現存するものは、後代の写本である。原本を写していくうちに文字を書き誤ったり書き換えたりすることは、写本においては常のことである。古事記に本文と注記とが入り交じっている部分があり、また、日本書紀の古い写本の中に一書を割り注の形で書いたものがある。そのような事情を考え合わせるならば、現在に遺されている古事記・日本書紀とその原本とは、随分違ったものである可能性は大きい。古事記の「我」「吾」が並んでいるものや、日本書紀の「姉」「阿姉」が並んでいるものなどは、後代の人が写し誤ったり「阿」字を書き加えてしまったものである可能性もある。

誤字説は控えた方がよいが、原本の失われてしまった写本を基にする時、誤字・脱字のある可能性は避けられない、ということは忘れてはならないことである。

(13)　３２７１の歌は、３２７０の反歌である。

さし焼かむ　小屋の醜屋に　掻き棄てむ　破れ薦を敷きて　打ち折らむ　醜の醜手を　さし交へて　寝らむ君故　あかねさす　昼はしみらに　ぬばたまの　夜はすがらに　この床の　ひしと鳴るまで　嘆きつるかも

（万葉十三・３２７０　相聞）

これを受けて、「わが心〜」と言っているのである。

万葉集の歌は、多く、宴席や祭りの場などの集団の中で歌われるものである。この歌は、特定の個人の思いというよりは、恋とはこういうものという提示の歌で、聴き手が「なるほど、そうだ。」と頷く（と言うよりも、３２７０の歌を聞いて大笑いする）、といった歌われ方をしたものであろう。その点、大伴家持の頃の歌や、次代の古今集、さらに新古今集などの歌とは異なる。

３２７１の歌（３２７０の歌とは切り離して）が家持の頃のものであれば、「こんなにわたくしはあなたのことを思っています。」という歌になるであろう。――たとえば家持の歌であれば、恋の苦しさに鬱屈した歌。大伴坂上郎女の歌であれば、「わたくしがこんなに思っているのですから、あなたももっとわたくしのことを思ってください。」という歌――。古今集の歌であれば、「この恋しさはわたくし故。あなたのせいではありませんから、どうぞお構いなく。」という歌になるであろう（ただし、歌を交わすことに意味がある）。新古今集の歌であれば、苦しさの因を自覚した孤の寂寥の歌ということになる。

（14）新潮日本古典集成『萬葉集　二』（四〇一～四〇二頁）は、この歌を、

常世辺に　住むべきものを　剣大刀　汝が心から　おそやこの君

と訓み、

常世の国に住み通せる身であったのに、自分自身の軽はずみから思いがけない結末となったとは。何という愚か者か、この浦の島子というお方は。

と訳す（1741は、1740「水上の浦の島子を詠む一首　併せて短歌」の反歌である）。その頭注に、

◇剣大刀　「汝」の枕詞。刃の意の古語「な」を介してかかる。

◇汝　二人称に対する再帰代名詞。あなた自身。

とある。

冒頭に掲げた

……もののふの　八十伴の緒も　於能我於弊流　於能我名負弖（おのが負へる　おのが名負ひて）……

（万葉十八・4098）

に「もののふ」の「（おのが）名」が出てくるが、「剣大刀」は「ますらをの名」と深い関係のあるものである。「剣大刀」は「刃（ナ）」を介さなくとも「剣大刀」に係ることができる。

「剣大刀」は「両刃（モロハ）」「鞘（サヤ）」「研ぐ（トグ）」に係ることができるから、「刃」を「ナ」と呼ぶならば新潮日本古典集成のように説明することができる。しかし、「刃」は「ハ」である。「奈太（鉈）」（『皇太神宮儀式帳』「鎮祭荒祭。月讀。瀧原。伊雑四宮地用物并行事注左。」『群書類従第一輯』群書類従完成會　一九五九年、所収）はあっても、奈良時代に「刃」を「ナ」と呼んだ確証がない。

（15）現代語の「自分」という語は、人称を限定しない再帰代名詞である。例えば、

自分で歩く。

自分でしなさい。

という言葉は、それが使われる時と場面によって、一人称になったり、二人称になったり、三人称になったり、「各々」になったりすることがあり、「自分」は、人称を限定しない。ところが、

自分は、学生です。　……（現代は、大阪周辺の言葉）

と言えば、「自分」は一人称代名詞になり、

自分は、その時、こう思っていた。

と言えば、一人称再帰代名詞になり、

自分は（あなた自身は）どう思うの？

と言えば、二人称再帰代名詞になり、

自分も（あなたも）行く？　……（大阪周辺の言葉）

と言えば、二人称代名詞になる。このように、「自分」には、人称を限定しないものの他にも、さまざまな用法がある。

（16）　現代の民謡の囃子詞の中に、「コレハ（コリヤ）」「コノ」がある（現代に伝わる民謡は、江戸時代以後のものという）。以下に、『日本の民謡』下（KING RECORDS CD 一九九七年）の歌詞（囃子詞の部分）を掲げる。

ex.「ヤートコセー　ヨーイヤナー
　アリヤリヤー　コレワイナー
　コノナンデモセー」（3、伊勢音頭）
「マダマダ　ヤートコセーノー　ヨーイヤナー
　アリヤナー　コレワイナー
　隠岐ナンデモセー」（9、隠岐祝い音頭）
「ソリヤ　ヤートコセー　ヨーイヤナー
　アレワイセー　コレワイセー
　サー　ナンデモセー」（10、広島木遣り音頭）

三つの例の中では、広島木遣り音頭のものが、一番単純な形になっており、伊勢音頭のものが一番変化に富んでいる。伊勢音頭の「アリヤリヤー　コレワイナー　コノ」の、「アリヤリヤ」は感動の言葉、「コレワイナー」は「コレハ（kore wa)」に感動の言葉「ナー」が接したもので、「コレヤ」と同じ意（「イ」は、音調を整えるためのもの）であると考えられる。であれば、これは、上に述べた「コレヤ　コノ」と全く同じである。

また、伊勢音頭の囃子詞と隠岐祝い音頭の囃子詞はよく似ているが、伊勢音頭の「コノナンデモセー」となっているところが、隠岐祝い音頭では「隠岐ナンデモセー」となり、「コノ」が地名（隠岐）に変わっている。

（ただし、歌い手によって、囃子詞は多少異同がある。筆者が聞き覚えている伊勢音頭の囃子詞は、

「ヤートコセーノ　ヨーイヤナー
アリャリャ　コレワイセー
コノ良いとこ（良い所）　伊勢」

である。）

これらの囃子詞は、「コレヤ　コノ」と言葉続きの上でも意味の上でもよく似ているので、囃子詞「アリャリャー　コレワイナー　コノ」は「コレヤ　コノ」が囃子詞に成ったものではないか、と考えるのであるが、その関連を知ることができれば、「コレヤ　コノ」が国賞めの言葉であったことの傍証となる。

(17)　古い時代のアルタイ諸言語を知ることができれば、日本語との関連も考えることができるところである。

(18)　『古代歌謡全注釈』は、

（八雲立つ）出雲の八重垣。妻をこもらせるために、その八重垣を作るよ。そのみごとな八重垣を。

と訳している。

(19)　古事記1歌謡の場合、「その八重垣を」は、それまでの叙述全体を受けて、囃子詞として歌われたものである、と考えることもできよう。

――（たくさんの雲の立つという）出雲の八重垣よ。妻をこもらせるために八重垣を作るよ。

――〈囃子〉ああ、その八重垣よ。

(20)　3978の歌は、「別れて来た、その日かぎり……」――ソノと訳すことができるが、

秋山を　ゆめ人かくな　忘西　其黄葉乃（忘れにし　そのもみち葉の）　思ほゆらくに　（万葉十・2184）

の場合には、「もう忘れてしまったはずの、あのもみじのことが思い出されて心がかき乱されるから」――アノと訳すことができる。

鶉鳴く　古しと人は　思へれど　花橘の　尓保敷許乃屋度（にほふこのやど）　（万葉十七・３９２０　大伴家持）

の「コ」が、今居る場所を指している（近称）のと同様に、２１８４の歌では「ソ」が、前項指示ではなく遠称として用いられている。

(21)　明治以降、欧文の関係代名詞を訳すのに、「～であるところの」という翻訳語を作った。これは、いまだに、落ち着きが悪いと難ずる人のある言葉の一つである。万葉集では、句を承けるものは、連体形で被修飾語に続けるか、または、「ソレ」「ソノ～」を用いている。関係代名詞の訳も、連体形で被修飾語に続ければ自然な日本語になったであろうが、関係代名詞を訳出したいということで「～であるところの」を考えたのであろう。それならば、万葉集にあるように、「ソレ」「ソノ」で訳す方がまだ、日本語になじんだであろう。

この「～であるところの」には、漢文訓読語の影響があろう。万葉集にも、

秋の田の　穂向之所依（穂向きの寄れる）　片寄りに　吾は物思ふ　つれなきものを　（万葉十・２２４７）

のように、「ル（リ）」にあたるものを「所」字で表記することがあった。この歌は「秋の田の穂の向きが寄ることは、片方にばかり靡いている。ちょうどそのようにひとすじに、わたくしはあなたのことばかり思っています。あなたはつれないのに。」の意で、「秋の田の穂の向きが寄る、それが片方にばかり靡いている。」と訳すと明確になる。この「ル」は、

……春花の　佐家流左加利尓（咲ける盛に）　秋の葉の　尓保敝流等伎尓（匂へる時に）　出で立ちて　振り放け見れば……　（万葉十七・３９８５　大伴家持）

では、一音一字表記になっている。この場合も「春の花の咲く盛りに　秋の葉の色づく時に」とも訳し得るが、「春の花の咲くその盛りに、秋の葉の色づくその時に」と訳せば、確認の助動詞「ル（リ）」をはっきりと訳出することができる。

潮瀬の　波折を見れば　遊び来る　鮪が鰭手に　都麻陁氏理彌喩（妻立てり見ゆ）　（紀８７歌謡）

の場合は、「妻が立っている。それが見える。」である。（「リ」については、拙稿「『り』に就いて」～一九八〇年～に述べた。）

助動詞「リ」の場合、本来「ソ」に続くべき意味をもっているものではないが、「リ」が句ないし文を括って、後に続いていく時、「ソレ」「ソノ」の義が介入するものである。

この「ソノ」が表出されたものが、上記の「二上の　峰の上の繁に　隠りにし　彼霍公鳥（そのほととぎす）」「汝が恋ふる　曽能保追多加波（その秀つ鷹は）」「天離る　鄙治めにと　別れ来し　曽乃日乃伎波美（その日の極み）」などの

「ソノ」である。

(22) 万葉集巻第九・1738

しなが鳥　安房に継ぎたる　梓弓　末乃珠名者　胸別之　廣吾妹　腰細之　須軽娘子之　其姿之（梓弓　末の珠名は　胸別の　広き我妹　腰細の　すがる娘子の　その姿の）　きらきらしきに　花のごと　笑みて立てれば……

（万葉九・1738　高橋蟲麻呂）

は、少し複雑であるが、「しなが鳥　安房に継ぎたる　梓弓　末乃珠名者　胸別之　廣吾妹　腰細之　須軽娘子（梓弓　末の珠名は　胸別の　広き我妹　腰細の　すがる娘子）」で一旦切れ、「すゑ（周淮郡）の珠名」は、「胸別の　広き我妹　腰細の　すがる娘子」と言う（S－P）。

さらに「須軽娘子（すがる娘子）」で言葉を続けて、「須軽娘子之　其姿之（すがる娘子の　その姿の）　きらきらしきに　花のごと　笑みて立てれば……」として、「すゑ（周淮郡）の珠名」は、「胸別の　広き」・「腰細の　すがる（娘子）」という「その姿」が「きらきらし」と言うものである。

この場合は、形式は「Aノ　ソノB」の形を取っているが、「其姿（その姿）」は直前の「須軽娘子之（すがる娘子の）」を承けているのではなく、「末乃珠名（すゑの珠名）」ないし、一旦切った前半部全体を承ける。「須軽娘子之（すがる娘子の）」の「ノ」は、「～であって、」と言葉を継ぐ働きをしている。

(23) 山田孝雄は、「ガ」と「ノ」の違いを、

•「の」の性質……（中略）……「の」は下なる語に意義の主點を歸着せしむる如き關係にての修飾をなせることこれなり。

•「が」が之に對する性質……（中略）……「が」は意義上、上なる語を主點として下なる語をそが所屬なりといふやうに聞えさするものなり。

（宝文館『奈良朝文法史』一九五四年、四〇九頁）

と述べた。

(24) 『日本国語大辞典』「が」の項、補注（1）

格助詞としての用法㈠は、ほとんどすべて「の」助詞の用法と相重なるが、両助詞の機能的な差異から、自然とその使用環境は微妙な差異を示す。すなわち、㈠の連体格用法で、第一に、人を表わす体言を受ける場合、待遇表現上の区別が認められる。「が」助詞が用いられた場合には、「万葉－一六・三八四三」の「いづくそ真朱（まそほ）掘る岳

こもたたみ平群（へぐり）の朝臣（あそ）我（ガ）鼻の上をほれ〈穂積朝臣（名未詳）〉」、「万葉‐五・八九二」の「しもと取る　里長（さとをさ）我（ガ）声は　寝屋戸まで　来立ち呼ばひぬ〈山上憶良〉」、「平家‐三・足摺」の「少将の形見にはよるの衾、康頼入道が形見には一部の法花経をぞとどめける」の例のように、その人物に対する親愛、軽侮、憎悪、卑下等の感情を伴い、「の」助詞が用いられた場合には敬意あるいは心理的距離が感じられる。第二に、受ける語の種類が「の」助詞より狭く、従ってその関係構成も狭い。ただし「が」助詞には、㈠㈡㈢を通じて「の」助詞の受け得ない活用語の連体形を受ける用法がある。ここに、「が」助詞が接続助詞にまで発展する可能性を秘めている。

(25)『日本国語大辞典』「の」の項、補注(1)
……待遇表現の問題については最近、日本人にとって重要な「うち」と「そと」との区別意識の面から説明しようとする説が出されている。すなわち「が」は自己を中心とする「うち」なる領域のものにつく助詞、「の」は自己の領域外なる「そと」の部分にあるものにつく助詞であるとする（大野晋『日本語をさかのぼる』）。

第三章　古代語から近代語への変化

——格助詞・接続表現・活用・係助詞——

一　中世前期の言葉

1　武家の時代——和漢混淆文と和製漢文

平安時代中期頃の文学空間には、「優に」「艶に」、ゆるやかな時間が流れている。女房たちは政治むきのことは記さない。和歌も、美の世界を追い求める。しかしながら、仏教では、一〇五二年に末法の世に入るとされ、浄土教が厚く信仰されるようになる。人々は心の内に不安をいだいていた。また、地方では、受領階級などを中心に、武家階級が勢いを増していた。

一〇八六年より、院政開始。摂関政治を批判する一方、しだいに台頭してきた武家勢力と対抗することになる。一一九二年、源頼朝が征夷大将軍となり、鎌倉に幕府を開く。一三三三年、鎌倉幕府滅亡。一二二一年、承久の変。後鳥羽上皇が隠岐に配流される。京に六波羅探題が置かれる。一三三四年、建武の中興。後醍醐天皇が親政政治を行なう。一三三六年、南北朝時代。後醍醐天皇が吉野に潜入。一三三八年、足利尊氏が征夷大将軍となり、室町幕府を開く。一五七三年、室町幕府滅亡。

鎌倉時代、政治の中心は武家に移った。公家は文、武家は武であって、文化面を担うのは公家であった。公家は、自らの隆盛の時代を保持しようとした。この頃の和文の規範が平安時代中期のものであるのは、それ故である。公家は和歌を尊び、また、前期から引き続き行なわれた歌学は、この時代により一層の深まりを見せる。

そのような動きの中に、和漢混淆文が生み出される。これは、それまでの、書き言葉としての漢文および訓読文と、話し言葉をもとにした和文とを融合した、新しい文の形であった。和漢混淆文を書いたのは、僧侶や隠棲者で、漢文の素養をもっていた人々である。漢文訓読に培われた、論理の明確な文章で、漢語が借り物としての言葉ではなく、生きた言葉として、日本語の中に取り入れられている。この文体は、力強いものを求めた当時の人々の精神に適うものであったであろう。

武家は、漢文の簡潔さと力強さとを好んだ。

大和朝廷の頃から公文書は漢文で書かれてきたから、日本人にとって漢文は硬い感じのする文章である。日本人の漢文は、その言語のもつ細かなニュアンスは捨象し、ただ、ものごとの陳述だけを表わす言葉として捉えられた言語である。それはもともとの中国語の文とは全く異なった、日本語としての漢文である。また、聖徳太子は「和」を貴んだが、平安貴族たちも、「和」を重視した。「和」が、やわらぎ、なごむことであるならば、「漢」は、硬く、戦闘的なものとなる。[1] 武家は、受領層や地方豪族出身であり、また、和歌などの文芸とは縁が薄かった。そうして、武家の文章には漢語が多く使われた。

この時代頃から、もともと和語である言葉にも漢字の宛字をしたり、また、その漢語-和製-を音読みすることが多くなった（例えば、「おほね」を「大根」と書く例は奈良時代からあるが、それが「ダイコン」と呼ばれるようになるような類である）。書き言葉が漢文ないし変体漢文を主とするものであるので、そこに和語を混入したり和語の音を交えたりしては、かえって落ち着きの悪いものであったであろう。

正統な漢文で書くならば、和語は漢語-中国-に翻訳することになる。変体漢文の場合も、和習はあっても、漢語-中国-に翻訳するのが基本である。仮字が成立してからは、漢字かな交じり文という方法もある。ところが、翻訳はせずに、すべてを漢字のみで書くことを目標にした時、和語にも漢字表記をあてることになる。さらに、そうして書かれた文章を読む際には、漢字表記された和語をも音読することになる（口語にも入っていく）。そうした宛字があらゆる品詞に広がり、また新造語も作られ、【和製漢文】とでも言うべき書き言葉となっていく。江戸時代の文章も多くはこの文体で書かれ、書簡では候文が明治にまで続く（和製漢文を書き下した形のものもある）。

2　西欧との接触──町衆とキリシタン

（1）経済基盤と識字

古代国家は、経済基盤を口分田からの租に置いていた。一〇世紀には荘園が増大し、藤原家の摂関政治の基盤ともなった。武家の台頭によって荘園が解体し、室町時代には郷村制が起こる。それに対応して町でも商工業者の自治組織が起こり（町衆）、豪商が力を得ていく。

一四世紀に、宋銭が流通し、為替が行なわれ、貨幣経済が浸透し始めた。これは、それまでとは全く異なった価値の導入である。この時代に、建長寺船・天竜寺船が元と貿易を行ない、一五世紀には日明貿易（勘合貿易）が始まる。一六世紀半ばには、イエズス会の宣教師たちが訪れ、ついで、南蛮貿易が始まる。一六世紀末には朱印船貿易が始まった。

南蛮貿易を推進したのは商人たちであるが（大名や幕府の保護の下）、彼らは、平安貴族に替わる新しい文化の担い手ともなり、江戸時代の、幕府と藩の経済を支える要ともなっていった。さらに、近代国家建設の経済的裏づけを為したのも、彼らであった。

鎌倉時代、政治の中心が、公家から武家に移り、京から東に移ったことで、共通語意識・方言意識が高くなり、方言について記した文章が増える。室町時代の抄物の中には、口語を記したものもある。一般向けの辞書類もあることから、識字層が広がっていることが知られる。

キリシタンおよび朝鮮からの活字印刷技術が伝えられたことも画期的である。印刷によって、多くの人に書物を供給することが可能になるが、このことは、識字層の広がりをさらに促したであろう。(ただ、江戸末期まで、印刷の主流は版木によるものであった。江戸時代になると、口伝の多くも公刊されていく。)

アクセントや「濁音であること」を記した辞書は平安時代からあったが、この時代に、濁音符合「●●」から濁音を表わす記号「゛」ができ、主にカタカナで用いられる。(2)

また、南蛮貿易の中で知ったポルトガル語・イスパニア語や東南アジアの言語のうちの、いくつかの単語が、今に伝わっている。

(2) キリシタン資料

一五四三年、ポルトガル船が種子島に漂着。鉄砲を伝えた。

その六年後の一五四九年には、イスパニアのイエズス会宣教師フランシスコ＝ザビエルが渡来して、キリスト教を伝えた。続いて、ポルトガルのガスパル＝ビレラ(一五六〇年)、ポルトガルのルイス＝フロイス(一五六三年)が訪れる。フロイスは織田信長の信任を得た。また、『日本史』『日本文典』を著わした。一五七七年にはポルトガルのジョアン＝ロドリゲスが訪れ『日本文典』(大文典)、後に『日本簡約文典』(小文典)を著わす。一五七九年に訪れたイタリアのアレッサンドロ＝バリニアニは教育機関を設置し、遣欧使節を派遣することを勧め、活字印刷機を伝えた。一六〇三年、イエズス会宣教師と日本人によって『日葡辞書』が編纂された。一六一九年にはイスパニアのドミニコ会宣教師ディエゴ＝コリャードが訪れ、『日本文典』『拉西日対訳辞書』を著わした。

大航海時代、西欧人はアジア各地に進出し、キリスト教を布教することによって人々の心をとらえ、貿易を促進し、その地を植民地とすることで利益を得ようとしていた。当時の日本は、室町幕府が崩壊し徳川幕府が成立するに至る、激動の時代であった。荘園を経済基盤としていた平安の公家たちが勢力を失くし、武家階級が政治権力を拡げた時代から、封建体制が完成するまでの過渡的な時期である。人々はキリスト教に救いを求め、諸大名は貿易によって利益を得る目的で宣教師を保護し、商人たちは海の向こうに賭けた。

宗教は、価値の根底に関わるものである。（東国武士たちは、《日本は神国である》という思想を根強くもっている。また、一方では、一向一揆なども起こっており、支配者たちは民衆の思想を統制することを必要とした。）一五八七年、豊臣秀吉がキリスト教を禁じ、宣教師たちは国外に追放されて、その後、しだいにキリスト教徒は減少した。

イエズス会宣教師たちは、布教を行なう土地の歴史と文化を学び、その土地の言語によって布教を行なう方針をもっていた。そのため、彼らの言語が、直接、日本語に与えた影響は大きくはない。が、彼らが残した文典や辞書は、当時の日本語がローマ字で記されているため、当時の日本語（主に、京言葉）の音韻や語彙、方言などを知ることができ、また、体系的な文法記述によって、当時の日本語の様を知ることができる貴重な資料となっている。さらに、彼らが日本語を学ぶ上での注意書きは、西欧語と日本語とが対比されているので、日本語の特徴を知ることができる点でも、貴重な資料である。

アクセント及び発音上の誤謬

〇これらに類した事は他にも多くあるであらう。それを避ける為には、この国語を実習することによって、その一つ一つを注意して行ったがよい。実にこの国語は〝よみ〟と〝こゑ〟とから成り、話し言葉と書き言葉とから成ってゐるなど、われわれにとって極めて特殊であり複雑である。ただ実習によって学び得るところが多く、さうして絶大の努力がすべてに打克つのである。

ロドリゲス『日本大文典』（上掲書、六二〇頁）

＊　筆者注……和文では、「よみ」は漢字の読み方ないしその漢字の意味にあたる日本語を、「こゑ」は漢字の音を指すが、キリシタンの用語の〝よみ〟は日本語の語彙を、〝こゑ〟は中国語からの借用語を指す。

キリシタン資料は、宣教師たちが日本語を学ぶための教科書であったが、同時に、日本人がラテン語を学ぶための教科書でもあった。日葡辞書の緒言には、そのことが明記してある。その後の禁教令によって、日本人の間からは姿を消したのであろう。また、彼らは、日本語辞書の落葉集さえ出版して、日本人の用に供してさえいる。キリシタンの意図、さらにその背後の帝国の意図は、遂行されなかったが、彼らが伝えた文化は、その後もオランダ商館を通じて、日本に届けられた。

この時代は、日本が西欧人に出会い、西欧語に出会い、表音文字に出会って、これまでには無い言語観を知った時代である。内からのエネルギー（自治組織と商業の発達）と外からのエネルギー（宣教師＋貿易→植民地）とがぶつかったところに、ローマ字書きのキリシタン資料と一般向けの字書類はある。

(3) 文法体系の変化

文法上、この時期に、それまでの連体形が文の終止に用いられるようになって「係り結び」が機能しなくなった（平安時代末~鎌倉時代）。また、口語を書き表わしたものは、格助詞や接続表現が現代語に近い（室町時代）。ここに、助動詞が現代語に近いことを付け加えてもよいであろう。

現代語はこの時期の言語を承け継ぐものであると言われる。それ以前の言語とこの時代の言語とが連続するものであることはたしかであるが、和漢混淆文を経て、五山僧や儒者、キリスト教宣教師たちが書き記した言語は、平安時代の資料の言語とは随分異なるものであった。

この言語の変化について、従来、《話し言葉》は変化しているにもかかわらず、公家たちが旧来の《書き言葉》を守ったからである、という説明のなされることが多かった。が、平安時代の和文資料の言語は御所周辺に限られるものであるから、それは、あくまでも公家たちの文学言語に限定して言えることである。平安時代には、公家の言葉と民衆の言葉とは、懸け離れたものであった可能性がある。

太平記には関東武士たちの行状が描かれ、室町幕府が開かれた頃の条には、「公家たちも坂東声を真似た」という記述もあるから、宣教師たちが耳にした日本語は、民衆から織田信長までとは言っても、以前に較べれば平均化されたものであったであろう。当時、京言葉は共通語の性格も帯びていたが、それは、平安時代の、文学を書いた人々の言葉をそのまま引き継いだ言葉ではない。

暦応改元の年の末に、諸国の大軍起つて、……（中略）……されば、天下の危ふき時だにも、世の譏をも顧みず、驕りを窮め意を恣にする武家の輩なれば、能なく芸なくして、乱階不次の賞に領り、例に非ず法に非ずして、警衛判断の職を司る。……（中略）……されば、納言・宰相などの物詣を聞きても、「すはや、例の舌癇、京物の声よ」と謂ひて笑ひ、廷尉・北面の輩が路次に行き合ふを見ても、「あはや、また長袖垂れたる狙烏帽子よ」とて、指して欺く間、公家の人々いつしか冠も習はぬ折烏帽子を著て、使ひ馴れぬ坂東声を仕ひ給へども、さすがその姿生びれて、武家の人には效ひ玉はず。額付の跡以ての外下がりたれば、公家にも就かず、武家にも似ず、珍しき物笑ひの種となりしかば、ただ邯鄲に歩を失ふ人に異ならずとて、情けありける人は皆倫かに袖をしぼりける。

（日本古典文学全集『太平記　三』巻廿一「蛮夷僭上無礼の事」小学館、一九九七年）

資料に遺された平安時代以前の言語と鎌倉時代・室町時代の言葉とは分母が違うのであって、比較の対象にはできない。平安時代の資料は、一部の階層（公家の周辺）の言語として、特殊なものと考えるべきものである。その後、日本の政治・経済・文化の中心に多少の変動はあった。しかし、江戸時代においても、京は文化の中心であり、京阪の商人たちが活躍した。江戸語の中にも京言葉の影響があり、京阪の言葉も江戸の言葉の影響を受ける。中央の言語は、そうして、変わらぬ基盤の上に成り立っていた。それ故、現在の日本語に、この時代の言語と連続するものが残り得た。

ところで、現代の共通語では、打消しの意を表わす際に「ない」（過去形「なかった」）を用いる。西の地方では今も「ん」「へん」「ひん」「せん」（過去形「んだ」「んかった」「へんだ」「へんかった」「ひんかった」「せんだ」「なんだ」）が優勢であるが、関東地方・東北地方には「ない」系統が広く行なわれている。これは、万葉集に

武蔵野乃　乎具奇我吉藝志　多知和可礼　伊尓之与比欲利　世呂尓安波奈布与

武蔵野の　をぐきが雉　立ち別れ　いにし宵より　背ろに逢はなふよ
（万葉十四・３３７５）

などとある東国方言の「ナフ」（ナハ・○・ナフ・ナヘ・ナヘ・○）を源とする、と考えられている語である。

万葉集の歌の多くは大和朝廷の貴族および官人の歌であるが、東歌や防人歌も収められ、わずかに、東国方言を知ることができる。ところが、平安時代の文学は公家周辺の人々によって作られ、彼らは鄙を貶める記述を為すことはあっても、鄙の言葉を記録することはほとんどなかった。そのため、この東国方言「ナフ」が、現代語の「ナイ」に繋がるものであるという確証は得られないのであるが、狂言などに見られる「ナイ」と、この「ナフ」とを同じものと見做している。

中世以後、東国武士が活躍し、その言葉が都の言葉にも影響を与えていくのであるから、古代語と近代語の違いは、公家と民衆の言葉の違いのほかに、西と東の言葉の違いの要因もあるであろう。

二　文法構造

1　助詞・助動詞と接続表現の、時代による変化

格助詞や接続表現は、平安時代末頃から、現在のものと同じような形のものが増え始め、室町時代の抄物やキリシタン資料の口語では、近代語の体系に近いものになる。助動詞は、このころから分析的になると言われる。

以下に、助詞・助動詞と接続表現の変化を、時代ごとにまとめる。

（1）奈良時代の助詞・助動詞

奈良時代には、助詞・助動詞があまり発達していなかった。中には、その語源を推定することができる語もある。

(1)　間投助詞「ヤ」「ヲ」「イ」「シ」は、さまざまな場面に用いられる。これらの語は、感動や強調を表わすのみならず、主語・述語・目的語など、文の要素を区切る際にも用いられた、緩やかな助詞である。「ヤ」「ヲ」は感動詞に由来する。「イ」は漢訳仏典などの訓読の中で多く用いられる語で、記紀万葉などの歌の時代より古い語であろう。「シ」は、万葉集では「之」字で表わされたものが多く、言葉の区切りに置かれている。朝鮮語の「之」字の用法を承け継ぎ、さらに変化したものではないか、と考える。

(2)　助詞「ガ」「ノ」には、連体の用法と動作の主体を表わす用法とがある。動作の主体を表わす用法は、修飾句や条件句の主語となる場合と、歌の連体止めで詠嘆を表わす場合に用いる。また、「見のともし」「見が欲し」など、対象語を示す際に「ノ」、願望の対象を示す際に「ガ」を用いる。

　連体の用法の助詞「ガ」は所有・所属を表わし、助詞「ノ」は広く連体の機能をもつものである。「ノ」は「である」の意で用いられることもあり、指定の助動詞「ニ（アリ）＞ナリ」「ト（アリ）＞タリ」にも繋がる。また、「ノ」は比喩の意ももち、助詞「ニ」「ト」が比喩に用いられるものとも繋がる。形容動詞語尾「ナリ」「タリ」とともに、「ノ」が用いられる場合も、これを（格助詞ではなく）形容動詞語尾と考えることのできる根拠である。

(3)　助詞「カラ」は名詞「柄」、助詞「ヘ」は名詞「辺」出自の語である。

　助詞「ユ」「ヨ」は、起点・経由を表わす。これは、ものごとの発する根源の霊妙さに関わる語である「湯」「斎」などと、同源の語であろう。

(4)　助動詞「ナリ」（推定）は、「鳴」や「音」に関係する語で、聴覚によって推定することに用いる。動詞「鳴る」が語源である。

　助動詞「キ」「ツ」「ヌ」は、動詞出自の語（「キ　来」「ツ　棄」「ヌ　去」）、助動詞「リ」は存在詞「アリ」出自の語である。

　助動詞「ム」は、未定の事柄に対する意思や予想を表わす語で、動詞「思ふ　オモフ」と同源の語であろう。

これら(3)(4)に掲げた語は、文の中のそれぞれの語の働きを明確にするために、名詞や動詞や存在詞出自の語の抽象的な意味が、文のさまざまな機能を表わすものとして固定化していくことで、成立していったものである。

(5) 活用語已然形は、順接・逆接の接続表現に用いられる。

また、これが順接でも逆接でもあり得るものであったところから、助動詞「ム」の已然形は不安な気持ちを表わす場合があり、疑問詞とともに用いられて反語を表わす場合がある。また、間投助詞「ヤ」と結びつく「メヤ」の形、さらに終助詞「モ」の付いた「メヤモ」の形で反語を表わす。

(6) 間投助詞「ヤ」は、「メヤ」「メヤモ」などの用法を経て、反語を表わす助詞となり、疑問の助詞の「カ」と用法を通じて、疑問・反語を表わす助詞になる。

(7) 格助詞「ニ」は、逆接を表わす接続助詞となるが、詠嘆を含んで終止する形で用いられることも多く、やがて、終助詞の性格をもつようにもなる。

(2) 平安時代の助詞・助動詞

奈良時代から平安時代にかけての言葉の推移をたどると、助詞・助動詞が分化していくさまがうかがえる。例えば、

(1) 「人を会ふ」「人を別る」などの「ヲ」は、格助詞の用法が定まる以前の、間投助詞「ヲ」としての用法である。伊勢物語など平安時代初期のものには、この用法が残っている。

(2) カタカナの「ヲ」は「乎」字よりできた。「乎」は漢文で、詠嘆や疑問・反語を表わすのに使われるほか、「於」「于」と同じように使われる。これは日本語の間投助詞の「ヤ」「ヲ」の用い方と似ている。

漢文の疑問は、「カ」という詠嘆を表わす語で訓み、「カ」は疑問の専用の助詞となっていき(〔疑問の助詞「カ」〕二四五頁)、反語は「ヤ」が専用となる(〔反語の助詞「ヤ」〕二五二頁)。さらに「カ」と「ヤ」とは用法を

通じる。

それに対して、「於」「于」と同じ用い方の「乎」の用法を担うことになったのが、「ヲ」であった。（「カ」「ヤ」「ヲ」ともに、詠嘆の用法は保つ。）

「於」は、日本語の「ニ」「ヨリ」「オキテ」「オケル」などにあたるが、日本語の「ニ」が比較や受身に用いられもすることは、この字の用法とよく似ており、「ニ」の用法が定まる上で、この字の訓読が関連したものと考える。

「于」は「於」と同じ使い方をする。

「乎」は、日本語の目的語を表わす場合に「ヲ」と結び付けられた。こうして、格助詞の「ヲ」が成立する。また、経過する場所・動作の起点を示す場合に、「ヲ」を用いた。

以上のように、古代の日本語の格助詞の成立には、漢文訓読が深く関わっている。現代語でも、日常会話の中では、格助詞を用いないことが多い。古い日本語は、格助詞をもたない言語であった、と考える。

(3)　格助詞の「ヲ」「ニ」は、接続助詞として用いられるようになる。が、源氏物語などには、格助詞の用法であるのか接続助詞の用法であるのか不明なものもある。

(4)　平安時代末頃から、格助詞の「ガ」が接続助詞として用いられるようになる。もと、体言を承けた「ガ」が、平安時代に活用語の連体形を承けるようになったところから、接続助詞の用法を生じた。

(5)　平安時代には、婉曲表現が発達する。助動詞の形で婉曲を表わすものも多い。

（3）中世の助詞・助動詞・接続表現

奈良時代には、接続表現を已然形で表わすものもあったが、「バ」などの接続助詞も多く用いられている。平安時代中期頃には、まだ「ヲ」「ニ」は不安定であるが、しだいに接続助詞として固定する。平安時代末期には、「ガ」も加わる。接続詞は、副詞から転成したものや、複合語が一語化したものである。

中世頃に、これらは格助詞や接続助詞・接続詞として、その機能を固定する。言い換えれば、論理が明確になった、ということである。

平安時代には、和文は主に女子の手になるもので、男子は漢文を書いていた（和歌は男子も作ったが）。この期になると、和漢混淆文も生み出され、抄物には口語が書き記されるようになる。和漢混淆文は僧侶や隠棲者、抄物は主に禅宗の僧侶や儒者が書いたもので、文章を書いた書き手の層が前代とは異なっている。キリシタンの書き記した言語は、主に、当時の共通語であった京言葉であるが、上に述べたように、京言葉は公家の言葉とは異なるものである。

平安時代には、婉曲表現が多用された。平安貴族たちは、上にも述べたような《みやび》（第一章の三、八九頁）に生きた人々である。人間中心の世界の中で、他者と摩擦を起こさずに生きる方法の一つが、和歌であり管弦であり美術品であった。言葉の上では、それは、婉曲表現として表われる。言わずして、それとなく相手に仄めかし、相手もそれを読むことのできることが《みやび》であった。論理を明確にすることとは、およそ異なった表現である。枕草子は歯切れのよい方で、源氏物語などには、計算し尽した朧化が為されている。古今集仮名序をはじめ、男子の書いた和文は、同じ公家社会の文学作品であるから、語法は似ているが、幾分、論理が明確である。

一方、和漢混淆文や抄物の書き手たちは、当時の人々の中でも優れて漢文を読み書きしていた人々である。漢文で文章を綴ることは、日常行なっていたことであろう。その人々が日本語の文を書き、口語で文章を綴る時、漢文訓読で培った、論理の明確な語法を用いることになるのは、自然のことである。彼らは、漢文訓読語や和語を用いて、文体を創っていった。この、論理の明確な文章が、後々の日本語の論理構成に影響を与えている。

この時代には、識字層が拡大した。彼らが読んだ文章の標準は、これら知識層が形作ったものであったであろう。現代の話し言葉の中には、書き言葉の要素が多分に含まれるが、当時の事情も同じことである。書き言葉は、論理が明確であることを求める。この時代に格助詞や接続表現が明確に表わされるようになるのは、話し言葉が書き言葉の影響を受け、それがまた書き言葉にも反映される、という相互作用を繰り返した結果であろう。

また、この頃から助動詞は分析的になる、と言われる。もともと助動詞は、既存の語から派生または転成して出来上がる。語源のわかっている「リ∧有」「マホシ∧マク欲シ」や、語源の推定されている「ナリ∧鳴」「メリ∧見アリ」などを見れば、以前の助動詞とて、元の語の意義が記憶にあって、その成立の段階では、同じように分析的に意識されるものであった、と考える。「タリ」は「テヰル」「テアル」になるが、その「タリ」は、もと「テ・アリ」であったものが熟合して「タリ」になったものであった。

助動詞が中世頃から分析的になったという、この助動詞に対する観点のように、従来の日本語研究は、平安時代の言葉をもとに考えられてきたものであった。日本語の様子のおおよそがわかるのは、仮名文学の確立した平安時代中期頃からであること、江戸時代の国学者たちが、本居宣長の王朝好みのあとを承けていたこと、その国学が明治日本を支える思想の中心にあったことから明治時代以降の日本語研究および日本文学研究の中心に国学が据えられたこと、などから、古文と言えば平安時代の仮名の文を指すまでになっていた。そして、奈良時代の言葉については、平安時代と異なっている部分について指摘されるにとどめられてきた。

今、助動詞「タリ」について述べたが、以下に、奈良時代の言葉を中心に、格助詞・接続表現、活用語、係助詞などの用い方を考察する。古代語から近代語への日本語の変化、とくに、助詞「ガ」が主格を表わす格助詞として一般の言い切りの文に用いられるようになったこと、それまでの連体形が終止形となること、係り結びが消滅することなど、中世に見られる日本語の大きな変化の理由は、奈良時代の言葉のあり方を知ることで明らかになる。

2　格助詞と接続表現

(1)　記紀万葉の「ガ」「ノ」

格助詞の「ガ」「ノ」は、奈良時代には連体の用法および主格に用いられ、

(1)　「ガ」は、人称代名詞および、「背」「妹」など身近な人を承ける。「雁が音」「大刀が緒」など、固定的に「ガ」を用いるものも、少数ある。

(2) 人称代名詞には「ガ」、指示代名詞には「ノ」が接する。

(3) 山田孝雄の言うところの喚体句を構成する場合、(1)の用法を踏襲する。さらに「ガ」には、句を承けるものもある。

伊毛良遠美良牟　比等能等母斯佐
妹らを見らむ　人のともしさ　（万葉五・863）

阿加古比須奈牟　伊母賀加奈志作
あが恋すなむ　妹が悲しさ　（万葉二十・4391）

波〻乎波奈例弖　由久我加奈之佐
母を離れて　行くが悲しさ　（万葉二十・4338）

(4) 「ガ」「ノ」が、「〜ガゴト」「〜ノゴト」のように、形式名詞「カラ・ゴト・ムタ・マニマ・タメ」などに続く場合、「ガ」「ノ」の使用は、(3)に同じ。

形式名詞が名詞や準体句に直接するもの、および「カクノゴト」のように「副詞＋ノ＋形式名詞」の形のものもある。

(5) 対象語格は「見のともし」のように「ノ」を取るが、願望の対象を表わす場合は「見が欲し」のように「ガ」を取る（「見《ミ》」は、動詞出自の名詞）。「見が欲し」は、古事記の時代に既に、一語的なものとなっている（次の例の「わが　見がほし国」は、記59歌謡の「あが愛し妻」の形に同じ）。万葉集には、他に「有りが欲し」がある。

……和賀　美賀本斯久邇波（わが　見がほし　国は）　葛城高宮　わぎへのあたり　（記58歌謡）

……山見れば　見能等母之久（見のともしく）　川見れば　見乃佐夜氣久（見のさやけく）……
（万二十・4360　大伴家持）

(6)　願望の対象を表わす場合、「見まく欲し」の形もある。これが体言に続く場合には、「見まくの欲しき〜」と、「見まく」(体言)を「ノ」で受ける。これは、(1)の条件に合うものである。

というように、同じ働きをしながら、その分担が分かれている。

奈良時代のガ行音は鼻音を含む[ng]であろうから、「ガ」と「ノ」の音は、それほどに遠いものではない。「ガ」は代名詞の「我　ア・ワ」「汝　ナ」の[a]音にひかれてア段音となったものであろう。「ノ」はまた、「水な門　ミナト」の「ナ」とも同じ。「毛だ物　ケダモノ」の「ダ」にも通じる。[3][4]

古事記に「吾妻　アヅマ」「我鳥　ワドリ」「汝鳥　ナドリ」などの用例があって、人称代名詞は、直接、名詞に係る。「水な門」も「水門　ミト」でもあり得る。「山処」は「ヤマト」である。これが古い形で、連体の格助詞「ガ」「ノ」の出現は、それほど古くはない。

「ガ」「ノ」の成立は、次のように考えられる(「ガ」「ノ」の起源は連濁の鼻音にあることを、五七〜六一頁に述べた。)。所有・所属を表わす「アヅマ」「ワドリ」などの語(これらは、現代語の「わが子」のように、二語の結びつきが強く、複合語に近い)を構成する際に、鼻音が独立して助詞の形を取り、「我　ア・ワ」「汝　ナ」などア段音で始まる語の後のものが「ガ」となった。そして、「ガ」が成立して後に、「背」「妹」など身近な人を指すものに対しても「ガ」を用いるようになった。指示代名詞の「シ」は、人称代名詞の代理にも用いた語であるので、これにも「ガ」が接した。

「シ」より後に成立した指示代名詞の「コ」「ソ」は、オ段音であるので、この場合には「ノ」が成立した。「ノ」は、ヒトではなくモノに付くものであるので、所有・所属ではなく、広く連体の用法に用いられるものとなった。

以上のように考える。

「梅が枝」「雁が音」「大刀が緒」のような例もあるから、もとは全て「ガ」であった可能性もないとは言えないが、「ガ」「ノ」がそれとして成立する以前には、「ガ」とも「ノ」ともつかない鼻音性の音であって、「ガ」「ノ」が成立した時には、「梅が枝」「梅の枝」が共立するものであった、とも考え得る。ただ、二者が共立する時、「梅の枝」の「ノ」は単なる連体の意味であるが、「梅が枝」の「ガ」には所有の意味が強く出る。

次に、(3)(4)は、おおむね、

体言には「ノ」が、句には「ガ」が接する

とまとめることができる（ただし、人称代名詞および「背」「妹」などは「ガ」）。

ex.　妹らを見らむ人のともしさ（万葉五・８６３）

あが恋すなむ妹が悲しさ（万葉二十・４３９１）

母を離れて行くが悲しさ（万葉二十・４３３８）

この対応は、前に見た日本書紀の清濁の書き分けのうち（四九～五〇頁）、

・文末に用いられる係助詞「ソ」は、名詞を承ける場合（名詞文）は清音仮名。動詞文を承ける場合は濁音仮名。

・文中に用いられる係助詞「ソ」は、名詞を承ける場合は清音仮名。その他は濁音仮名。ただし、「ズ＋ぞ」＞「ズそ」

という基準を思い起こさせるものである。「ノ」は清音仮名「そ」・「ガ」は濁音仮名「ぞ」の性格に似ている。万葉集では、このような「そ」「ぞ」の仮名の書き分けは混乱しているのであるが、「ガ」「ノ」の方は書き分けられている。

「そ」「ぞ」などの清濁の書き分けについて、筆者は、

日本書紀の撰述者によって選ばれた独自の書き分けであるか、上層の人々や博士・僧侶など知識階級の間に行なわれた「厳格な基準の日本語」であって、一般に行なわれていたものであったわけではなかろう。

と想定した（七四頁）。清濁の違いが鼻音の有無であったのに対し、「ガ」「ノ」の違いは母音の違いであったので、こちらは別々の語として役割を分け、定着することになったものと考える。

（2）主格の「ガ」

平安時代まで、主格を表わす助詞は用いないのが一般で、

(1)　条件句の中の主語を示す。

……阿遠夜麻邇　比賀迦久良婆　奴婆多麻能　用波伊傳那牟……（記3歌謡）

……青山に　日が隠らば　ぬばたまの　夜は出でなむ……

このように「ガ」が用いられるのは、名詞句が従属句となるものに起源がある。

なお、以下にも述べるが（〔条件句の中の「ガ」〕二二一頁）、「ガ」「ノ」が条件句の中の主語を表わす際に用いられるようになるのは、漢文で順接を表わすのに「者」字を用いることと、「モノヲ」「モノカラ」「モノユヱ」のように、前項を「モノ」で括るものがあることとで説明することができる。

(2)　連体形で終止して詠嘆表現となる文の、主語を示す場合に用いられる。

阿斯波良能　志祁志岐袁夜邇　須賀多多美　伊夜佐夜斯岐弖　和賀布多理泥斯（記19歌謡）

葦原の　密しき小屋に　菅畳　いやさや敷きて　わが二人寝し

これについては、下の〔指示の助詞「ソ」〕（二三八頁）に述べる。

(3)　平安時代末頃より、言い切りの文の中で主格助詞が使われる例があらわれ、中世末には、現代と同じように用いられる。これは、係り結びの消滅とも繋がるものである。

記紀万葉の「ガ」は、主に、人称代名詞や身近のヒトに関わる語に接する。その「ガ」が動作主体を表わしているものの中に、現代語とは異質なものがある。

(a)　「下泣きに　わが泣く妻」の「ワガ」の位置

……志多杼比爾　和賀登布伊毛袁　斯多那岐爾　和賀那久都麻袁……（記78歌謡）

……下問ひに　わが問ふ妹を　下泣きに　わが　泣く妻を……

(b)「二人わが寝し」と「わが二人寝し」の「ワガ」の位置

……吾二人見之……二人吾宿之……
……わが二人見し……二人わが寝し……
（万葉二・210　柿本人麻呂）

(c)「〜とあが思はなくに」「思ひそあがする」などの「アガ」の位置

……家之伎己許呂乎　安我毛波奈久尓
……異しき心を　あが思はなくに
（万葉十五・3775　狭野弟上娘子）

……於吉都麻可母能　奈氣伎曽安我須流
……沖つま鴨の　嘆きそあがする
（万葉十四・3524　相聞）

などである。

(a)(b)は、〔第二章の一、九九〜一〇七頁〕に述べたように、歌の技法で、順序を入れ替えたものである。(c)は、修飾句の中の動作の主体を表わす。現代語では、「わたくしは」が文頭に来るか、あるいは、なくてもよいものである。

安我毛布伎美
あが思ふ君
（万葉二十・4451）

……奈我古敷流　曽能保追多加波……
……汝が恋ふる　その秀つ鷹は……
（万葉十七・4011　大伴家持）

……安我毛敝流　許己呂奈具也等……
……あが思へる　心和ぐやと……
（万葉十五・3627）

のように、心に関するものに用いられることも多い。これについては、〔動作主体を表わす言葉の位置、二五四頁〕で述べる。

（3）対象格の「ガ」

右に、記紀万葉では、対象語格は「ノ」を取り、願望の対象を表わす場合は「見が欲し」のように「ガ」を取る、と述べた。また、願望の対象を表わす「見まく欲し」の形もあった。

希望・能力・好悪や可能・自発の対象を表わす「ガ」は、中世初期にあらわれるとされるが、万葉集では、

（1）「水が欲しい」のような例は、

昨日見而　今日社間　吾妹兒之　幾許継手　見巻欲毛　（万葉十一・２５５９）

を、現今の訓みのように、

昨日見て　今日こそ隔て　我妹子が　ここだく継ぎて　見まく欲しきも

と訓むことができれば、万葉集からあることになる。ただし、「之」は「シ」と訓むことのできる字でもあるので、その場合は間投助詞「シ」となり、歌意は同じであるが、「ガ」の確実な例とすることはできない。

＊この項〔対象格の「ガ」〕では、歌の訓みの参考として、塙書房『萬葉集』訳文篇（一九七二年）のものを掲げる。

（2）形容詞の対象となるものは、

比奈久母理　宇須比乃佐可乎　古延志太尓　伊毛賀古比之久　和須良延奴加母　（万葉二十・４４０７）

ひな曇り　碓氷の坂を　越えしだに　妹が恋ひしく　忘らえぬかも

がある。これは一字一音表記例ではあるが、防人の歌である。

争者　神毛悪為　縦咲八師　世副流君之　悪有莫君尓　（万葉十一・２６５９）

争へば　神も憎ます　よしゑやし　よそふる君が　憎くあらなくに

は「之」表記である。

（3）可能・自発の対象を表わすものは、これも「之」字を用いた例のみであるが、

如神　所聞瀧之　白波乃　面知君之　不所見比日

雷のごと　聞こゆる瀧の　白波の　面知る君が、見えぬこのころ　（万葉十二・３０１５）

不欲恵八師　不戀登為杼　木綿間山　越去之公之、所念良國

よしゑやし　恋ひじとすれど　木綿間山　越えにし君が、思ほゆらくに　（万葉十二・３１９１）

無間　戀尒可有牟　草枕　客有公之、夢尒之所見

間無く　恋ふれにかあらむ　草枕　旅なる君が、夢にし見ゆる　（万葉四・６２１）

将念　其人有哉　烏玉之　毎夜君之、夢西所見

思ふらむ　その人なれや　ぬばたまの　夜ごとに君が、夢にし見ゆる　（万葉十一・２５６９）

がある。「君が見えぬ」は「このころ」にかかる句、「君が思ほゆ」は「(ら)く」にかかる句であり、「草枕旅なる君が夢にし見ゆる」は「思ふらむ　その人なれや」の主題を表わす句、「ぬばたまの夜ごとに君が夢にし見ゆる」は「間無く恋ふれにかあらむ」の主題を表わす句であって、他の要素が絡んではいるが、これらの「之」字が「ガ」であるならば、可能・自発の対象を表わすものになる。

ただ、

燈之　陰尒蚊蛾欲布　虚蟬之　妹蛾咲状思、面影尒所見

燈火の　かげにかがよふ　うつせみの　妹が笑まひし、面影に見ゆ　（万葉十一・２６４２）

では、「妹蛾咲状思、面影尒所見」と「思　シ」が用いられている。「妹が笑まひ」で連体の助詞「ガ」が用いられているため、「ガ」を重複して「妹が笑まひが面影に見ゆ」[※]とするのを避けたと見ることもできるが、このような一音一字表記例があるので、上の四例の「之」字も「シ」と訓むのが妥当であると考える。即ち、万葉集において、可能・自発の対象を表わす「之」字は、「ガ」と訓むのではなく「シ」である。

以上のように、万葉集の例は「之」字を用いたものや防人の歌の例であるので、確実な例とはし難いが、竹取物

語に、

さらずまかりぬべければ、思しなげかんが悲しき事を、この春より思ひなげき侍る也。

（岩波日本古典文學大系『竹取物語　伊勢物語　土佐日記』一九五七年）

もあり、希望・能力・好悪や可能・自発の対象を表わす「ガ」が現われる時期は、従来言われているよりは早いであろう。

この竹取物語の例「思しなげかんが悲しき事」は、万葉集の「妹が愛しさ」「来むと待つらむ人の悲しさ」など、山田孝雄の【喚体句】のうちの、「ガ」が句を受ける例の「母を離れて行くが悲しさ」に近い表現である（対象格の発生を、喚体句に求める説も従来からある）。喚体句では「ガ」は格助詞であるが、このようなところから、情意の形容詞の対象を示す「ガ」が成立していった、とも考えられる。ただし、上に述べた(1)(2)(3)を「ガ」と訓むことができる確実な例が（漢文訓読語や木簡資料に）あるならば、その限りではない。

（4）接続表現と活用形

奈良時代、活用語の已然形は確定条件の順接・逆接の接続に用いられた。

(1)　河渚尓母　雪波布礼〻之　宮裏　智杼利鳴良之　為牟等己呂奈美
川渚にも　雪は降れれし　宮の内に　千鳥鳴くらし　居む所無み

（万葉十九・４２８８　大伴家持）

(2)　……可氣理伊尓伎等　可敝理伎弖　之波夫礼都具礼　呼久餘思乃　曽許尓奈家礼婆……
……翔り去にきと　帰り来て　しはぶれ告ぐれ　招くよしの　そこになければ……

（万葉十七・４０１１　大伴家持）

(3)　天地之　遠始欲　俗中波　常無毛能等　語継　奈我良倍伎多礼　天原　振左氣見婆……
天地の　遠き初めよ　世間は　常無きものと　語り継ぎ　流らへ来れ　天の原　振り放け見れば……

(1)は順接、(2)は逆接、(3)は已然形で言い放ち、詠嘆を込めたもの。

（万葉十九・4160　大伴家持）

同じ万葉集の中に、接続助詞のバ・ド・ドモも用いられ、

バ………………八・波・婆・播・薄・歯・者

ド………………止・利・杼・度・特・常・登・等・跡・迹・騰・雖

ドモ……………十方・刀文・止毛・等毛・等母・杼毛・杼母・登毛・登母・登裳・騰母・跡裳・友・共・伴・侶・鞆・雖

また、仮定条件のバ・トモもある。

バ………………伐・波・婆・歯・者

トモ……………十方・等毛・等母・等勿・等物・登毛・登母・登聞・得毛・得母・得物・跡裳・杼母・騰・文・友・侶・鞆・雖

大多数の例は、接続助詞を伴う形である。

また、確定条件を示すものに、形式名詞モノと結びついたモノヲ・モノカラ（ニ）・モノユヱもある。

モノヲ…………毛乃乎・毛能乎・勿能怨・母乃乎・母能乎・物能乎・物乎・物緒・物・物矣・鬼尾・鬼乎

モノカラ(ニ)……毛能可良・物柄（爾）

モノユヱ………毛能由恵・母能由恵・物故・鬼故

このように、万葉集の時代には接続助詞が発達しており、已然形で接続を表わしたものは古い表現である。ただし、確定条件の「バ」と仮定条件の「バ」、確定条件の「ドモ」と仮定条件の「トモ」とが、同じ表記で表わされることが多いことが注目される。事情は、書き分けが比較的整理されている日本書紀でも同じである。このことは、奈良時代においては、これらの助詞は確定条件・仮定条件などの意味を弁別するものではなかったことを、証する。既ち、これらの助詞は、たかだか条件句であることの印となるものに過ぎなかった。とすれば、意味の違

いは、これらの助詞が接する用言の形にあった、ということである。

接続助詞が或る程度発達した、平安時代の言語から見れば、上のような已然形のあり方は奇異である。しかしながら、このような形があることから考えれば、古い日本語には接続助詞は無く、活用の形によって種々の接続を表わすものであった、という想定が成り立つ。

動詞より後進の形容詞・形容動詞は、語幹が概念をもつ。それに対して、動詞は、語幹・語尾を合わせた全体が概念をもつ。「咲かず、咲きて、咲く、咲く時、咲けば、咲け」の「咲か・咲き・咲く・咲く・咲け・咲け」が同じ概念を表わすなどということに、普段は注意を払わないが、その成立の段階では、形容詞や形容動詞と同じく、概念を表わす語に、「機能の違いを表わす印となる音」の付いたものであったであろう。

「機能の違いを表わす印となる音」は、「意義の違いを表わす語」とは異なる。日本語を仮字という表記形態で書くようになった時にはそれと見分け難い【接辞】が、存在したのであろう。後の文法用語で言う【活用形】は、基本形に各種の接辞を付けて機能を分けていたものが固定し、もとの接辞のそれぞれの機能（あるいは意義）を意識しないまでに、基本形と融合してしまった結果である。

平安時代になると、格助詞出自の「ヲ」「ニ」「ガ」などの接続助詞が、しだいに独立した語として成立していく。接続詞は、「サ（アリ）」「シカ（アリ）」「カク（アリ）」などで前の叙述を受けて、言葉を継いでいく形のものが多い。

（5）条件句の中の「ガ」

古事記の中に既に、仮定条件の「バ」の用例がある。

……阿遠夜麻邇　比賀迦久良婆、奴婆多麻能　用波伊傳那牟　阿佐比能　恵美佐迦延岐弖……

……青山に　日が隠らば　ぬばたまの　夜は出でなむ　朝日の　笑み榮え來て……

（記3歌謡）

上記のように、万葉集で「バ」を表記するのに用いられる字の一つに「者」があり、仮定条件の場合にも確定条件の場合にも用いられる。この字は、漢文の中ではさまざまな意味・用法のある字である。（以下に、角川書店『新字源』一九六八年を基にまとめる）

①人物・事物・所を指す。②上にある言葉を名詞化する。③主格を提示する。強調する。④順接を表わす。⑤時を示すことばに添える助字。⑥語調を強めるための助字。⑦「この」「これ」。

万葉集の、条件句を示す「者」字は、右の④にあたる。

上に掲げた、確定条件を表わす接続助詞モノヲ・モノカラ（ニ）・モノユヱは、ここに発したものであろう。仮定条件の場合に、漢文では、「〈S＋Vの連体形〉＋者ハ」として、仮定を訓読する。和文では「モノ」で承けないが、連体形に「ハ」が付く形で仮定を表わし、それが「未然形＋バ」に変化したものであろう。したがって、「青山に　日が隠らば」のように、条件句の中に助詞「ガ」が用いられる。

3　活用

（1）活用形

ここで、活用形の用法をまとめる。

終止形は、文の言い切りに用いる。終止形接続の助動詞は、推量、打消推量、伝聞・推定などで、いったん〈S-P〉の陳述をなした上で、推量などの意でくるむものである。助詞「トモ」に続いて、逆接仮定条件を表わす際も、いったんは陳述を終える。

命令形は、命令、懇願、許容、放任を表わす。

連体形は、体言に係る。奈良時代・平安時代には、係助詞「ゾ」「ナム」「カ」「ヤ」を承けて文を終止する。平安時代以後は、「ヲ」「ニ」「ガ」に続いて、従属句を主句に接続する働きをもつ。

連用形は、中止法で事態の時間的前後、同時、単純接続などを表わす。助詞「テ」を介する場合もある。時制を表わす助動詞に続く。《時間》に関わるものである。

また、上のような役割のもとに他の動詞・形容詞などに続いて、複合語・連語などを構成する。名詞に転成するものもある（転成は、基本形からである。下に述べるように、基本の形が連用形に残っているのである）。

已然形は、確定条件を表わす。助詞「バ」「ド」「ドモ」を用いるものが奈良時代にもあるが、もとは、それだけで、確定条件を表わす形であった。

係助詞「コソ」を受けて終止する強調表現ともなるが、本来は確定条件の強めとして「コソ」が入ったものである。（係助詞「コソ」は、連体形で終止して強調表現となる場合にも用いた。）

未然形は、助詞「バ」に続いて、順接の仮定条件を表わす。否定の助動詞「ズ」、未定の助動詞「ム」に続く。助動詞「ユ・ラユ、ル・ラル、ス・サス」などに続いて、自発・可能・受身・使役・尊敬を表わす。

自発は、「見る」「聞く」「思ふ」「偲ふ」などの動詞に用いられる。ものごとを認識するに到る原初を言うもので、認識は、ものごとが非現実の不可能なところから現実の可能な明るみに出ることである。可能の助動詞が用いられるのは、「見えず」のように否定の形である。「見たいと思った。しかし、見えなかった。」というのは、ちょうど、認識することに到る自発の、逆の事態である。自発・可能は、自らに対する他者の存在が前提として在る。そこで、やはり他者との関係を述べる受身や尊敬の用法が生まれた。自発・可能・受身・尊敬は、以上のようなものである。

すなわち自発は、非現実から現実へ、不可能から可能へ、偶然から必然へモノゴトが現成するあわいを表わすものであるので、未然形を承ける。また、自発から発展した可能・受身・尊敬も未然形を承ける。受身の対の使役も、同様に、未然形を承けることになる。

以上、未然形は、仮定・否定・未定など、《非現実》に関わるものである。

以上の説明の中で、傍線を付したものが、それぞれの活用形の核である。未然形・連用形・終止形・連体形・已然形・命令形という分類は、整理のための便宜上の分類に過ぎない。それでも、同じ形になるものには、それなりの核が存在する。

（2）形容詞・動詞・助動詞の活用

次に、形容詞・動詞・助動詞など、活用語の活用を考える。もともと不変化の語基があって、そこに役割を表わす接辞が付いて、しだいに固定していった結果が、活用であろう。

形容詞

形容詞は、修飾することが第一の役割である。

古くは、「尓故具左　ニコグサ（和草）」（万葉二十・４３０９）「阿可毛　アカモ（赤裳）」（万葉五・８０４）のように、形容詞語幹で名詞を修飾する。この形は平安時代以後は、ク活用形容詞にのみ見られるが、奈良時代には、「久波志賣　クハシメ（麗し女）」（記２歌謡）「可奈之伊毛　カナシイモ（愛し妹）」（万葉二十・４４３２）などのように、シク活用形容詞にも見出すことができる。これが形容詞のもとの形で、中心概念を為し、ここから各活用形に発展していった。（序の(12)　日本語の形）の形容詞語幹）

さらには、「蚊黒為髪尾　カグロシカミヲ（か黒し髪を）」（万葉十六・３７９１）のように、ク活用形容詞の終止形に相当する「カ黒シ」が名詞を修飾する場合もある。

cf.「久路加美之伎弖　奈我伎氣遠（黒髪敷きて　長き日を）」（万葉二十・４３３１）

「黒髪　白髪左右跡（黒髪の　白髪までと）」（万葉十一・２６０２）

一般に、「カグロシ」が体言を修飾する際には、「可具呂伎可美尓（か黒き髪に）」（万葉十五・３６４９）のように、「カグロキ」の形を取る。シク活用は「悲シ」の形が終止形として使われるようになり、ク活用の方も「黒シ」の形が終止形となって、「クロシ（黒）」という形容詞が成立し、「カグロシ」が成立して後に、シク活用形容詞の語形からの類推でこの形（カグロシカミ）を取ったものであろう。

形容詞が機能を形の上に表わし、活用をするようになると、連用形は「ク」語尾を、連体形は「キ」語尾を取る。未然形・已然形は「ケ」語尾を取る。

形容詞の活用語尾はカ行音で、カ変活用動詞「来」や回想の助動詞「キ」との関係が想定される。形容詞は、既に成立しているものごとの状態（さらに、そのものの属性、それに対する人の思い）を言うものであるから、「既に」という意味では回想の助動詞に繋がる面がある。

……伊羅那鶏區　曾虚珥於望比　伽那志鶏區　虚虚珥於望臂……

……苛なけく　そこに思ひ　愛しけく　ここに思ひ……　（紀４３歌謡）

の、〈形容詞未然形＋「ク」〉と、

……奴那波區利　破陪鶏區辭羅珥……比辭餓羅能　佐辭鶏區辭羅珥……

……蕁繰り　延へけく知らに……菱茎の　刺しけく知らに……　（紀３６歌謡）

の、〈動詞連用形＋回想の助動詞「キ」の未然形「ケ」＋「ク」〉などは、見紛うほどに形が似ている。紀３６歌謡は、「天皇が考えておられたことを知らないで」の意の比喩表現で、この場合、「け（キ）」には存続の意が含まれることになり、状態を表わす形容詞と近い面がある。

形容詞はまた、

阿加陀麻波　袁佐閇比迦禮杼　斯良多麻能　岐美何余曾比斯　多布斗久阿理祁理

赤玉は　緒さへ光れど　白玉の　君が装し　貴くありけり　（記７歌謡）

のように、連用形に「アリ」が付いて陳述をなすことがある。これは、存続の助動詞「タリ＜テアリ」にも見られる造語法である。形容動詞の活用形や、指定の助動詞「ナリ」（後には「タリ」も）の場合には、助詞の「ニ」「ト」に、この「アリ」が付く。

存在詞

ラ変活用動詞「有リ」は、四段活用動詞と似た活用をもっているが、終止形の部分のみイ段音で、連用形と同じ形である。「有リ」は、存在を言う語であるが、右のように、形式化して陳述をなす語ともなる。実質的な意味をもつラ変活用動詞「有リ」と陳述の機能を表わす「アリ」を合わせて、とくに【存在詞】とする。(5)

動詞

奈良時代の動詞の活用型は八種類ある。そのうち、上一段活用動詞・カ変活用動詞・サ変活用動詞、および下二段活用動詞の中の「寝」「経」「得」、は語幹と語尾とを分けることができない。語幹・語尾という分類は、活用形より以上に、整理のための便宜上の分類である。

淑人乃　良跡吉見而　好常言師　芳野吉見与　良人四来三
良き人の　良しとよく見て　良しと言ひし　吉野よく見よ　良き人よく見　（万葉一・27　天武天皇）

には、「見よ」と「見」の二つの命令の形が並んでいる。「見よ」の「ヨ」は本来は終助詞である。固定的に使われている語もあるが、なくともよい。すると一段活用動詞・二段活用動詞の命令形は、連用形と同じ形となる。

＊　現代語でも「見ル」の命令形「見イ」、「来ル」の命令形「コイ」、「為ル」の命令形「セイ」など「イ」を伴った形のものがあり、「行ってみればどうか」「行ってみなさい」という勧誘の形で「行ってみ」のように言うことがある。「来ル」の命令形が「キイ」、「為ル」の命令形が「シイ」でもあり得るところから、現代語の命令形は、連用形と同じ形を基にしていることがわかる（現代語の命令形には、「見ロ」「シロ」「起キロ」のように「ロ」の付く形のものもあるが、これも連用形と同じ形を基にしている）。五段活用の「行ク」などにも「行キ」の形があり、右に同じである。

これが、命令形の原則である。

また、四段活用・ラ変活用以外の活用型では、連用形に「ル」、已然形に「レ」を伴う。一段活用では、終止形にも「ル」を伴う。この「ル」・「レ」は、ラ変活用の連体形・已然形と同じ形である。

次に、各活用型について。

一段活用動詞・二段活用動詞では、未然形・連用形・命令形の形が同じである。

上一段活用動詞「見ル」（ミ、ミ、ミル、ミル、ミレ、ミ）には、「見らむ」「見とも飽かめや」などの接続例がある。

上二段活用動詞（ex.「生フ」ヒ、ヒ、フ、フル、フレ、ヒ）と下二段活用動詞（ex.「越ユ」エ、エ、ユ、ユル、ユレ、エ）は、同形である未然形・連用形・命令形が、イ段音であるかエ段音であるかの違いがある。

カ変活用動詞「来」（コ、キ、ク、クル、クレ、コ）とサ変活用動詞「為」（セ、シ、ス、スル、スレ、セ）は、未然形・命令形を除いて、上二段活用動詞と活用の型が同じである。未然形と命令形の形は同じである。

ナ変活用動詞は「死ヌ」「去ヌ」の二語だけで、活用語尾は「ナ、ニ、ヌ、ヌル、ヌレ、ネ」と活用する。未然形・連用形・終止形・命令形は四段活用と同じである。一方、上二段活用動詞と連用形・終止形・連体形・已然形が同じであり、下二段活用動詞とは終止形・連体形・已然形・命令形が同じである。

ラ変活用動詞の「有リ」の語尾は、「ラ、リ、リ、ル、レ、レ」と活用する。活用が四つの段にわたっており、整理された形であるが、終止形がイ段音であるところが動詞の他の活用型と大きく異なっている。

四段活用動詞の活用語尾は、「咲く」の場合「カ、キ、ク、ク、ケ、ケ」で、ラ変活用動詞と似ているが、終止形がウ段音である。また、四段活用動詞は、連用形と終止形が上二段活用動詞と同じである。

▩一段活用動詞

上一段活用動詞は、未然形・連用形・命令形の形が同じである。また、動詞「見ル」には、「行来跡見良武（行き来と見らむ）」（万葉一・55）「美等母安可米也（見とも飽かめや）」（万葉二十・4481）のように、終止形が期待されるところに「ミ」の形の使われているものがある。このことから、「見ル」は、もとは不変化の語「ミ」であったと推定することができる。同じく上一段活用動詞の「煮ル」にも、「採而煑良思文（摘みて煮らしも）」（万葉十・1879）の例がある。上に、「後の文法用語で言う【活用形】は、基本形に各種の接辞を付けて機能を分けていたものが固定し、もとの接辞のそれぞれの機能（あるいは意義）を意識しないまでに、基本形と融合してしまった結果である。」と述べた（二二一頁）。「見ル」「煮ル」は、もとは不変化であった基本形の「ミ」「ニ」に、「ル」「レ」が付いて、機能を分けるようになったものである。

一段活用をする語は、奈良時代のものでは、「見ル」「煮ル」のほか「射ル」「鋳ル」「着ル」「似ル」「率ル」および複合語と、平安時代の日本書紀古訓の「率ヰル」「用ヰル」などであるが、すべて語幹と語尾とを分かつことのできない形である。「居ル」には、奈良時代の用例に、上二段活用のものもあり、また、「嚔ル」「干ル」のように、奈良時代には上二段に活用したものが平安時代に上一段活用に転じたものもある。下二段活用の「蹴（ク）ウ」（あるいは、クユ、クヱル）も、平安時代には下一段活用の「蹴ル」に変化している。さらに中世には、二段活用の語は一段に活用するようになって現代に至っているから、二段活用が古く、一段活用は新しいものであるのであろう。

例えば「居ル」の場合、未然形・連用形・終止形・命令形は一音節の語であるから、上二段活用の「ヰ・ヰ・ウ・ウル・ウレ・ヰ」であると、語の同一性が不明瞭である。上一段活用で「ヰ・ヰ・ヰル・ヰル・ヰレ・ヰ」とした方が明瞭になる。「嚔ル」「干ル」も同じである。「見」や「煮」のように、一音節で不変化であったものが一段活用をするようになり、それに合わせて「居ル」などが変化していったものであろう。

動詞の中に「見」や「煮」の例があり、また、助動詞の中にも不変化型のものがあるところから、古い日本語では、活用語は活用していなかった、即ち、機能が形の上に表わされるようになったのは新しいことである、と想定することができる。

「居」「嚔」「干」などは、一段活用が成立する以前に、二段活用の方向に向かったものであって、これらも古くは不変化であったであろう。同様に、語幹と語尾とを分けることのできないカ変活用動詞・サ変活用動詞および下二段活用動詞のうちの「寝」「経」「得」も、もとは不変化であったのではないか、と考えられる。これらの動詞が語幹と語尾とを分けることができないのは、もともと不変化の語であったことに因る。

さらに、一段活用動詞・二段活用動詞は、未然形と連用形と命令形とが同形である。そして、連体形に「ル」・已然形に「レ」を伴う形になっている。二段活用動詞の活用のあり方からも、古くは不変化であったものが、終止形と連体形とにウ段音のものを生じ、さらに「ル」「レ」を伴って機能を表わすようになったものであることがうかがえる。

▩「ル」「レ」

ラ変活用動詞（存在詞）・四段活用動詞を除く他の活用型では、連体形に「ル」・已然形に「レ」を伴う。一段活用動詞では終止形と連体形とが同形であるが、二段活用動詞・カ変活用動詞・サ変活用動詞・ナ変活用動詞は、連体形は終止形に「ル」を、已然形は終止形に「レ」を伴った形である。

この「ル」「レ」は、存在詞の連体形・已然形の活用語尾と同じ形である。存在詞の活用形式が出来上がった後に、この語尾を模倣して、連体形・已然形の機能を形に表わすことになったものであろう。これは形容詞で言えば「ク」「キ」などの語尾形成と同じ段階のもので、形容詞に「アリ」が付いて陳述を表わしたものと同じではない。

形容詞の場合には、もともと、語幹となるものが概念を有し、それだけで修飾の機能を為すものでもあったので、語尾は付随的なものである。そして、その連用形「〜ク」に形式的な「アリ」を付けて陳述を表わす形ができた。

形容詞の連用形に付く「アリ」は、なお、連用形と分離して用いられることもあるものであるが、動詞の「ル」「レ」の場合は、存在詞「アリ」の語尾の部分を模倣してこの形が形成されたもので、その後、この語尾は語幹と強く結び付き、語幹と語尾とを分離することができないまでに、合わせて一つの概念を形成するようになる。最も新しく成立したと考えられる四段活用動詞の場合には、もはや、語尾は単なる接続のための形式である。

「ル」「レ」のような語尾は、全活用形に及んでいないが、現代の九州地方に、「見らん〜」（未然形＋推量の助動詞「ム」）、「見り」（命令形）がある。「ラ・リ・リ・ル・レ・レ」の活用語尾をもつ形も、古くは存在したかもしれない。この場合の命令形「見り」は、連用形と同じ形から命令形となったもので、命令形成立の原則の形である（「ラ・リ・リ・ル・レ・リ」）。※

上一段活用の語では、終止形にも、「ル」が付くことになる。「ル」は、存在詞「アリ」では連体形にあたる活用形である。既に、他の活用型が成立している段階で、上のように動詞「見ル」が不変化型の様相をも見せているのであるから、一段活用動詞が活用をもつようになったのは、それほど古いことではないであろう。

動詞の連体形は、名詞を修飾する働き、句をまとめて体言に係る働き、係助詞「ソ・ナモ・カ・ヤ」の結びとなる働きをもつ。助動詞で、連体形を承接するのは、比況の助動詞「ゴトシ」および指定の助動詞「ナリ」「タリ」である（終止形接続の助動詞がラ変活用型の活用語を承ける場合は、連体形を承接）。「ゴトシ」は体言から派生したものであるから、この語はもともと連体形を承ける。指定の助動詞は、名詞文に付き、後れて成立したもので、本来はなくともよい。「これは花です。」「この本はわたくしのものです。」の意で「これ、花。」「この本、わたくしの。」と言うのは、現代でも日常語では常態である。その陳述を担ったのが係助詞の「ソ」（文末用法）と「ナリ＜ニアリ」「タリ＜トアリ」であった。よって、「ナリ」「タリ」は連体形を承ける。

万葉集の中に、「見ル」「煮ル」のかつての終止形が残存していると考えられる「ミ」「ニ」があるのであるから、連体形「ミル」已然形「ミレ」が成立してしまって後に、他の活用型に合わせてウ段音で終わる形の終止形を求めるならば、二段活用動詞のように「ム（見）」※「ヌ（煮）」※の形ではなく、「ミ」「ニ」を含んだ形になるであろう。であれば、連体形と同じ「ミル」「ニル」の形になるほかはない。「見ル」「煮ル」の終止形「ミル」「ニル」は、こうして成立したものである。

■カ変活用動詞・サ変活用動詞

カ変活用動詞「来」（コ、キ、ク、クル、クレ、コ）とサ変活用動詞「為」（セ、シ、ス、スル、スレ、セ）は、未然形・命令形を除いて、上二段活用動詞と活用の型が同じである。

これらの語に回想の助動詞「キ」が接する時、カ変活用動詞は「キ」の終止形と接することはない。連体形・已然形と接するには、「キーシ」（「キーシカ」……新しい用例）「コーシ」「コーシカ」のように、連用形「キ（来）」の場合と未然形「コ（来）」の場合とがある。サ変活用動詞が回想の助動詞「キ」の連体形・已然形と接するには「セーシ」「セーシカ」のように、未然形「セ（為）」の形である。回想の助動詞がカ行音・サ行音を含むため、同音の連続を避けるために、このような変則が起こったと解釈されているのであるが、カ変活用動詞・サ変活用動詞の未然形が上二段活用動詞の形と異なるところに、この原因を探ることができる。

と言うのは、命令形が、これら未然形の「コ（来）」「セ（為）」と同じ形であるからである。一段活用動詞・二段活用動詞においては、命令形は未然形・連用形と同じ形である。上にも述べたように、これらの語は、古くは不変化であって、これが基本形であった。カ変活用動詞・サ変活用動詞は未然形と命令形とが同じ形である。「ク（来）」の基本形は「コ」、「ス（為）」の基本形は「セ」で、上二段活用型の活用語尾の方が新しいものなのであろう。例えば否定の助動詞が、不変化の「ズ」系統のものと四段活用型の「ヌ」系統のものとが混じって用いられているように、カ変活用動詞・サ変活用動詞の場合にも、不変化型の「コ」「セ」と上二段活用型のものとが混在しているのである。

これらの語に回想の助動詞「キ」が接する時、不変化型では「コーシ」「コーシカ」・「セーシ」「セーシカ」の形を用いた。「ク（来）」「ス（為）」が上二段活用型の活用を取り入れるようになって後も、回想の助動詞「キ」と接する場合に、同音の連続を避けるために、引き続き、この不変化型の活用形が用いられた。そのことが、カ変活用動詞とサ変活用動詞が変則である理由である。

なお、否定の助動詞にも、同様の変則が見られるので、ここに付言する。

否定の助動詞の場合にも、不変化型の「ズ」と四段活用型の「ヌ」とがある。万葉集巻第二・１６７の歌に、「行方不知毛　ユクヘシラズモ」に並べて「一云」に「帰邊不知尓為　ユクヘシラニス」があって、これを根拠に、「ズ」は「否定の助動詞ヌの連用形ニ＋サ変活用動詞ス」と考えられている。ただし、一音一字表記例ではなく、また、「不知尓為」を「シラニス」と訓むと、「不」と「尓為」とが重複することになるため、確実な根拠ではない。

これを「シラニス」と訓むことができるとしても、この「ニ」は、〔連濁〕の項（五七頁〔音〕）に述べた鼻音がこのような形で書き表わされたものである、ということもあり得る。複合語の後項の頭が子音である場合は濁音になるものが、「比賣那素寐　ヒメナソビ」（紀18歌謡）のように、母音で始まる語（アソビ）の前では［n］音が入る形になったことや、「檀越」（万葉十六・3847）の「檀」の［n］音を「ダニヲチ」と開音節にする習慣などが複合すれば、濁音「ズ」となるものを「ニス」に近く発音することもある、と考えるからである。167の歌では、「ユクヘシラズ」とすれば六音であるが、「ユクヘシラニス」とすれば七音になる。鼻音を強調して、敢えて「ズ」を「ニス」と二音に発音すれば、この歌の音数は保たれる。「ヒメナソビ」の場合には［n］音であるものが、子音の場合には鼻音性の音になるのであるから、日本人にとって［n］と［ŋ］とは、大きな区別のあるものではない。「否定の助動詞ヌの連用形ニ＋サ変動詞ス」＞「ズ」という語源説は意味不明であるが、このように想定すれば、「ズ」と「ニス」とを結び付けることが可能である。

現代語の否定の助動詞に、サ行音を取る「セン」があり、これは「ズ」「ニス」に関係の深い語であろう。

一方、［n］が四段型の活用をしたものが「ヌ」の系統である。奈良時代の東国方言には、否定の助動詞「ナフ」があり、この活用も四段型に近い。

交通・通信の発達した現代でも、奈良と京都でさえ、否定の言い方は異なる。奈良時代の大和国は、少なくとも西国は支配していたのであるから、中央語と言えども、記紀万葉の言葉にも、さまざまな出自の言葉・新旧の言葉が入り混じっていたであろう。これまでの奈良時代の言語の捉え方には、新旧の観点と朝鮮語などからの影響の観点しかなかったのであるが、大和語の中にも、この列島の各地の言葉の影響はあったはずである。——そのようにして、「ズ」と「ヌ」とは、別の系統から成立したものであると考える。

▩ナ変活用動詞

ナ変活用動詞は、二段活用と四段活用の活用型を合わせもっている。仮にこれが二段に活用すると、未然形は「死ニ※」「往ニ※」の形になる。それに否定の助動詞の「ズ」「ヌ」が接すると、発音が為し難い。そこで、四段活用動詞の未然形と同じ形のア段音を取るようになったものであろう。しかし、四段活用動詞に変化するには至らず、連体形・已然形は二段活用型の変化形を残したものであろう。

▩ラ変活用動詞・四段活用動詞

一段活用動詞・二段活用動詞、およびカ変活用動詞・サ変活用動詞、さらにナ変活用動詞、は不変化型であった形跡を残しており、連体形・已然形の「ル」「レ」は、機能を表わすものとしてラ変活用動詞の語尾を取り入れたものであった。ラ変活用動詞と四段活用動詞とは、活用語尾が行の四段「ア・イ・ウ・エ」にわたり、かつ「ル」「レ」などが付かずに各行の範囲におさまって、整理された形になっている。動詞の古い形態は不変化であり、活用形が多岐にわたる活用型は新しいものである。

ところで、係助詞「ソ、ナモ、カ、ヤ」は文を連体形で結ぶ。しかしながら、四段活用動詞は連体形と終止形が同形である。これらの助詞を用いる時に結びの部分が連体形を取ることになった経緯は語によってさまざまであるが（係助詞）二三六頁）、それぞれの理由によって結びに連体形を求めるとは言いながら、動詞の中で最も語数の多い四段活用の語において、終止形と連体形とが区別されないならば、係り結びの意味は薄くなる。四段活用の成立は、係り結びが成立して後であることは明らかである。

ラ変活用動詞「有リ」は、存在詞「アリ」としての広い機能をも有していて、英語の be 動詞に近い面や have に近い面もある。実質的な動詞の「有り」は存在の意味にも用いられ所有の意味にも用いられる。そして、陳述を表わす「アリ」は「ナリ∧ニアリ」「タリ∧トアリ」「カリ∧クアリ」にも含まれ、時制に関わる「ケリ∧キアリ」「タリ∧トアリ」にも含まれるからである。英語の be 動詞や have が特別な語であるのと同様、日本語の「有リ」も特別な語である。

ラ変活用動詞「有リ」が四つの段に活用することや、終止形がイ段音であることから、この語は、他の動詞とは別の系統の語であったと見ることができる。ラ変活用動詞「有リ」は、存在詞「アリ」としての広い機能を既に有していたために、他の動詞のようには、終止形がウ段音に変化しなかったものであろう。

そして、四段活用動詞は、ラ変活用動詞の明解さを模倣した（連用形と終止形とが上二段活用動詞と同じ形であるから、上二段活用の語と何らかの関連のあった語群である可能性がある）。ところが、動詞の終止形はウ段音で終わるものが成立していたために、四段活用動詞はラ変活用動詞と同じように終止形にイ段音を取ることをせず、ウ段を取ることになった。その結果、ラ変活用動詞では、連用形と終止形とが同形であったが、四段活用動詞は、終止形と連体形とが同形になることになった。

右にも述べたように、四段活用の成立は、係り結びの成立より後のことである。四段活用動詞が述語である時、一般の言い切りの文と係り結びの結びとは、全く同形になってしまう。このことは、後に、係り結びが消滅して、それまでの連体形が新しく終止形となり、それまでの終止形が消滅する、即ち、現在のような活用型が生まれることに深く関わっていく。

助動詞

「見る」は不変化の動詞であった。助動詞の不変化型の「ズ」（ズ・ズ・ズ・○・○・○）、「ジ」（○・○・ジ・ジ・ジ・○）も同じであり、連体形に「ラシキ」をもつ「ラシ」（○・○・ラシ・ラシ・ラシ・○）も、もとは不変化型であったものが、形容詞の連体形の活用型の影響を受けて、「ラシキ」を生じたものであろう。

推量の助動詞「マシ」（マセ・○・マシ・マシ・マシカ・○）と回想の助動詞「キ」（セ・○・キ・シ・シカ・○）は、よく似た変化型をもつが、回想の助動詞は終止形が「キ」であり、「ケク」の形のみ残る未然形の「ケ」があり（二二五頁に述べた日本書紀36歌謡「延へけく」「刺しけく」）、他はサ行音となっているから、別系統の語が合流した結果なのであろう（不変化型と形容詞型が合流し、さらに回想の助動詞「キ」の活用型の影響を受けた）。

回想の助動詞「キ」の終止形の「キ」は、カ変動詞「来」出自である。未然形に「セ」があるのは、サ変活用動詞「為」の未然形「セ」と同じであるから、何らかの関係があるかもしれない。「マシ」の未然形「マセ」も同様である。「マシカ」「シカ」は不明であるが、これらの活用形は、カ変動詞・サ変動詞の活用形との競合を避けた結果、形作られてきたものであろう。

以上のような、不変化型の助動詞があったことも考え合わせれば、活用語は、全て、もとは不変化型であったことを推定することができる。日本語の活用は特異なものであるが、これは、もともと不変化の語基があって、そこに役割を表わす接辞が付き、しだいに固定していった結果であろう。

上に述べたように、形容詞・形容動詞・助動詞の「ナリ」「タリ」などには、連用形に「アリ」が付いて陳述を表わす場合がある。また、動詞の命令形は連用形と同じ形のものもあり、名詞には連用形から転成した（とされる）ものもある。また、連用形は複合語の前項ともなる。このように連用形は、派生語を作る基にある。よって、これが活用語の基本形である、という説の根拠となる。が、上に述べたように、活用語はもと不変化型であって、連用形に基本形と同じ形が残るものもあるが、他の活用型を併用したものもあり（カ変活用動詞・サ変活用動詞）、必ずしも連用形が基本形であるとは言えない。

動詞の基本形

形容詞は、語幹と名付けられているものが基本形であったために、語幹用法と呼ばれるような、それだけで修飾作用をしたり、感動詞とともに用いられて感嘆の言葉を表わすことがあった。現代語にも、「白砂糖」のような語構成や、「わあ、おもしろ（面白い）。」「おお、さむ（寒い）。」などに語幹用法は生きている。形容動詞の場合は、「ほがらか人生」「本人」（擬態語—副詞の「ぽかぽか陽気」も、形容動詞のように活用形の展開は無いが、ここに入れることができる）や、「ああ、しあわせ。」「もう、お腹いっぱい。」「上手、上手。」などである。

動詞の場合に、形容詞の語幹にあたる基本形が残っているものは、動詞連用形から派生したと言われている複合語や名詞形である。上一段活用動詞「見ル」の未然形と連用形と命令形および「見らむ」「見とも飽かめや」などの形に不変化型の名残があるように、動詞はもと不変化型であったと考えられるのであるが、多くの動詞では連用形に基本形が残っていることが多く、そのため、連用形から複合語や名詞形が派生したように受け止められる。

「ちょっと見」や「立ち居振る舞い」はなお連用形出自のようにも見えるものであるが、「煮豆」「焼き魚」は「生野菜」に通ずるであろう。これは、【動詞の語幹用法】と言ってよい。これが、動詞の基本形である。

カ変活用動詞の場合には、上にも述べたように、不変化型と上二段活用型の二つの系統の活用形が合成されているため、「今来　イマキ」のように、新しい活用形の上二段活用型の連用形の形から、派生した形になる。サ変活用動詞「為」の場合は古代語では適当な例が見あたらない（現代語では、「真似しい」「ええかっこしい」のようなものがある）。

以上、活用語は、もとは不変化型であったことを述べた。役割を表わすそれぞれの語基の来歴はわからないが（推定している人もある）、或る意味をもち、後に続く語との関連で用いられたものが、活用と呼ばれる形に固定していったものであろう。それは、格助詞や接続表現とも密接に繋がるものである。

また活用は、次に述べる係助詞とも関連の深いものである。

4　係助詞

（1）係助詞が表わすもの

いわゆる係助詞には、「ハ、モ、カ、ヤ、ソ、コソ、ナモ」がある。提示・類示・強調・疑問・反語などの意味を表わし、文中に用いられる場合と文末に用いられる場合とがある。

平安時代になると、「ソ」「コソ」「ナム（＜ナモ）」は、多く、強調の意味で用いられることとなるのであるが、奈良時代には、それぞれに専用の用法があった。すなわち、

「ハ」　明示
「モ」　類示
「カ」　疑問
「ヤ」　反語……………元は間投助詞。

文末の用法の場合、「～メヤ（モ）」のように已然形に付いて反語を表わすものがある。

「ソ」　指示
「コソ」強い指示………逆接の已然形と呼応することが多い。
「ナモ」丁寧な語りかけ

などである。

事物を明確に指し示す「ハ」に対し、不確定要素を含む「モ」は、同類のあることを示したり例示したりする役割を果たす。同様に、疑問を明確に表わす「カ」に対して、その疑問の不確実な気持ちを表わすには、「ヤ」を用いる。

明確………ハ（明示）　カ（疑問）
不確実……モ（類示）　ヤ（反語）

「ソ」は明確な指示である。
「コソ」は強い指示である。連体止めで詠嘆を表わすものにも用いられた語であるが、強い指示である故に、逆接の文脈で用いられることが多かった。その結果、強調表現となった場合にも、結びの語は、已然形で終止することとなる。
「ナモ」は丁寧な語りかけに用いられる。宣命に例が多く、平安時代にも「ナム」は会話の中で使われ和歌には用いいない。
「コソ」は現代語の「コソ」に、「ナモ（ナム）」は、現代語の間投助詞・終助詞の「ナ（ナア）」に至るものである。

（2）記紀万葉の中の係助詞

指示の助詞「ソ」

「ソ」は、指し示す義をもつ。指示代名詞の「ソ」に繋がる語である。

係り結び「〜ソ〜（連体形）」の起源は、一般に、次のように説明される。

◆係助詞の「ソ」は、

山常庭　村山有等　取與呂布　天乃香具山　騰立　國見乎為者　國原波　煙立龍　海原波　加萬目立多都
怜𪫧國曽　蜻嶋　八間跡能國者
大和には　群山あれど　とりよろふ　天の香具山　登り立ち　国見をすれば　国原は　煙立ち立つ　海原は　鷗立ち立つ　うまし国そ　蜻蛉島　大和の国は　（万葉一・2　舒明天皇）

何所曽　真朱穿岳　薦疊　平群乃阿曽我　鼻上乎穿礼
いづくにそ　ま朱掘る岡　薦畳　平群の朝臣が　鼻の上を掘れ　（万葉十六・3843　穂積朝臣）

などの指定を表わす「ソ」に発し、主述を倒置して強調する表現であったものが、「〜ソ〜（連体形）」の用法に固定化し、しだいに、その形式が強調構文として捉えられるようになったものである。

記紀万葉の時代には、

奈美多氏波　奈呉能宇良未尓　余流可比乃　末奈伎孤悲尓曽　等之波倍尓家流
波立てば　奈呉の浦回に　寄る貝の　間なき恋にそ　年は経にける　（万葉十八・4033　田邊福麻呂）
……此夜須我浪尓　伊母祢受尓　今日毛之賣良尓　孤悲都追曽乎流
……この夜すがらに　眠も寝ずに　今日もしめらに　恋ひつつそ居る　（万葉十七・3969　大伴家持）

久堅之　雨間毛不置　雲隠　鳴曽去奈流　早田鴈之哭
久方の　雨間も置かず　雲隠り　鳴きそ行くなる　わさだ雁が音
（万葉八・１５６６　大伴家持）

のように、「ソ」はどこにでも入り得る自由さをもっている。

万葉集巻第十八・４０３３の、「間なき恋にそ　年は経にける」の「年は経にける」は、「ハ」の位置によって、これが主文であることを表明する。仮に、第五句の係助詞「ハ」が最後に置かれて、「ノ」も入って、「間※なき恋にそ　年の経にけるは」であれば、倒置となって、「年が過ぎたのは、いつもいつもあなたのことを思っているためですよ。」という歌が一応成立する。助詞「ソ」の後の言葉が、「連体形で括られる句」であるのと「準体句」であるのとは、これほど違うものなのである。「〜ソ〜（連体形）」が倒置の文から強調表現になったと言うが、倒置の構文が、このような自然な流れの文に戻るには、倒置に費やしたと同じだけのエネルギーが必要であろう。

また、万葉集巻第十七・３９６９の歌の場合は「恋ひつつ居る」を強調するために、万葉集巻第八・１５６６の歌の場合は「鳴き行くなる（り）」を強調するために、「ソ」が挿入されたものである、と解釈される。３９６９の歌の場合、「今※日もしめらにそ　恋ひつつ居る」の形であれば、４０３３の歌と同じ構文となるのであるが、それとも異なって、「恋ひつつそ居る」である。「ソ」が強調のために挿入されるというのであるが、その場合「ソ」は、どうして、このようなところにまで割って入ることができるのか。１５６６の歌の「鳴きそ行くなる」の場合には、なおのことである。

ところで、記紀万葉の中には、次のように、連体形で終止して、詠嘆を表わすものもある。

風草乃　濱之白浪　徒　於斯依久流　見人無　一云　於斯依来藻
風早の　浜の白波　いたづらに　ここに寄せ来る　見る人無しに　一に云ふ「ここに寄せ来も」
右一首山上臣憶良類聚歌林曰　長忌寸意吉麻呂應詔作此歌
（万葉九・１６７３）

阿斯波良能　志祁志岐袁夜邇　須賀多多美　伊夜佐夜斯岐弖　和賀布多理泥斯

葦原の　密しき小屋に　菅疊　いやさや敷きて　わが二人寝し

（記19歌謡）

このように、連体形は、それだけで詠嘆を表わすものと成り得た形であった。（1673の歌「風早の　浜の白波いたづらに　ここに寄せ来る　見る人無しに」の場合には、「ここに寄せ来も」の形も合わせて載せられていて、「寄せ来る」の中に「寄せ来も」の「モ」（詠嘆）の意味が込められていることがよくわかる。）であれば、「〜ソ〜（連体形）」の形は、連体止めで詠嘆を表わした文の中の、強調したい語に、強めの助詞「ソ」が付けられたものであるのではないか。

このように考えれば、右に挙げた万葉集巻第十八・4033の歌「波立てば　奈呉の浦回に　寄る貝の　間なき恋にそ　年は経にける」は、「間なき恋に　年は経にける」という自然な流れの言葉続きの中で、「間なき恋に」を強調するために「ソ」を挿入したもの、と考えることができる。

万葉集巻第十七・3969の歌「……この夜すがらに　眠も寝ずに　今日もしめらに　恋ひつつそ居る」、万葉集巻第八・1566の歌「久方の　雨間も置かず　雲隠り　鳴きそ行くなる　わさだ雁が音」の場合にも、「ソ」の直前の言葉を強調する構文である、と考えれば、言葉は自然に流れる。3969の歌の場合は「恋ひつつ」を、1566の歌の場合は「鳴き」を、強調するために「ソ」が挿入されたもので、3969の歌の場合は「恋しい気持ちを持ち続けて」を、1566の歌の場合は「鳴きながら」を強調したのである。

右に挙げた古事記19歌謡「葦原の　密しき小屋に　菅疊　いやさや敷きて　わが二人寝し」には、助詞「ガ」が用いられている。この「ガ」は連体止めの句の中の動作の主体を表わすもので、所有・所属の助詞「ガ」が、主格を表わす助詞として用いられるようになったものの早い例である。万葉集の

吾勢祜乎　倭邊遺登　佐夜深而　鶏鳴露尓　吾立所霑之

吾背子を　大和へ遣ると　小夜更けて　暁露に　吾が立ち濡れし

（万葉二・105　大伯皇女）

と、同じ形「ワガ～シ」である。万葉105の「吾」は単数であるが、記19歌謡の「わが二人」の場合は、「二人」は「ワ」（複数）を限定するもので、

大船之　津守之占尓　将告登波　益為尓知而　我二人宿之
大舟の　津守が占に　告らむとは　まさしに知りて　我が二人寝し
（万葉二・109　大津皇子）

と同趣である。（1673の歌の場合には、主格の格助詞は表わされていない。[6]）

平安時代の源氏物語の中には、

「雀の子をいぬきが逃がしつる。」
（岩波新日本古典文学大系『源氏物語　一』若紫、一九九三年）

雀の子を犬君ちゃんが逃がしちゃったの。

という表現が出てくる。この場合には、連体形の「つる」が、後に詠嘆の助詞「ヨ」を伴っているものと同じ資格になっており、詠嘆表現となる。連体形は、主述を体言化する働きをもちつつ、「ヨ」の役割をも果たすことになる。これも同じ形である。

また、枕草子の冒頭、

春は曙。やうやうしろくなり行、やまぎはすこしあかりて、むらさきだちたる雲のほそくたなびきたる。
（岩波新日本古典文学大系『枕草子』一九九一年）

春は曙（がいい）。だんだん白くなっていく山際が、少し明るくなって、紫がかった雲が細くたなびいているの。

の、「やうやう～たなびきたる」は、「曙」の中でも自分の好きな情景を描写したもので、あとに訳を付け加えるならば、「そんな曙がいい。」という言葉になる。つまり、「～たなびきたる」の連体形は、文全体を体言化し、さら

に「そんな」と受けて、「そんな曙がいい。」の主語ともなる資格にする働きをもつ。

万葉集巻第二十・４４９７

美牟等伊波婆　伊奈等伊波米也　宇梅乃波奈　知利須具流麻弖　伎美我伎麻左奴

見むと言はば　否と言はめや　梅の花　散り過ぐるまで　君が来まさぬ　（万葉二十・４４９７　中臣清麻呂）

梅の花を見たいとおっしゃればお断りしたりなどするでしょうか。散り過ぎてしまうまで、あなたがおいでにならなかったのですよ。

の上二句は、「メヤ」で一旦切れ、下三句が詠嘆の形になっている。その点、

塩満者　入流礒之　草有哉　見良久少　戀良久乃太寸

潮満てば　入りぬる磯の　草なれや　見らく少なく　恋ふらくの多き　（万葉七・１３９４　譬喩歌　寄藻）

の第三句の「ヤ」が下二句に係るものとは異なる。そして、「君が来まさぬ」――「あなたがおいでにならなかったのですよ。」と言い、それを受けて、「（だから、梅の花をお見せできなかったのです。）」の意を含むもので、原因理由を表わすこととなり、枕草子の例よりも複雑な用法である。

なお、

石上　振乃神杉　神備西　吾八更〻　戀尓相家留

石上　布留の神杉　神びにし　吾やさらさら　恋にあひにける　（万葉十・１９２７　春相聞　悲別）

には間投助詞「ヤ」が使われており、

河渚尓母　雪波布礼〻之　宮裏　智杼利鳴良之　為牟等己呂奈美

川渚にも　雪は降れれし　宮の内に　千鳥鳴くらし　居む所無み　（万葉十九・４２８８　大伴家持）

には「シ」が使われている。この「シ」について、新潮日本古典集成『萬葉集　五』頭注（二三七頁）は、

◇……「し」は係助詞で、第四句の「らし」に呼応する。

と言う。「係助詞のシ」というのは新しい概念であるが、この「シ」が前句の条件を押さえて後句に続くことを、よく説明している。

強い指示の助詞「コソ」

「コソ」は、〈指示代名詞「コ」＋指定の語「ソ」〉から出来た語である。

虚呂望虚曾　赴多幣茂豫耆　瑳用廼虚烏　那羅陪務耆瀰破　介辭古耆呂介茂
衣こそ　二重も良き　さ夜床を　並べむ君は　恐きろかも　（紀４７歌謡）

高山波　雲根火雄男志等　耳梨與　相諍競伎　神代従　如此尓有良之　古昔母　然尓有許曽　虚蟬毛　嬬乎相挌良思吉
香具山は　畝傍を愛しと　耳成と　相争ひき　神代より　かくにあるらし　いにしへも　しかにあれこそ　現せ身も　妻を　争ふらしき　（万葉一・１３　中大兄皇子）

これらの歌の場合、「コソ」の結びは連体形になっており、「コソ」が詠嘆表現の中で使われることもあったことを示す。これは、現代語にも、「これこそが、欲しかったんだ。」のような形で残っている。

万葉集巻第一・１３の歌が詠嘆を表わすことは、言うまでもない。

往時もこうだったからこそ　今の人も妻を争うのだろうな。

紀47歌謡は、従来、

衣ならば重ねて着ても良いでしょう、（けれど）の意。コソは平安朝以後は已然形で受けるが、上代では形容詞の場合、連体形または終止形で受ける。（岩波日本古典文學大系『古代歌謡集』頭注　一五四頁）

着物こそ二重重ねて着るのもよいけれど、夜床を並べようとなさるあなたは、怖ろしいお方です。ヨキは上の係助詞コソを承ける。形容詞已然形の発達が遅いので、奈良朝の中でも古い語法では、連体形が已然形の代用をしている。ここの例がそれ。コソの係りの場合は、逆接の前提句を形成するのが古い時代に多い。（岩波新日本古典文学大系『日本書紀　上』頭注、一九六七年、三九八頁）

のように解釈される。しかし、この場合も、

衣だったら、重ねて着るのも良いでしょう。（これは、衣などの話ではないのです。）寝床を二つお並べになるなどとは、あなたは恐ろしい方です。

のように、きっぱり言い放っているものであって、前句と後句の間を「けれど」という論理関係の語で繋ぐ余地はない。「けれど」が入るとすれば、「これは、衣などの話ではないのです。」との間である。

これらの場合、「コソ」は、「衣」「いにしへも　しかにあれ」を強める働きをするものであって、連体形で止めるのは、それに見合った理由があるからである。

このような用法もあるが、多くは「〜コソ〜（已然形）」の構文で用いられる。活用語の已然形は、もともと順接・逆説の条件句を表わすものであった。その逆接確定条件の中で強調したい語に用いられるようになったのが、「コソ」であった。「コソ」は、「ソ」よりも強い指示で、それ故に、逆接表現の中に用いて、一点を際立たせる効果をもつことになる。これも現代語に、「金メダルこそ逃したけれども、よくがんばった。」のような形で残っている。

ところが、已然形が、それだけでは確定条件を表わすことができず、「バ」「ド」「ドモ」のような助詞を伴うよ

うになった時、「～コソ～（已然形）」は確定条件であることを忘れ、単に強調を表わすものとなっていく。

丁寧な語りかけの助詞「ナモ」

「ナモ」は、〈詠嘆の助詞「ナ」＋係助詞「モ」〉から出来た語である。

万葉集唯一例は、

何時奈毛　不戀有登者　雖不有　得田直比来　戀之繁母

いつはなも　恋ひずありとは　あらねども　うたてこのころ　恋し繁しも　（万葉十二・２８７７　正述心緒）

で、強調に用いられている。

「トナモ思ホス」「～バナモ～」「～ドモナモ～」などの形で続日本紀宣命に多く見られる、待遇表現の語。平安時代には「ナム」となって散文に用いられる。

「ナモ」は、「言う」「思う」などの内容、条件句を押さえる働きをする。この機能は、〔指示の助詞「ソ」〕の最後に加えた「係助詞のシ」（二四三頁）がもっていた機能と同じである。連体形で結ぶのは、「～のだ」の意を込めたもの。

疑問の助詞「カ」

日本語では、疑問の表現は、肯定文の文末を上げるイントネーションによって表わすか、疑問の助詞を文末に付けることで表わす。

疑問の助詞は、奈良時代の日本語では、「カ」「ヤ」である。

夢二谷　所見者社有　如此許　不所見有者　戀而死跡香、

夢にだに　見えばこそあれ　かくばかり　見えずしあるは　恋ひて死ねとか　（万葉四・７４９　大伴家持）

夜晝　云別不知　吾戀　情蓋　夢所見寸八

夜昼と　いふわき知らず　吾が恋ふる　心はけだし　夢に見えきや　（万葉四・７１６　大伴家持）

疑問詞と疑問の助詞とは、そのどちらか一方があれば、疑問の言葉であることは伝わりやすくなる。そして、助動詞「ム」がともに用いられることも多い。

秋田之　穂上尓霧相　朝霞　何時邊乃方二　我戀将息

秋の田の　穂の上に霧らふ　朝霞　いつへの方に　我が恋止まむ　（万葉二・８８　相聞　磐姫皇后）

日本書紀には、

瀰儺曾虚赴　於瀰能烏苔咩烏　多例揶始儺播務

水底ふ　臣の嬢子を　誰養はむ

瀰箇始報　破利摩波椰摩智　以播區娜輪　伽之古倶等望　阿例揶始儺破務

みかしほ　播磨速待　岩下す　畏くとも　あれ養はむ　（紀４４／４５歌謡）

という歌がある。そして、記紀には、「誰そ……申す」「誰か……申す」の形がある。

美延斯怒能　袁牟漏賀多氣爾　志斯布須登　多禮曾　意富麻幣爾麻袁須……

み吉野の　小牟漏が嶽に　獣伏すと　誰そ　大前に申す……　（記９７歌謡）

野麼等能　嗚武羅能陁該儞　之之符須登　陁例柯擧能居登　飫裒磨陛儞麻嗚須……

大和の　小武羅の嶽に　獣伏すと　誰かこの事　大前に申す……　（紀75歌謡）

古事記97歌謡の「タレソ」については、『古代歌謡全注釈』（角川書店、一九七二年、三四〇頁）に、

○誰そ　大前に申す　『紀』75には「誰か」とあるが、「誰そ（か）」は、獣がいることを天皇に申し上げた者が誰であるかを問題にしているのではなく、誰かが申し上げた、の意と思われる。

と言う。現代語で「誰ぞ」は、それだけで疑問文を構成することはなく、「誰ぞ来た。」「希望者が、誰ぞあるか。」のように用いて、不定（誰とはわからないが、誰か）の意になる。が、万葉集に、

多麻河泊尓　左良須弖豆久利　佐良左良尓　奈仁曽許能兒乃　己許太可奈之伎

多摩川に　さらす手作り　さらさらに　何そこの子の　ここだかなしき　（万葉十四・3373　東歌）

「ナニソ～連体形」（いったいどうして～なのだろうか）の例があり、「タレソ～連体形」の場合にも「タレカ～連体形」の場合に同じく、これで、「いったい誰が～なのだろうか」の意である。

「ム」によって疑問を表わすこともあり（紀44歌謡）、疑問の所在を示すために「ソ」で強める（記97歌謡）。その疑問を示す役割をもつことになったのが、助詞「カ」であった（紀75歌謡）。

「カ」は、詠嘆を表わす終助詞であった。中国語の「哉」「乎」「夫」「也」「耶」「歟」などを「カ」「カナ」「ヤ」と訓む。これらは詠嘆を表わすこともあり、疑問や反語の文に用いられることもある。そのようなところから、日本語でも、詠嘆を表わす言葉と疑問や反語が同じ形を取ることになったものであろう。

中国語では、疑問の言葉は文頭に来ることが多い。日本に漢文が伝わって、中国語のままに読むことと日本式に読むこととが行われた。日本式の読みには、直読と訓読とがあって、直読することも多かったため、訓読の際にも、日本語にはなかった語順のものも生じた。疑問文は、日本語とは語順が異なるため、訓読の際に疑問の言葉から読むと、倒置の形になる。

【係り結び】は、倒置による強調構文からできたという説があるが、倒置は、この疑問文の場合に言えることである。（反語の助詞「ヤ」も、この構文を踏襲する。）

その語法は、文頭に疑問詞のあるものだけでなく、一般の文にも及ぼされることとなる。そうして、係助詞「カ」は文中に用いられ、結びは連体形を取ることになった。

後居而　吾戀居者　白雲　棚引山乎　今日香越濫

後れ居て　吾が恋ひ居れば　白雲の　たなびく山を　今日か越ゆらむ　（万葉九・1681）

の「カ」の位置は、疑問に思う語に「カ」が付いたもので、右の、古事記の97歌謡の「ソ」を日本書紀で75歌謡の「カ」に置き換えたのと同じように、その直前の語を疑問に思う表現である。「今日か越ゆらむ」は、「今日、越えていらっしゃるのでしょうか」ではなく、「今日あたり、あなたは越えていらっしゃるのでしょうか」ということである。

この「カ」が文末に来る時は、万葉集では、

久堅乃　雨毛落粳　雨乍見　於君副而　此日令晩

ひさかたの　雨も降らぬか　雨つつみ　君にたぐひて　この日暮らさむ　（万葉四・519　大伴女郎）

のように、否定の言葉を伴った「〜ヌカ」の表現が多い。反実仮想の一態で、そうはあり得ない現実への嘆きを歌うものである。

未定の助動詞「ム」

助動詞「ム」は、未定を表わす。一人称の意思・願望、他者に誂え願う、未来時、予想、推量などさまざまな意義で使われる。未定のこと・不確かな思いを表わす語であるから、疑問の際に用いられることも多かった。

見吉野乃　山下風之　寒久尓　為當也今夜毛　我獨宿牟
み吉野の　山のあらしの　寒けくに　はたや今夜も　我が一人寝む
（万葉一・74　雑歌）

吉野の山おろしの風がこんなに寒いのに、どうもやはり、今夜もわたくしは一人で寝ることになるのだろうなあ。

この歌は、左注に「或云天皇御製歌」とあって、文武天皇の歌かとも考えられている歌である。「為當也　ハタヤ」の「ハタ」は、「一方を抑え、他を取り立てる語」（新潮日本古典集成『萬葉集　一』頭注、八〇頁）である。「ヤ」は間投助詞で、詠嘆を表わす。この場合、「あれこれ逡巡した挙句、こうなのだろう」と思い定める意で「どうもやはり」と訳した。(7)

この歌の類歌が巻第十にある。

霰落　板聞風吹　寒夜也　旗野尓今夜　吾獨寐牟
霰降り　いたも風吹き　寒き夜や　旗野に今夜　吾が一人寝む
（万葉十・2338　冬相聞　寄雪）

霰が降り、ひどく風が吹いて寒い夜だよ。それなのに、旗野に今夜わたくしは一人で寝ることになるのだろうなあ。

巻第十に収められた歌は、用語や歌の調べから、奈良時代のものと見得るから、2338の歌は、74の歌をもとに作った歌であろう。この歌では、第三句が「寒き夜や」となり、第四句の「ハタヤ」は「旗野」という地名に変わっている。第三句の「ヤ」は終助詞で、第三句で一旦切れて、「寒い夜だなあ」と詠嘆する。第五句の「ム」は未定を表わす語であるから、未定であることの中から不安の意となるものである。そして、「ああ、こんなに寒い夜なのに」という意味が、第二句と第三句との切れに言外に含まれ、「この旗野にわたくしは今夜、一人で寝ることになるのだろうなあ」という深い嘆息で結ばれる。74の歌をもとにして、より緊張度の高い歌になっている。

74の歌では、「ハタヤ」という言葉が入っていて、さまざまの思いの挙句に「こうなのだろうなあ」と推量している。2338の歌では、それが句と句との切れの間に言外に込められている。これらの歌では「ム」は推量の意味で用いられているが、このようにあれこれと推量する中に、疑問の意が胚胎する。

「ム」は、一般に推量の助詞と名付けられ、「〜だろう」と訳されているが、「〜だろう」ではなく、「〜だろうか」という疑問の意に解することができるものがある。

何　名負神　幣嚮奉者　吾念妹　夢谷見

いかならむ　名負ふ神にし　手向けせば　吾が思ふ妹を　夢にだに見む　（万葉十一・2418　寄物陳思）

どのような名を負った神に手向けをしたならば、わたくしが恋い焦がれているあの人に、夢の中でだけでも逢えるのだろうか。

百世下　千代下生　有目八方　吾念妹乎　置嘆

百代しも　千代しも生きて　有らめやも　吾が思ふ妹を　置きて嘆かむ　（万葉十一・2600　正述心緒）

人は、百年も千年も生きてはいない。（そんな短い時の間なのに、）いとしい人を放ったままで、嘆いてなんかいられようか。

いずれも一音一字表記例ではないので、一等資料とは為し難いが、これらを「夢にだに見む」「置きて嘆かむ」と訓むことは、ほぼ間違いがない。ここでは「ム」は、疑問の意を表わす語として用いられている。

2418の歌では、「いかならむ名に負ふ神に手向けせば」の中にある「いかならむ」という疑問の言葉、「ば」という仮定、と呼応して、「ム」に疑問の意味が出る。2600の歌は、前句の「メヤモ」が反語で、ここで一旦切れる。前句の「ヤ」に疑問の意を響かせて、「ム」がそれに呼応するものであるかのように見ることはできない。「ム」は単独で疑問の意味を表わしている。

「ム」の多くは、「～だろう」という推量を表わすから、それと同じ形であって疑問を表わすことができるのは、このように、文脈に即して明確に疑問とわかる場合ということになるであろう。ただし、それは、歌を文字で見て、読んでいる時のことである。

会話では、疑問は、文末を上げるイントネーションによって表わすことができる。歌の場合には、節《ふし》が付いているため、疑問表現であることがわかり難くなる場合もあるが、歌い収める音階ではなく、上がるか下がるかいずれにしても、後に続いていく音階にするならば、肯定文であるか否定文であるかを伝えることは可能である。記紀万葉の歌の中で、現在、疑問を表わしているものとは考えられていない歌の中にも、その歌が歌われている場の人々には、《節の型》によって、疑問の言葉であることが了解されるものであった歌もあるのではないか、と考える。

この未定の「ム」が已然形になると、反語を表わす。

吾背子乎　何處行目跡　辟竹之　背向尓宿之久　今思悔裳
吾が背子を　いづち行かめと　さき竹の　そがひに寝しく　今し悔しも
（万葉七・１４１２　挽歌）

可奈思伊毛乎　伊都知由可米等　夜麻須氣乃　曽我比尓宿思久　伊麻之久夜思母
かなし妹を　いづち行かめと　山菅の　そがひに寝しく　今し悔しも
（万葉十四・３５７７　挽歌）

の「いづち行かめ」は、「いったいどこに行くだろうか、いや、行きはしない」の意である。

万葉集の時代には、已然形は、順接・逆接の条件句を表わす。「ム」の、未定であることに含まれる不安の気持ち、ああだろうかこうだろうかと推量する思いは、順接でもあり得、逆接でもあり得る已然形を取ることで、順接と逆接の間を行き来する反語になる。

反語の表現は、反語を表わす「ムの已然形」に間投助詞の「ヤ」が結びついて「メヤ」、さらに終助詞の「モ」が付いて「メヤモ」の形で行なわれることがあった。（反語の結果、落ち着くところは、肯定であったり否定であったり、さまざまである。）

反語の助詞「ヤ」

間投助詞の「ヤ」は、もともと詠嘆を表わす語であって、この語の中に反語の意味があったわけではない。しかしながら、未定の助動詞「ム」の已然形とともに用いられて「メヤ」となる時、「メ」を已然形に用いることの中にあった反語の意味が、「ヤ」の中にあるかのように考えられて、反語の助詞「ヤ」が成立する（これは、例えば、「ス（為）」「ク（来）」の命令形に終助詞の「ヨ」が付いた「セヨ」「コヨ」が、あたかも、これだけで一語の命令形であるかのように考えられるのと、同じである。）

反語の中には、疑念が入っている。このことから、「ヤ」も疑問の語と見做されるようになって、「ヤ」と「カ」の意味領域が重なり、ともに疑問・反語の助詞となる。そして、「ヤ」も「カ」の語順に従って同じ構造に組み込まれていき、やがては、「カ」の範囲を覆うようになる。

……無良等理能　安佐太知伊奈婆　於久礼多流　阿礼也可奈之伎　多妣尓由久　伎美可母孤悲無……

……群鳥の　朝立ち去なば　後れたる　あれや悲しき　旅に行く　君かも恋ひむ……

（万葉十七・４００８　大伴池主）

〔疑問の助詞「カ」〕の項に、疑問表現が漢文訓読の影響を受ける場合を述べた（二四七頁）。「カ」「ヤ」が、句や節の、頭の語の次に置かれることが多いのは、そのためである。上に挙げた古事記９７歌謡「誰そ　大前に申す」と日本書紀７５歌謡「誰かこの事　大前に申す」の場合、疑問詞の後の「ソ」を「カ」に置き換えているが、万葉集巻第九・１６８１の歌の「今日か越ゆらむ」では、「カ」が疑問に思う言葉の後に付いて、直前の語を疑問に思うことを表わしていた。型がいったん出来上がってしまうと、その型は、既成のものとなって、「カ」「ヤ」は、疑問の内容の後に置かれるだけではなく、疑問の句や節の中に置かれるようにもなる。

梅花　令散春雨　多零　客尓也君之　廬入西留良武
梅の花　散らす春雨　いたく降る　旅にや君が　いほりせるらむ　（万葉十・1918　春の相聞　寄雨）
旅先で、あなたは今頃、仮屋に雨宿りしていらっしゃるのでしょうか。

この場合、「旅に」が疑問にされているのではない。「ヤ」の影響力は、傍点を付した全体にある。既に、助詞「ヤ」が直前の語を疑問に思うものであったことを忘れられ、単なる疑問の形式と見做されるようになったものである。この場合、「カ」「ヤ」を、句や節の、頭の語の次に置き、疑問とする句や節の最後を推量の助動詞「ム」「ラム」「ケム」などで括れば、「カ」「ヤ」の影響の及ぶ範囲を明確に示すことができる。

上の〈疑問の助詞「カ」〉に、「後れ居て　吾が恋ひ居れば　白雲の　たなびく山を　今日か越ゆらむ」（万葉九・1681）という歌を挙げた（二四八頁）。1681の歌では「君が」は詠出されていないが、「旅にや君が　いほりせるらむ」は、「今日か越ゆらむ」と同じ形である。ならば、1918の歌の場合にも、疑問の助詞「ヤ」の直前の言葉を疑問に思う歌、ということにならないか。

1681の歌と1918の歌との違いは、助詞「ヤ」の前の言葉の性格である。1681の歌では「今日」で、夫が山を越えているのが今日あたりではないかと推測しているのであるが、1918の歌では「旅に」である。夫が旅の途に在ることは動かぬことであり、昨日・今日・明日というような推測はできない。このような、性格の違う言葉が前にあるので、形は似ていても、1681の歌の「ヤ」と1918の歌の「ヤ」とは異なったものになる。

また、

旦霧　八重山越而　喚孤鳥　吟八汝来　屋戸母不有九二
朝霧の　八重山越えて　呼子鳥　鳴きや汝が来る　やどもあらなくに　（万葉十・1941　夏の雑歌　詠鳥）
呼子鳥よ、鳴きながらやってくるのか。とまるところも無いのに。

の場合、「ヤ」の前の語は「鳴き」で、動詞の連用形である。「鳴き」は、「来る」に係る。「鳴きながらやってくるのか」と訳した通りである。

5　動作主体を表わす言葉の位置

ところで、右に挙げた1941の歌の場合には、「汝が」を訳出しなかった。1918の歌の下線部とその現代語訳とは、動作の主体の位置が異なっている。これらの歌では、「君が」「汝が」など動作の主体を表わす言葉が、動詞の直前に置かれている。現代の日本語では、このような位置に「君が」「汝が」が入ることはない。

……於保夫祢乎　許藝和我由氣婆　於伎都奈美　多可久多知伎奴……
……大舟を　漕ぎわが行けば　沖つ波　高く立ち来ぬ……
（万葉十五・3627　属物發思歌一首并短歌）

安伎也麻能　毛美知乎可射之　和我乎礼婆　宇良之保美知久　伊麻太安可奈久尓
秋山の　黄葉をかざし　わが居れば　浦潮満ち来　いまだ飽かなくに
（万葉十五・3707）

宇流波之美　安我毛布伎美波　奈弖之故我　波奈尓奈蘇倍弖　美礼杼安可奴香母
うるはしみ　あが思ふ君は　撫子が　花になそへて　見れど飽かぬかも
（万葉二十・4451　大伴家持）

安良多麻能　等之能乎奈我久　安波射礼杼　家之伎己許呂乎　安我毛波奈久尓
あらたまの　年の緒長く　逢はざれど　異しき心を　あが思はなくに
（万葉十五・3775　狭野弟上娘子）

安受乃宇敝尓　古馬乎都奈伎弖　安夜抱可等　比等豆麻古呂乎　伊吉尓和我須流
あずの上に　駒を繫ぎて　危ほかど　人妻児ろを　息にわがする
（万葉十四・3539　相聞）

のように、係り結びではないものにも、この語順は現われ、

麻乎其母能　布能末知可久弖　安波奈敝波　於吉都麻可母能　奈氣伎曽安我須流
まを薦の　節の間近くて　逢はなへば　沖つま鴨の　嘆きそあがする
（万葉十四・３５２４　相聞）

など、万葉集の中に多くの用例を見出すことができる。
ところが、大伴池主の歌に「わが漕ぎ行けば」があって、これは現代語の語順と変わりがない。

……阿登毛比弖　和賀己藝由氣婆……
……率ひて　わが漕ぎ行けば……
（万葉十七・３９９３　大伴池主）

同じ時代の大伴家持が、４４５１の歌にあるように、「あが思ふ君」の表現を為してはいるが、家持は古い表現を好んで取り入れるところもある人であり、池主の例があることから、この頃までには現代語と同じ語順になったと考えられる。

「漕ぎわが行けば」（万葉十五・３６２７）の場合は、〔反語の助詞「ヤ」〕（二五二～二五四頁）に挙げた、「鳴きや汝が来る」（１９４１）で「鳴き」が「来る」を限定修飾したのと同じく、「漕ぎ」は「行く」を限定修飾する言葉であろう。「わが漕ぎ行けば」では「漕ぎ行く」が複合語になっている。「漕ぎわが行けば」と、「わが漕ぎ行けば」（万葉十七・３９９３　大伴池主）とは、現代語訳すれば同じ表現になりはしても、両者の意識はまったく異なるものであった。

上に挙げた例のうち、「黄葉をかざし　わが居れば」（３７０７）は、「黄葉をかざし」が「居る」を限定修飾するもので、この場合にも、「黄葉をかざし」と「居る」との結びつきは緩い。

ところが、「うるはしみ　あが思ふ君」（４４５１）は、「～ミ思フ」「～ミス」の形で「思フ」内容を表現するもので、「うるはしみ」と「思ふ」の結びつきが約束されているものである。「異しき心を　あが思はなくに」（３７７５）の場合も、「～ノ心ヲ思フ」の形で現代語の「思う」にあたる表現を為すもので、「異しき心を」と「思ふ」

の結びつきは約束されている。「人妻児ろを　息にわがする」（3539）は、「ス」が「思フ」に通ずる意をもつもので、「溜息をついて想う（あなたを想って溜息をつく）」[8]。

これら三例の場合は、「あが」「わが」の前の言葉と後の動詞とに密接な関係がある。「あが」「わが」などは、このようなところにまで入り込むことの可能な言葉である。言い換えれば、「アガ」「ワガ」など動作主体を表わす言葉は、動作を表わす動詞の直前に置かれるものである、ということである。

「沖つま鴨の　嘆きそあがする」（3524）は、「嘆く」という動詞を強めるために「ソ」という係助詞を用い、「嘆キ＋ソ＋ス」となったもの。これは、例えば指定の助動詞「ナリ」を強めるために「ソ」を用いた場合に、「ニ＋ソ＋アリ」になるのと同じ形で、「ス」の用法は、存在詞「アリ」の形式的な用法と同じものである。「ス」の場合には、動詞の連用形から名詞となったものや、本来は動詞ではないものを動詞にする働きをもつ。

〔反語の助詞「ヤ」、二五三頁〕に挙げた、

朝霧の　八重山越えて　呼子鳥　鳴きや汝が来る　やどもあらなくに　（万葉十・1941　夏の雑歌　詠鳥）

の「ヤ」が、この位置に置かれることが可能になったのは、ここにも「汝が」という動作主体を表わす言葉が用いられており、「来る」を限定する「鳴き」と、「来る」とが、截然と分かたれていることに因る。こういう用法が可能であったために、「ヤ」は、そして「カ」も、語調に応じて、疑問とする内容を表わす句の中に入ることが可能になったのである。

梅花　令散春雨　多零　客尓也君之　廬入西留良武
梅の花　散らす春雨　いたく降る　旅にや君が　いほりせるらむ　（万葉十・1918　春の相聞　寄雨）

の場合（二五三頁）も同じである。

これらの例に見られるように、現代語であれば、動作主体を表わす語が句の頭にあるか、あるいは、動作主体を

示さないような場合に、「アガ」「ワガ」「ナガ」「君ガ」「妹ガ」などが用いられ、動詞の直前に置かれることが多い。これが、記紀万葉の動作主体を表わす言葉の最大の特徴である。(9)

従属句の中で主格を表わすには、ほとんどのものが「ノ」を用いる。にもかかわらず、人称代名詞および「君」「妹」などのヒトを表わすものについては、記紀万葉では徹底して「ガ」を用いている。これが、上のような現代語とは異質な主格表現と関わりのあるものではないだろうか。この「アガ」「ナガ」「君ガ」などは、所有・所属を表わす際にも用いられるものである。

萬葉集には、以上のような「ガ」の用法がある。

このような場合に、中国語では、〔第三章の二、二三二頁〕にも述べた「者」字を、文の主語に置いて区別する場合がある。

アイヌ語では主語を表わすには人称接辞を用い、人称代名詞は主語や目的語を強調したい場合に用いる。これはちょうど、日本語の「ガ」と「ハ」の関係に似ている。ただし、アイヌ語の人称接辞は、人称代名詞を用いた場合にも省略することはできないという。一方、日本語では、「ガ」が接するのは、人称代名詞のみではなく、「君」や「妹」など、身近な人を指す語にも用いている。（これは、現代の日本語においても、人称代名詞の代わりに「お父さん」や「山田さん」や「社長さん」を用いたり、二人称代名詞でもある「あなた」というのが妻から夫に呼びかける特別な言葉として用いられたりすることとも関係するであろう。日本語の人称代名詞は、待遇表現の一つであって、印欧語の人称代名詞の概念では捉えきれないものである。）

このように、アイヌ語と日本語とには似ている部分があり、似ていない部分もある。この人称接辞は、アルタイ諸言語にも見られる特徴である。ここで、アイヌ語とアルタイ諸言語の特徴のうち、日本語を考える上で参考になる事柄を挙げる。

6　アイヌ語・アルタイ諸言語と似た日本語の特徴

以下の記述は、『言語学大辞典　第1巻』（三省堂、一九八八年）、中川裕・中本ムツ子著『エクスプレス　アイヌ語』（白水社、一九九七年）、宮岡伯人編『北の言語——類型と歴史』（三省堂、一九九二年）、G・A・クリモフ著『新しい言語類型学——活格構造言語とは何か』（石田修一訳、三省堂、一九九九年）、津曲敏郎著『満州語入門20講』（大学書林、二〇〇二年）などを参考にした。

（1）アイヌ語と日本語

アイヌ語は、北海道の各地でそれぞれの方言をもっている。『言語学大辞典　第1巻』には、それぞれの方言が具体的に掲げられているが、具体的なものを挙げると方言差があるので、主に『エクスプレス　アイヌ語』（北海道千歳地方の方言による）をもとに、おおよその特徴を示す。

アイヌ語と日本語の類似する点

①高低アクセント。
②語順は基本的に日本語と同じ。
③語末を上げて、疑問を表わすことができる。
④疑問や語調を和らげる文末詞がある。
⑤強調や限定の副助詞がある。
⑥他動詞で助動詞として使われるものがある。
日本語と異なっているか、あるいは、異なった部分のあるもの
⑦一人称複数に、話し相手を含むものと含まないものがある。
⑧人称接辞を、動詞の前か後に付けて、主格・所有格・目的格を表わす。

⑨三人称の主語を表わす接辞はない。

接辞や所有表現に関する事柄

⑩所有表現には譲渡可能と譲渡不可能とがある。

⑪所有表現には、他動詞の主格の人称接辞と同じものが使われる。

⑫人称接辞が付く場合には、いつでも所属形になる。

⑬人称代名詞は主語や目的語を強調したい場合に使い、一般には、人称接辞で表わすなどの用法がある。言語形態は異なるが、これらの特徴は、次のような古代日本語を考える上で、示唆に富んだ特徴である。

(1)　古代日本語の、人称代名詞の主格と所有の形とは、同じ助詞の「ガ」をとる。

(2)　人称代名詞の付いた所有「わが背」「わが家」「梅が枝」「雁が音」などは、所属と言えるものである。これは、譲渡不可能のものである。「梅が枝」「雁が音」などヒトの所有を表わすのではない場合にも「ガ」を用いるのは、「梅の枝」「雁の音」という以上の結びつきをとらえた表現であると見得る。

(3)　古い日本語では、主語を表わす「アガ」「ワガ」「ナガ」などは、動詞と結び付いて使用されている。「アガ」「ワガ」「ナガ」は、所有・所属の形と同じである。

(4)　アイヌ語の人称代名詞と人称接辞のあり方は、日本語の「ハ」と「ガ」の使い分けに似ている。ただし、アイヌ語の人称接辞は、人称代名詞を用いた場合にも省略することはできない。

(5)　日本語でも、三人称代名詞は発達していない。古い日本語では、指示代名詞の「シ」を、二人称・三人称に用いている例がある。

(2) アルタイ諸言語と日本語

◇アルタイ諸言語……『言語学大辞典』アルタイ諸言語の項（五二八〜五四五頁）から、適宜抜き出した。

①語頭に子音群が立つことはなく、rで始まることもない。

②母音調和がある。

③膠着語である。

④満州語文語では複数形をもつ名詞は数少なく、特に必要な場合以外、使用されない。特に、数詞によって修飾される名詞は、チュルク諸語、蒙古諸語では、単数形をとることが著しい特徴として知られている。

⑤満州語文語を除くツングース語には、「譲渡可能性」または「間接所有」を表わす所有接辞がある。

⑥所有や所属の関係は、例えば次のように表わされる。

トルコ語

baba・*m*・ın kitab・*ı*「私の父の（属格）・（その）本」

komşu・*muz*・un tavuk・lar・*ı*「我々の隣人の（属格）・（その）鶏（pl.）」

モンゴル語

düügii・*mini* nom「私の弟の（属格）・本」

üxrii・*ni* xöl「彼の牛の（属格）・足」

エヴェンキ語

minŋii・amii*m* laaŋ・il・*in*「私の父（amiin, -v：私の）の（主格）・（その）仕掛けわな（pl.）」

oro・r・*ti* xalga・r・va・*tin*「我々の（in.）鹿（pl.）の（主格）・（それらの）足（pl.）を（対格）」

⑦動詞は、複雑な活用を行なうが、活用形は、文を結ぶほか、従属文や副詞句を導き、修飾句を名詞に結び付けるなど、それぞれの特質によって、文構成において中心的な役割を果たす。これら諸言語では、接続詞や関係代名詞などは発達しているとはいえない。

⑧活用形は、機能によって、命令形、定動詞形、形動詞形、副動詞形に大別される。

⑨語順は日本語と似ている。
⑩主語無しでも文を成すことができる。
⑪日本語の副助詞や終助詞のように、文の一部の強調や疑問、確認などの意味を付加して表わす助辞が多くみられる。
⑫トルコ語では、動詞の人称語尾のうちの一つは、動詞だけでなく、名詞や形容詞などにも付いて、述部を構成する。
この述語人称語尾は、「未来」を表わす活用形にも接尾するが、疑問表現では、疑問の助辞の後にあらわれる。
⑬エヴェンキ語では、名詞や形容詞がそのままで述語となることは少なく、補助動詞と結合した形でその機能を果たすのが普通のようである。単なる述語機能を付与する補助動詞（繋辞）には、bi-「ある、いる」の現在形 bi-*si*- が用いられるが、述語が3人称である場合、形容詞など修飾語と名詞との結合である場合などには、補助動詞が省略されることがある。
⑭ナーナイ語では、名詞などに接尾する述語人称語尾として、所属人称語尾と同じ形の形式が用いられるという。
⑮ナーナイ語には、1人称複数に除外形と包括形の対立はみられない。
⑯動詞の形動詞形や副動詞形は、修飾語や従属節を導くことができ、それらが重なり合って複雑な構造の文を構成する。このような複雑な文の構成は、日本語の場合によく似ている。

これらの特徴のうち、

(1) ①〜④は古代日本語の特徴と同じである。
(2) ⑤は、アイヌ語のところでも述べたように、「梅ガ枝」と「梅ノ枝」の使い分けが関係するかもしれない。
(3) ⑥の「私の父の、その本」のあり方は、「那泥之古我　曽乃波奈豆末尓（撫子が　その花妻に）」（万葉十八・

4113　家持）に「その」があらわれることを思い起こさせる。ただし、日本語の場合は、「奈我古敷流　曽能保追多加波（汝が恋ふる　その秀つ鷹は）」（万葉十七・4011　家持）のように、「ソノ」が関係代名詞に替わる機能をも有する。

これについては、〔第二章の三、一七〇〜一七七頁〕に述べた。さらに、「於朋佐箇琲　阿布夜烏等謎烏瀰知度沛廰（大坂に　遇ふや少女を　道問へば）」（紀64歌謡）の「ヤ」、「秋田之　穂向之所依　片縁（秋の田の　穂向きの寄れる　片寄りに）」（万葉十・2247）「紫草能　尓保敝類妹（紫草の　匂へる妹）」（万葉一・21）の「ル」も、関係代名詞に替わる機能をもつ。

(4)　⑦の動詞の性格も日本語と似ている。

(5)　⑨〜⑪も同じ。

(6)　⑫のトルコ語の述語人称語尾が、疑問表現では疑問の助辞の後にあらわれる、というのは、「鳴きや汝が来る」（万葉十・1941）での疑問の助詞と動作主体を表わす言葉との語順と同じである。

(7)　⑬は、日本語の形式的な「アリ」「ス」のあり方と似ている。

(8)　⑭は、日本語の所有・所属の表現と動作主体を表わす言葉のあり方と似ている。

(9)　⑯も日本語と似ている。

◇満州語……『満州語入門20講』から適宜抜き出した。

①語頭にrは立たず、pもほとんどが外来語や擬音語・擬態語の語頭にあらわれる（一〇頁）。

……rが語頭に立たないのは朝鮮語や広くアルタイ諸言語にも共通する特徴である。さらに、満州語ではngも（音節頭に立たない以上、当然ながら）語頭に立つことはない。いっぽう語末に関しては、ふつう、母音で終わるか、nで終わるかどちらかであり、これも日本語とよく似ている。（一一頁）

②格語尾ゼロ。文中ではもっぱら主語を表わすわけではなく、さまざまな文法関係で用いられる。（三二頁）

③ある種の従属文中の主語が属格で表わされることがあり、この点でも日本語の「の」と似ている。（三四頁）

④満州語には日本語と同じく、豊富な擬音語や擬態語があり、いずれも副詞として分類することができる。（六八頁）

⑤文末後置詞……断定・強調・推量などの意味合いを添える。（六八頁）
接続後置詞……時間的・空間的位置や理由、目的、限定、引用、取立てなどいろいろな関係であとの文につなぐ。（六九頁）

以上、日本語と似ているものを挙げた。⑤は、日本語の助動詞や接続助詞の働きに似ている。

（3）アイヌ語・アルタイ諸言語と日本語の似ている点

アルタイ諸言語のそれぞれの言語が、異なった様相を見せているので、部分的に日本語と類似のものを取り上げても、言語の類似を指摘するに至るものではない。まして、これらの言語の多くは、現在話されているものを中心に調査されたものである。そのまま古い日本語と比較できるものではない。が、これまでにも「語頭にｒが立たないこと」や「述語中心の言語であること」、また、「母音調和があること」などが日本語とアルタイ諸言語の類似点として指摘されてきている。これまで指摘されてこなかったアルタイ諸言語と古い日本語の類似点のいくつかを、次にまとめて、日本語の古層を考える参考とする（アイヌ語などの北方諸言語の特徴と重なる部分もある）。

(1)　日本語は述語が主体の言語で、主格の表示は、補語のようなものである。日本語の動作主体を表わす語が、動詞に密接に結びついているのは、アイヌ語をはじめとする北方諸言語（古アジア諸言語やエスキモーの言語、北米インディアン言語の一部のもの）やアルタイ諸言語に見られる人称接辞と、よく似た性格である。

奈良時代には、動作主体を表わす「アガ」「ワガ」「ナガ」が、述語動詞の前に置かれることがある。これらの言葉は、平安時代中期以後の日本語であれば用いない所にまで、用いられている。

人称接辞が所有・所属に用いられるものであることも似ている。

(2)　アルタイ諸言語の所有表現に、翻訳すれば「撫子の　その花妻」（万葉十八・４１１３）にあたるような表現がある。

(3) アルタイ諸言語（右に掲げた特徴の⑦）の、動詞が「従属文や副詞句を導き、修飾句を名詞に結び付けるなど、それぞれの特質によって、文構成において中心的な役割を果たす。これら諸言語では、接続詞や関係代名詞などは発達しているとはいえない。」は、日本語の活用のあり方に似ている。

(4) また、満州語の後置詞は日本語の助動詞や接続助詞と似た働きをするもので、奈良時代から平安時代にかけて日本語の中にも形成されてきた、それぞれの表現を思い起こさせる。

(5) 満州語の「格語尾ゼロ。文中ではもっぱら主語を表わすわけではなく、さまざまな文法関係で用いられる。」という特徴は、古い日本語で格助詞が発達していなかったことや、現代の日本語の会話では、助詞・助動詞をかならずしも用いるわけではないということと符合する。

以上のように、日本語の古層には、（現在の）アルタイ諸言語に見られるのとよく似た特徴があった。はじめにも述べたように、古い日本語には北や南の言語の要素があったであろうから、必ずしも、日本語がアルタイ諸言語の一つであった、と限定する必要もないが、奈良時代言語と平安時代言語とを見較べて、その大きく異なっている部分がアルタイ諸言語の特徴と似ている、ということは指摘できる。

中国語との接触によって失われたものは、これらアルタイ諸言語の特徴であった。それは、中国語が、アルタイ諸言語とは異なった特徴をもつ言語であったことに因る。日本語の文法には、漢文を訓読する際に出来上がったと見られる表現がいくつかある。

那莵務始能　譬務始能虚呂望　赴多幣耆氏　介區瀰夜儀利破　阿珥豫區望阿羅儒　（紀49歌謡）
夏蠶の　蝱の衣　二重着て　隠み宿りは　豈良くもあらず

八百日往　濱之沙毛　吾戀二　豈不益歟　奥嶋守
八百日行く　浜の真砂も　吾が恋に　あに勝らじか　沖つ島守　（万葉四・596　笠女郎）

價無　寳跡言十方　一杯乃　濁酒尓　豈益目八方
価なき　宝といふとも　一杯の　濁れる酒に　あに勝めやも　（万葉三・345　大伴旅人）

の「アニ　豈」や「梅莫戀　ウメヲナコヒソ」（万葉十・1842）・「勿散祢　ナチリソネ」（万葉二・233）・「安乎許等奈多延　あを言な絶え」（万葉十四・3501）などの「ナ～（ソ）」の表現。

除雪而　梅莫戀　足曳之　山片就而　家居為流君
雪をおきて　梅をな恋そ　あしひきの　山片付きて　家居せる君　（万葉十・1842　春雑歌）

高圓之　野邊乃秋芽子　勿散祢　君之形見尓　見管思奴播武
高円の　野辺の秋萩　な散りそね　君が形見に　見つつ偲はむ　（万葉二・233　笠金村）

安波乎呂能　乎呂田尓於波流　多波美豆良　比可婆奴流奴留　安乎許等奈多延
安波峰ろの　峰ろ田に生はる　たはみづら　引かばぬるぬる　あを言な絶え　（万葉十四・3501　相聞）

また、間投助詞「ヲ」が目的格格助詞として用いられるようになったのも、漢文の「乎」が目的語を表わす表現として使われることと関係が深いであろう。疑問の「カ」「ヤ」が、文中に用いられて連体形で結ぶことになったのも、漢文の疑問詞が文頭に置かれることと関係するであろう。

日本語が中国語と接触する際に、媒介となった朝鮮語の影響も大きいであろう。「豈」を「アニ」と訓むのも、朝鮮の訓読語から入ったものであろうと推定されている。その他、多くの語彙が、朝鮮語出自であると指摘されている。そして何より、平安時代以後の日本語の文法や敬語表現は、朝鮮語の文法や敬語表現と酷似している。言語の上で、何らかの影響力が働いたものであることは間違いがない。

アルタイ諸言語の特徴は、朝鮮語の中にもあるが、古い時代の朝鮮語の像が明らかではないので、日本語とアルタイ諸言語と朝鮮語との互いの影響関係について知ることができない。今あきらかであることは、記紀万葉の時代に遺るアルタイ諸言語に似た特徴は、中国語の影響を受ける以前に、大和で話されていた言語の片鱗である、ということである。

7 古代語から近代語へ

古い日本語には、以上のように、アイヌ語やアルタイ諸言語の特徴と似たものがあった。もとは、已然形で表わし得た条件句は、「バ」や「ド」や「トモ」を付けることで表わすようになっていった。人称接辞に似た性格の「アガ」や「君ガ」の用法も、万葉集末期には一般的ではなくなっていた。

接続助詞が発達すると、逆接確定条件の強調を表わした「コソ〜已然形」が、単なる強調構文と受け止められるようになった。

平安時代には、「ガ」「ニ」「ヲ」などが接続助詞の資格を得ていく。中世になると、接続詞も発達してきた。

係助詞「カ」は、漢文の疑問詞が文頭にあるものを読み下す際に、日本語の中で倒置をするところに発した。係助詞「ヤ」も、この構文を踏襲する。係助詞「ソ」は、連体形で結ぶ詠嘆表現の中で、強調する語に付いたもの。「ナモ」は、「言う」「思う」などの内容、条件句を押さえ、「〜のだ」の意を込めて連体形で結んだものであった。「ソ」「ナモ」「カ」「ヤ」の成立の仕方は異なるが、結果として同じ構文を取ることになる。平安時代以後は、「ゾ〜連体形」「ナム〜連体形」で強調を、「カ〜連体形」「ヤ〜連体形」で疑問・反語を表わすものとして、形式的に用いられる。「コソ〜已然形」も同様に、強調を表わすものとして、形式的に用いられる。

ところが、平安時代末から中世にかけて、連体形が一般の文の言い切りに用いられるようになった。連体止めで詠嘆を表現するものは万葉集からあったが、平安時代には、和歌の分野で、余情をこめる表現として多用される。さらに連体形は、一般の文の言い切りに用いられるようになった。これは、上一段動詞や四段動詞においては、終止形と連体形とが同形となったことで、係り結びの構文が崩れたことをきっかけとするものであろう。

係助詞「ゾ」「ナム」を用いた構文は、平安時代には強調表現であった。連体形が一般の文の言い切りに用いられるようになった時、係助詞を用いて強調する表現は意味をもたなくなる。そうして、いわゆる係り結びの語法は消滅する。結びが連体形であった「ゾ」「ナム」「カ」「ヤ」のみならず、已然形で結ぶ「コソ」も同時に下火になった。が、「コソ」はもともと条件句を強める用法もある言葉であったので、「金メダルこそ逃したけれど、よく頑張った。」「これこそが欲しかったのだ。」のように、現代にも命脈を保つこととなった。

係助詞「ソ」が文末に用いられる表現の一つに、「ナ～ソ」がある。「梅莫戀　ウメヲナコヒソ」（万葉十・1842）・「勿散祢　ナチリソネ」（万葉二・233）などの用字もあるように、もともと漢文を語順の通りに上から読む方法からできた語で、「ナ」が禁止を表わし「ソ」は係助詞である。「安乎許等奈多延　あをことな絶え」（万葉十四・3501）のように「ソ」のない形がもとにあり、233の歌に「ネ」が添えてあるように、懇願を表わした。後には「～ソ」（夫木和歌抄巻第二十七雑部九動物部　寂蓮法師　13109「牛の子にふまるな庭のかたつぶり角のあればとて身をばたのみそ」　新編国歌大観第二巻　一九八四年、所収）や「ナナ～ソヨ」（閑吟集57「卯の花襲なな召さいそよ　月にかかやき　あらはるる」　新編日本古典文学全集『神楽歌　催馬楽　梁塵秘抄　閑吟集』小学館、二〇〇〇年）もある。(10)

この禁止の「ナ～ソ」も、しだいに使われなくなっていく。

従来、「連体形止めで余情を残す表現が一般化したことが、係り結びの強調構文が強調の意味をもたなくなり、係り結びの消滅と連体形の終止形化の原因である」と説かれてきた。それも原因の一つではあろう。が、奈良時代においても、既に、四段活用動詞・一段活用動詞の終止形と連体形とは同形であった。このことが、他の型に及ぼした影響も大きいであろう。また、抄物やキリシタン資料にも見られるように、この期に「ゾ」は、文末に置かれて、指定の助詞の働きに用いられることが多い（文末の「ゾ」は連体形を承ける）。そのような「ゾ」の用法が優勢になったことも、「係り結びのソ（ゾ）」や「ナ～ソ」を衰退させ、それまでの連体形が文の言い切りに用いられるようになったことの一因であろう。指定の助詞として「ゾ」を用いるのは、あるいは、坂東言葉が反映されているのかもしれない。

そして、それまでの連体形が言い切りの形として使われるようになったのと並んで、主格を表わす助詞「ガ」が多用されるようになった。主語が明示されれば、終止形と連体形とが同じ形であったとしても見分けることは容易である。「ガ」が主格を表わす助詞に定着していったのは、古い日本語の中の、人称接辞に似た性格の「アガ」や「君が」の「ガ」が命脈を保ち、顕在化したものである。

さらに、「来む」などは「コウ」と発音されるようになり、四段活用動詞は、五段活用動詞に転じた。また、二段活用動詞は、一段活用動詞に転じた。

注

（1）かつて、この列島に在ったクニを、中国人は、辺鄙な国として「倭」と名付けた。万葉集にも「和　ヤマト」の表記は二例あるが、「倭」「日本」表記や「山跡」などの万葉仮名表記のものが多い。
「倭」の字を、しだいに「和」に置き換えていくところに、日本人の感覚が現れている。

（2）しだいに、平がなや漢字に濁点記号を表わすようになる。江戸時代の、賀茂真淵『万葉考』（一七六九年）にも、「八つか髭゛」「みやこ人゛ひな人゛」などの表記がある。

（3）連体の助詞には、そのほかに、「ツ」を用いるものもあるが、これは、「浜つ千鳥」「沖つ島」「庭つ鳥」「野つ鳥」、「下づ枝」「中つ枝」「ほつ枝」、「沖つ藻」「辺つ藻」などの用例から、「～に有る・居る」の意をもつものと考える。

（4）「ツ」が「～に有る・居る」の意であるならば、「アキツ島」の「アキ」を「蜻蛉」と書くのは宛字で、「とんぼの島」という解釈は俗語源ということになる。古事記97歌謡・日本書紀75歌謡には、地名起源伝承が語られてもいる。このような伝承のあることも、かえって、「とんぼの国　大和」が本来の意味から遠いことを思わせる。
「アキ」が「秋」である場合、「秋」は、単に季節を指すというのではなく、五行思想に拠るものではないか、と考える。が、五行で「秋」は「西」にあたるから、中国から見て「東国」の日本にはあてはまらない。
そこで「アキ」は「現」であると考える。「アキツシマ」は「ウツシクニ」で、〈「アキツカミ（現神）」「ウツシオミ（顕臣）」の統べる国〉という意であるならば、現人神を擁して天皇制を確立した大和国の枕詞として、これ以上のものはない。

（5）助動詞「リ」は、存在詞「有リ」の活用語尾と同じ活用をする。これは、四段活用動詞・サ変活用動詞・カ変活用動詞・上一段活用動詞の「着る」、の連用形に「有リ」が接し、-iari が -eri に音変化したものとされる。〈形容詞の連用形＋アリ〉などは前項の母音が脱落する形になっているが、この場合には融合の形を取ることになる。

（6）日本国語大辞典の「ガ」の項に、「連体形で終止し、余情表現となる文の主語を示す」例として

　伊可尓安流　布勢能宇良曽毛　許己太久尓　吉民我弥世武等　和礼乎等登牟流

　如何にある　布勢の浦そも　ここだくに　君が見せむと　われを留むる　（万葉十八・４０３６　田邊福麻呂）

を掲げている。この歌の「君」は、「見せむ」の主語であるので、この例にはあてはまらない。このような「君が」については、下の二五四頁に述べる。

（7）新潮日本古典集成の「ああどうやら今夜も私は独り寝をすることになるのか」は意味不明。「ああ」は、「ああどうやら」で、「ああ、どうやら」ではないから、「ああ～か」と文末に係るものではなく、「どうやら」を強めるものであろう。「どうやら～か」の言葉の続け方は、「ハタヤ」の「ヤ」を疑問の意としているように受け止められる。が、「どうやら」は「～のようだ」で結ぶことを期待される語である。「ああどうやら今夜も私は独り寝をすることになるようだなあ」であれば、意味が通じる。

（8）万葉集巻第十九・４２８１の歌には、

　白雪能　布理之久山乎　越由加牟　君乎曽母等奈　伊吉能乎尓念

　白雪の　降り敷く山を　越え行かば　君をそもとな　息の緒に思ふ

　　左大臣換尾云　伊吉能乎尓須流　然猶喩曰　如前誦之也

　　右一首少納言大伴宿祢家持

とあり、「息の緒に思ふ」と「息の緒にす（る）」の二つの表現の間で、選択が行われている。「息の緒に思ふ」は他にも例があり、「息を繋ぐものに思う」即ち、「あなたは私の生きる糧（あなたがいなければ死んでしまう）」ということである。

（9）二四一頁注（6）に挙げた、

　伊可尓安流　布勢能宇良曽毛　許己太久尓　吉民我弥世武等　和礼乎等登牟流

　如何にある　布勢の浦そも　ここだくに　君が見せむと　われを留むる　（万葉十八・４０３６　田邊福麻呂）

の場合も、これである。「君が」は「見せむ」に係る。

(10) 現代の奈良弁に「泣きいさ」で「泣かないでおきなさい」という相手をなだめる言い方がある。大阪弁の「泣きいな」と同じで、「サ」は奈良弁で「あのみいさあ」（=「あのなあ」「あのね」）にも使われる終助詞である。この「泣きいさ」は「泣きそ」を継承するものであろうと考える。

第四章　近代語の形成とこれからの日本語
——江戸時代の言葉、明治以後の言語政策、現代の課題——

一　中世後期の言葉と学問

1　漢学・国学・蘭学

豊臣秀吉は天下を統一し、太閤検地・刀狩・身分法令の制定などを行ない、また、貨幣の統一も計画した。朱印船貿易を推し進め、フィリピンや高山国に入貢を求め、朝鮮に出兵するなど、秀吉は海外進出も目論んでいた。

一六〇〇年には、イギリスのウィリアム＝アダムス、オランダのヤン＝ヨーステンがリーフデ号で来航し、徳川家康の外交顧問となって、海外貿易に尽力した。しかし、一六一二年、家康は禁教令を出す。キリスト教の教義に日本の国家体制と相容れないものがあることや、宗教が一揆の結束力になりかねないこと、ヨーロッパ人が日本を植民地化しようとしていることなどを防ぐためであった。一六二三年、イギリス、平戸の商館を閉鎖。一六二四年、イスパニア人の来航を禁ず。一六三一年、奉書船制度創設。一六三五年、すべての日本人の渡航と帰国を禁ず。一六三七年～一六三八年、島原の乱。一六三九年、ポルトガル人の来航を禁ず。一六四一年、徳川家光はオランダ人を長崎出島に移し、鎖国。幕藩体制が整った。

幕藩体制を支える理論は朱子学（一六九一年に官学となる）で、これは五山僧を中心に鎌倉時代より研究されてきた。江戸時代に、陽明学が研究されるようになり、幕末の思想に影響を与えた。次に、朱子学・陽明学のような後代の解釈ではなく、古典に帰って研究する古学が行なわれた。古学の方法は、国学にも影響を与えた。

徳川光圀（一六二八〜一七〇〇年）は、儒学を中心とした水戸学の基礎を作った。大日本史の編修事業を行ない（一六五七〜一九〇六年）、古典注釈を勧めた。大日本史は尊王思想に影響を与えた。

和文は、平安時代より、主に歌学の中で研究されてきた。秘伝の形態を取り、儒教や仏教の思想を基に解釈されるものもあった。

契沖（一六四〇〜一七〇一年）は、仏典と和文の研究をし、徳川光圀に委嘱されて古典注釈に携わった。注釈にあたって、儒教思想による解釈を排し、その作品の書かれた時代の言葉に基づいて研究し、後の国学の基礎を築いた。『万葉代匠記』（初稿本一六八八年、精撰本一六九〇年　下河辺長流の業を受け継いで、契沖が注釈することになった）は、万葉仮名の遣い方によって同じ語であるか別の語であるかの認定をし、同時代の文献によって語義を決定するという方法を基本とした注釈書で、その基本姿勢は、現在でも万葉集研究の原点である。藤原定家の定家かなづかいの後を受け、平安時代中期頃の言葉を整理した『和字正濫鈔』（一六九五年）の仮名遣いは、楫取魚彦『古言梯』などによって補正され、歴史的仮名遣いとして、一八七二年（小学教則）から一九四六年（現代かなづかい）まで学校教育の中で教えられ、正書法ともなる。

荷田東麻呂（一六六九〜一七三六年）は、万葉集や日本書紀を研究し、日本古来からの道を探求した。

賀茂真淵（一六九七〜一七六九年）は、万葉集や祝詞を研究した。『万葉考』『國意考』などがある。歌を通して、儒教や仏教の入る以前の「いにしへの心にかへる」ことを提唱した。

さて哥は人の心をいふものにて、いはでも有ぬべく、世のために○〔も〕ハ用なきに似たれど、是をよくしるときは、○〔かの世の中の心をもしり、心をしる時は〕ハ治りみだれんよしをも、おのづから知べきなり、孔子てふ人も、詩を捨ずして巻の上〔かみ〕ハに出せしとか、さすがにさる心なるべし、凡物は、理にきとかゝることは、いはゞ死たるがごとし、天地とともにおこなはるゝ、おのづからの事こそ、生てはたらく物なれ、万《〔よろづ〕ハ》のことをもひとわたり知をあしとにはあらねど、やゝもすればそれにかたよるは、人の心のくせなり《〔れば〕ロ》、知てすつる《〔捨た〕ハ》こそよけれ、たゞ哥は、たとひ悪きよこしまなる《〔なほきと邪なるわざ〕ロ》ねぎこと《〔心〕ハ》をいへど《〔は〕ハ》、中〳〵心みだれぬものにて、やはらいで《〔びて〕イハ》よろづにわたるものなり《〔意〕ハ》、

哥のいさほし《〔を〕ロ》はすでにいへり、

底本＝文化三年刊流布版本　イ＝羽田文庫旧蔵本『國意』

ロ＝伴直方校写本『國意考』　ハ＝『県居集言録』本

（賀茂真淵全集第十九巻『國意考』続群書類従完成会　一九八〇年、一〇頁）

上つ代には「なほき心」「真心」があったと言い、儒教を否定するところから「唐國は心わろき國なれば」（國意考）という極端な言もある。が、

……凡天地のまに〳〵、日月を初ておのづから有物は、皆丸し《〔まろ〕ロハ》、……

（賀茂真淵全集第十九巻『國意考』続群書類従完成会　一九八〇年、一六頁）

皇朝にて神といふハ、天地の御霊を本にして人の霊をいひ、又鳥獣草木までも神とす、故に其神によきあしき神ありて、其あしき神と人の死たるを、から國にてハ鬼といへり、……

（賀茂真淵全集第十一巻『古今集序別考』続群書類従完成会　一九九一年、四〇〇頁）

と言う。ここには、人間の本性への信頼と、神道の生命観が語られる。

本居宣長（一七三〇〜一八〇一年）は、『源氏物語玉の小櫛』などにおいて「もののあはれ」の文学観を説き、『古事記伝』を著し、「神の道」を説いた。また、平安時代中期頃の和文を研究して、『てにをは紐鏡』（一七七一年）『詞の玉緒』（一七八五年）『字音仮字用格』（一七七六年）『漢字三音考』（一七八五年）などを著わした。

宣長の古道説は、平田篤胤の復古神道に承け継がれる。それは、現在の公を否定する思想に発展し、尊王攘夷運動に影響を与えた。宣長の文学の側面は、伴信友に承け継がれて考証学となった。

国学者たちは歴史的仮名遣いを規範とし、原則に忠実に文章を書いた。ただし、歴史的仮名遣いが原則どおりに書かれたのはこの時代から後のことであって、平安時代中期頃には、かなづかいに《規範》はない。(二〇世紀になると、国学を基盤とする日本文献学が確立されるが、これは国家主義を支える役割をも果たしている。)

富士谷成章(一七三八～一七七九年)は日本語の文法体系を研究した。成章の「名」「かざし」「よそひ」「あゆひ」などの分類は漢語学の影響かとも考えられる。成章の兄は、漢学者皆川淇園(一七三四～一八〇七年)で、淇園は和語と比較して漢語の記述をなしている。互いに影響を与え合ったのであろう。

一方、新井白石(一六五七～一七二五年)はオランダ語を理解しようと努め、青木昆陽(一六九八～一七六九年)・野呂元丈(一六九三～一七六一年)はオランダ語を学んだ。杉田玄白(一七三三～一八一七年)・前野良沢(一七二三～一八〇三)らが『解体新書』を著わすのは一七七四年のことである。

この時代は、鎖国体制をとってはいたが、長崎出島を窓口として、西欧の知識を知る途は残されていた。幕末には、英語・仏語・露語を合わせて洋学が研究されるようになった。(1)

国学は、明治以後の政治指針を方向付け、国語政策にも大きく関わることとなる(国家主義)。後の国学者たちに影響を与えたのは、本居宣長の文学観・古道説であった。明治以後の国語政策を考える上には、宣長の思想を把握しておく必要がある。

■本居宣長の文学観・古道説

人の情のままに生き、物のあはれと思うにしたがって歌を詠み、おのづからのしわざに随う……宣長の説は、《随順》で一貫している。

• やまと歌は、人の心を種として、……。力をも入れずして、天地を動かし、目に見えぬ鬼神をも哀れと思はせ、男女の仲をも和らげ、猛き武人の心をも慰むるは、歌なり。(古今集仮名序)

• 神ながらの真心は、古事記に顕わされている。

これが、宣長の文学観・古道説の中心にある。

宣長は、京風のみやびを憧憬する商家の教養と、仏教の習慣の中に育った。京都に遊学した際には儒学と医学を学んだが、和歌や古学の勉学にも勤しんだ。後に、古事記の研究に力を注いだが、宣長の嗜好は二条派の和歌や源氏物語にあり、思想の核は、どこまでも、神仏習合の国風文化の時代にある。

宣長が好んだ国風文化の時代は、貴族が政治・文化の中心に在った。男子は漢文で日記を記し漢詩文を創ることを重視していたが、一方で、歌合わせが開催されたり勅撰和歌集が編まれたりして、和歌も隆盛した。この期に成立した平がなによって、韻文のほか、散文の作品も書かれている。が、社交の具でもあり、教養科目でもあった和歌は、公家社会に深く浸透していた。和歌の学が行なわれ、その中で、和語の研究もなされている。

貴族の時代は藤原道長の時代を頂点とするが、文学においても、この頃、傑出した作品が多数生み出された。やがて、貴族は衰微するが、その後の文化の基盤は、この頃に置かれている。鎌倉時代の徒然草がこの時代の言葉づかいを基に書かれているのも、吉田兼好が、和歌も詠み、公家と親交のあった人であるから、文学言語として、この時代の言語に親しんでいたからであろう。徒然草が、平安時代のかな書きの文章よりも読み易いのは、論旨が明確な文章であることも一因であり、擬古文であるから原則に（ほぼ）忠実な文章であることにも因る。

一六九五年に、契沖は、定家かなづかいの後を承けて、平安時代中期頃のかなづかいを整理する。本居宣長をはじめとして、古学者（国学者）たちは、この時代の言語を規範とした。これは、契沖かなづかいを承け継ぐもので、平がなの整ったのが平安時代中期頃のことであり、和語を遡って言語のおおよそを把えることのできる上限がこの頃であったということも関係するが、和歌を詠み源氏物語の研究をしていた本居宣長の、平安時代文学への傾倒が、後に続く人々に強く影響を及ぼしたものである。鎖国体制の中で漢学を排斥しようとした人の心は、遣唐使を廃して国風の文化を築いた時代に書かれた和文に共鳴した。

宣長の古道説においては、「なほき心」や「真心」など、真淵の用語と同じ用語も用いられる。が、その意義は同じではない。真淵には、神道の生命観・人間観があったが、宣長の古道説は、古事記研究に即して宣長が編み出した人間観である。神道は本来、他者を排除しない。和魂《にきみたま》も荒魂《あらみたま》も、すべて神であるのが、神道である。しかるに宣長の古道説は、皇統を奉じ、他者（漢意）を排斥することが主眼の思想である。

東麻呂や真淵は、儒仏にとらわれない日本古来のものの考え方を求めた。それに対して宣長は、日の神信仰という素朴な発想を基に、皇統を奉じる思想を語る。宣長が皇統を論じるのは、古事記が、神々の系譜・天皇の系譜を語るものであること、さらに言えば、この国を統治するのはアマテラスオホミカミの系譜に連なる者という大和朝廷存立のための理論であること、から来るものであるが、その背景には、度会神道が響いている。

度会神道は、神道を理論づけるものであり、伊勢神宮の内宮の下に位置づけられていた外宮の地位を確立するためのものである。南北朝の時代には、南朝の北畠親房の『神皇正統記』に影響を与えもした。鎌倉時代以降、《日本は神国である》という考え方が東国武士の間に広がっていたが、真淵の国家観は、この流れである。宣長の皇統思想は、復古思想に繫がる。

宣長においては、古道説と平安時代の言語とは矛盾しない。それは、天皇制を軸に一つのものとなる。

そうして、宣長の古道説は、平田篤胤の復古神道に承け継がれ、文学の側面は、伴信友に承け継がれて考証学となった。(2)(3)

2　話し言葉の筆録

江戸時代になると、前期に較べて、さらに識字層も広がり、また、文学のジャンルも種々あらわれる。詩歌では、和歌・連歌・俳諧のほか狂歌や川柳が作られ、俳文も書かれた。歌謡の中には、現代にも歌い継がれているものもある。国学者たちは、平安時代中期頃の文章を規範とする擬古文を尊んだ。

その他、さまざまな文章の形が作られたが、これは、裕福な町人階級が、文字を手にし、公家階級や武家階級とは異なった、新しい価値観で創作を行なったことも大きな原因のひとつである。元禄の井原西鶴や近松門左衛門は、漢文や和歌・伊勢物語・源氏物語などの古典の教養をちりばめながら、俗語も交えた雅俗折衷文を作り上げた。明治期の小説の中には、西鶴や近松のリズムを承け継ぐものもある。

その後に書かれた洒落本・滑稽本・黄表紙・人情本などには、主に町人階級の話し言葉が反映されており、階層による言語の違い、方言なども書きとどめられている。

ところで、文字に残された言語は書記言語であって、口頭言語は会話文にあらわれる程度の資料しかない。会話文が残されるのは、多くの場合、文学作品の中である。それは文学作品であるから、そこに記された会話は標準語ないし共通語的なものである場合もあり、また、そこに文学的粉飾が施されている場合もある。作者の誤認によって、言葉遣いが地域や社会の方言からずれている場合もあれば、地域性・社会性を強調するためにあえて登場人物に特殊な言葉遣いをさせている場合もある。また文学は、日常を題材にしたものであったとしても、日常そのものではない。作品の中では必然的な言葉であると感ぜられる会話であっても、日常では「言わない」言葉が語られることが往々にしてある。それ故、会話文であるといっても、話し言葉そのものではない可能性があることをも考慮しなければならない。とりわけ、会話ではイントネーションで言い分けられているような平叙文と疑問文の区別を、書き言葉に写す時には疑問の助詞を付けて表わす、というような操作は、常に行なわれていることであろう。

韻文は日常語と異なった形式を取ることがあるが、散文にも散文の特殊な形式があり、その中に含まれる会話文もまた、書記言語に近づいた言葉である可能性の高いものである。このように、文学に残された言葉は、常に、限られた範囲のものである。

江戸の文学の中でも、『浮世風呂』などは江戸語を知るための資料として価値の高いものと見做されているが（松村明『日本語の世界』2　中央公論社　etc.）、文学作品であるから当然のことながら、（言語を登場人物の階層に限っても）話し言葉の全体像をつかむことはできない。話し言葉の全体像を知るには、日常語を写すことを目的とした記録を俟たねばならない。

一方で、この時代は、方言に対する意識が高まり、各地で方言を記録したものが書かれた。こちらは、単語の違いを記したものが多く、文学作品の会話文のような生き生きとした描写にかける憾みがある。

この時代は、

◆封建体制の政治が行なわれたことにより、人々は藩内から自由に往来することがなくなったため、方言は、その地その地の特色をさらに強めた。

と言われている。しかし、武家階級は、参勤交代で、地元と江戸とを往来する中で、江戸の共通語に触れているし、商人は、京阪や江戸を往き来している。近松たちの浄瑠璃の流行もある。頼母子講による社寺参詣も行なわれる。この社寺参詣は、農民も参加したものであって、それまでは旅をすることのなかった農民も移動している点、画期的である。江戸時代は、従来言われているほどに閉鎖的な時代ではない。方言に対する意識の高まりも、一つには、武家階級の者が江戸で生活する際に江戸の共通語を知る必要があったためでもあるが、一つには、他所の人との交わりが増えて違いを記したいと思ったこと、京言葉を雅びなものと思う一方で（江戸時代後期、江戸言葉は教養ある人々の間での共通語であったが、京言葉はより広く通用していた、という）、お国言葉に温かみを感じたこと、などに起因するものである。識字率の増加や、戦乱もなくさまざまな文化の生まれた時代であったことも、その基にある。

平安時代には識字層は貴族や僧侶・博士に限られていた。伊勢物語に端的にあらわれているように、鄙は徹底的に貶められていた。世界は都の中、それも御所の中だけに存在する。

政治を司る人々が公家から武家に移っても、文化の中心は公家にあった。戦国時代を経、江戸時代中期になって、ようやく世情が安定して、文治政治が営まれるようになった頃、人々は自らの関心に合わせて、さまざまな文章を書くことができるようになった。方言を集めた書物も、その中の一つである。

江戸時代には、さまざまな和文体が創られた。しかしながら、重要なことは、相変わらず公文書は漢文で書かれていた、ということである。幕藩体制を維持する理論として朱子学が採用され、武家たちは、四書五経の素読をたゆむことなく続けていた。漢学の教育は私塾においても行なわれ、漢学の裾野は拡大している。

この時代、京や江戸を往来する人々は一応の共通語を身に付けていた。それに触れない人々の間でも、漢文ないし旧来の書き言葉を用いることで意思の疎通を図ることができた。方言の中にも、知らず知らずのうちに、中央の言語の語彙・音韻・アクセント・文法が混入している。

二　明治以後の言葉

1　近代国家と言葉

(1) 王政復古と近代化の中で

国学は、平田篤胤の復古神道に展開して、幕末の尊皇攘夷運動の指導原理と成る。明治日本の誕生は、諸外国に開国を迫られたこと、中国もアヘン戦争に敗れたのを知ったこと、を契機とするが、内においても漢を廃して自立する機運は高まっていた。

一八六八年、王政復古。日本は近代国家としての歩みを始めた。国学は教学の中心に置かれるが、神祇官は明治政府の支柱とはなり得ず、やがて国学は、国粋主義のイデオロギーとなっていく。

この時期には、西欧語の翻訳語が多数創られた。また、明治三〇年頃より、標準語が模索され、学校教育の中で教えられた。契沖かなづかいが歴史的仮名遣いとして教科書に採用される。

翻訳語は、漢語-借用-および、それをもとにした新造語を中心に作られた。

標準語（『口語法』一九一六年、『同別記』一九一七年）は、各地の方言を調査した上で、近代に新しく創造された言語で、「今日東京ニ於テ専ラ教育アル人々ノ間ニ行ハルル口語ヲ標準トシテ案定シ」（『口語法』例言）たものである。即ち、「山の手の教養ある階層の言葉を基礎とする」とも言われるが、その「山の手の教養ある階層」の教養とは、四書五経の文章と平安時代の古典、西欧語およびその翻訳語を中心とするものである。

そして、学校教育の中のかなづかいは、契沖のかなづかいをもとにした歴史的仮名遣いであった。[4][5] 一九〇二年（明治三五）国語調査委員会が、一九〇八年（明治四一）臨時仮名遣調査委員会が設置され、国語仮名遣・字音仮名遣・外国語の写し方などについての議論が続いた。一九四六年に考案された現代かなづかいまで、歴史的仮名遣いの教育がなされる。

近代日本語は、言語に人為的な手が加わり、それを規範として教育された点で、それまでの日本語とは異なっている。新しく作られた部分はあるが、右のように、基礎を国学で固めたものであった。

(2) 翻訳語

一七世紀、江戸幕府は鎖国政策をとる。後、徳川吉宗がキリスト教以外の漢訳洋書の輸入を許し、また、青木昆陽・野呂元丈に蘭学を学ばせた。一八世紀には、さらに蘭学の研究が進んでいる。蘭学は、明治の近代日本が西欧から思想・技術および言語を学ぶ際の、土台となった。(一七二〇年漢訳洋書輸入の禁が緩和された。一七七四年解体新書の刊行。一八一五年杉田玄白の蘭学事始。一八一一年に蛮書和解御用方が設けられ、一八五五年に洋学所、一八五六年に蕃書調所、一八六三年に開成所となる。)

幕末に、漢文を廃して日本語を確立しようという動きが出てくる。一つには国学の思想の流れであり、一つには日本を近代国家として統一しようという考えからであった(明治維新は、この二つが合体して進められた)。近代化とは欧化の謂いである。西欧の思想や科学を学ぶことが急務である、という事情もあった。また、中国は弱体化していた。諸外国の船が相次いで来航し、開国を迫った頃、中国ではアヘン戦争が起こり、清国は半植民地と化した。このことは、日本が開国を決断することになる、大きな理由の一つである。その中国の古代思想に頼って生きていくことは、現実的ではなかった。

そうして、それまでの中国の知識は捨てられ、英・仏・独などの知識が取り入れられる。急速な変化と見えても、それは、江戸時代の蘭学の知識の上になされたものであって、鎖国の間にも、少しずつ、西欧思想・西欧科学は学ばれていた。

西欧の思想や科学を学ぶためには、まず、西欧語を勉強しなければならない。一八七二年(明治五)、森有礼は、書き言葉に英語を取り入れることを考えたが、それほどに切実な問題であった。それまでの日本では、公文書が漢文で書かれていたのであるから、書き言葉に英語を取り入れようという発想だけに限れば、森有礼の考えは、現在考えるほどに特異なものでもない。そのような考え方もあったが、趨勢は外国語を翻訳する方向に向かった。

　非ヨーロッパの人々は、この日本の翻訳技術に驚くのではあるが、これは既に、漢字漢文を取り入れた時から培ってきた技である。文法体系の異なった言語を日本語の枠組みの中で処理するという発想に臆することはない。そうしてまた、印欧語と中国語とは、語順（ＳＶＯ）が同じ言語なのである。ただし、問題は、その際に造られた多数の翻訳語である。

　日本に漢字が入って来、中国思想が入って来た時、大和言葉は、例えば、

　　山――サン、やま

のように、二つの読みをもった。大和言葉には無い概念は、漢語-中国-のまま日本語の中に入った。それと同じ方式を取ることができたならば、問題はもう少し、少なかったであろう（時間はかかったであろう）。ところが、西欧語には、漢字による翻訳語が考案された。

＊ヘボンの和英語林集成（初版一八六七年、第二版一八七二年、第三版一八八六年）の第三版には、多くの漢語（中国語および新造語）が補われている。

そのため、翻訳語の中には、難解なものも存在する。以下に例を挙げる。

「経国済民」（“economy”の訳）は、もともと、国を治めることを言う言葉であった。社会の機構が現代とは異なっていた時代には、“economy”も上からのものでしかあり得なかった。現代のわたくしたちは、「経済」に、もともとの「経国済民」の意味を思い浮かべることは少なく、“economy”の多様な意味を「経済」の熟語にあてはめて考えている。この場合は、翻訳語は、原《もと》の漢字の意味を離れている。

　ところが、「止揚する、揚棄する」（“aufheben”の訳）などという言葉は、漢字を見ていると頭が混乱してくる。この翻訳語は、“aufheben”を知ってはじめて、この漢字をあてはめた理由もわかるものである。抽象的な概念を

扱う哲学の用語には、とりわけ難解な翻訳語が多い。

「哲学」（"philosophy" の訳）という翻訳語も、西周が、これを造った時から、"philosophy" は、難しい、机上の論を指すものになってしまった。(6)

漢語-中国-は、非常に造語能力の高い言語であり、和語で表現するよりも簡潔な語を造ることができる。漢字をもったおかげで、日本語は西欧の理論を自らのものにすることが容易であった面はある。が、そこで次々に造られた翻訳語には、もともとの漢字の意味が付随するために、新たなずれを生じることになる。

今一つ問題になるのは、外国語の文法が日本語に与えた影響である。主語を表わすことが多くなったこと、モノを主語として立てたり受身の表現にしたりすること、三人称代名詞の「彼」「彼女」、関係代名詞を「～であるところの」と訳す習慣、現在進行形「～しつつある」などである。これらの中には、現代ではそれと意識されないほどに日本語の中に入り込んでしまった表現もあるが、直訳形式の文体は現在でも「翻訳調」と呼ばれて、こなれない表現と受け止められている。

＊　筆者が今書いた文の中の「それと意識されないほどに」「日本語の中に入り込んでしまった表現もある」や「翻訳調と呼ばれて」「受け止められている」などは、西欧語の影響を受けた語法である。

（3）借用

言語は、共同体内部において、時代の推移に伴って変化していくものである。この変化は緩慢である。一方、外の言語と接触することによって、著しい変化をきたす場合がある。

これまでの日本語の歴史の中で、外の言語と接触することによって言語が大きく変化した時期が二つある。一つは、古代統一国家が形成された前後で、漢字漢文が伝えられて日本語の表記法が作られ、また、日本語（大和語）が大和朝廷の支配下に広まっていった時代。今一つは、近代統一国家が形成されて、西欧語翻訳のための語が作られ、また、標準語が考案され学校教育の中で教えられた時代である。それぞれの時代が「和魂漢才」「和魂洋才」

をキー・ワードとした点でも、この二つの時期の精神のあり方は似ている。「和魂漢才」「和魂洋才」が問題になるというのは、外的な力が大きく作用した結果である。思想・技術など、あらゆる面で、外の文化の波に影響を受け、それに対する精神的支柱が求められたのであった。

古代統一国家形成以前、倭国は中国に朝貢していた。この時代には、中国語を学び、中国語で交渉が行なわれた。漢文は、律令制を取り入れた古代統一国家の、公的な書記言語として用いられていたが、やがて、その文字を基にして和語を表記することが考案されるようになる。「和魂漢才」は菅原道真の言であるという通説は、谷川士清より出て文化文政時代に広まったものであるというが、その菅原道真は遣唐使を廃止することを建言した人であって（遣唐使の廃止は八九四年）、象徴的なことである（「やまと魂」「漢才」の語は、平安時代中期頃のものに見える）。その後も、公的な文書は漢文ないし漢文書き下し文が第一義の言語形態であった。漢文書き下し文で書かれた大日本帝国憲法はもとより、日本国憲法にも漢文の影響は残っている。公的な文書を漢文ないし漢文書き下し文で書くことから、その他の書き言葉にも漢文の影響は及び、またそれは、日常の話し言葉の中にも入り込む。こうして漢字漢文は、日本語の中に深く根を下ろす結果となった。江戸時代以前にも和製漢語はあり、「調ず」「料る」のような混種語も作られた。

明治三〇年頃から、標準語が模索された（国語調査委員会編『口語法』一九一六年、『口語法別記』一九一七年）。現代日本語は、その延長上にある。また、西欧語を翻訳するにあたっても漢語-借用-が用いられ、この時期に造語された漢語-近代-も多い。現在進行形や受動態・関係代名詞等々、翻訳の言い回しが日本語の文法に与えた影響も大きい。

思想や技術を受け入れる際に、それに伴う言語を学ぶ必要があり、そのことによって、固有の言語にも多少の影響が生じるのは常のことである。ただし、その波があまりに大きい場合、語彙を借用するにとどまらず、音韻や文法にまで影響が及ぶことがある。極端な場合には、文化的・経済的・政治的に強い集団の言語に呑み込まれることすらある。この二つの時期に、日本語は、中国語および朝鮮語、印欧語（なかでも、とくに英語）の語彙を取り入れ、また、音韻や文法の影響を受けている。

日本に漢字漢文が伝わり、日本人が漢字に習熟してから後、公的な文書や宗教・学問の言語は漢文を主体として読み書きされてきた。江戸時代には私塾においても漢学が教えられており、漢字漢文を身に付けた人々の裾野は広がる。

江戸時代末より、洋学が研究されるようになり、明治時代には、西欧の言語を翻訳することが始まった。その際に漢語-近代-が採用された理由として、中国語が造語能力に優れた言語であり、中国語と印欧語の語順が同じ（SVO型）であることを挙げることができるが、それまで公的な文書や宗教・学問の言語が漢文を主体にしていたために、西欧の概念や言葉を翻訳するだけの語彙が和語に形成されていなかったことも大きな理由である。

奈良時代前後に漢字漢文が入ってきた時と、事情は全く変わってはいない。和語は、日常言語に用いられたほか、文学を中心に行なわれてきたもので、その他の語彙を漢語-中国-から和語に翻訳することはほとんどなされてこなかったのである。因って、西欧語を日本語に翻訳する際にも、翻訳語として漢語-近代-を用いたのであった。一方に、漢文を廃止して日本語の書き言葉を確立しようという機運のあった時代でもあるが、新しく入ってきた大量の概念や語彙をすべて和語で翻訳することは不可能であった。

漢語-近代-を用いて翻訳語を作ることは、それまで、蘭学の学習に際して行なわれてきた方法である。この時に、漢語-近代-を基にして翻訳語を作るのではなく、外来語の語彙をそのまま取り入れるという方法もあったが、それを教育するには時間がかかるため、翻訳語を作ることの方が、西欧思想や技術を早く広く日本人に行き渡らせることができたであろう。ただし、漢語-近代-を基にした翻訳語は、漢語-近代-を介しているために、原語の意味から二重にずれる危険性をはらむものである。明治期の文書の中には、漢語-近代-で翻訳した語に原語の音を表わすルビが振られているものもあり、外国語教育の広まった現代から見れば、その方がわかり易いものもある。

▒今後の展望

その後、一〇〇年を経過した現代、いろいろな分野でカタカナ語が増えて、専門外の人間には理解できない文章が多くなっている。一九四五年以降、漢字漢文を学習する機会が減り、また英語の影響が強くなったこと、その他の外国語と接触する機会が増えたこと、時代が進み新しい概念や語彙が増えたことなどに因るもので、この勢いはインターネット教育と英語教育とで幕の開いた二一世紀にはますます増大し、カタカナ語がますます氾濫することになるであろう。否、カタカナ語ではなく、ローマ字による表記・原語の音韻体系に即したものであるかもしれない。

かつて、日本語は朝鮮半島を経由して、大量の中国語の語彙を取り入れた。その際に、中国語・朝鮮語が、一部、音韻体系・文法形式にまで影響を及ぼしている。また、明治時代に西欧文明を取り入れた際に、西欧語の音韻の影響を受け、翻訳特有の文法も造られた。これと同じことが、これからの日本語に起きる可能性はある。

（4）言語の統一

上に、古代統一国家のできた時と、近代統一国家のできた時に、日本語は大きく変化した、と述べた。国というものが成立するのは、他者との関係においてであって、他者との力関係の均衡の上に、支配領域が画されたものが国である。国家機関を有した古代統一国家が成立したのは、日本では、天武天皇の時代であったが、この国は、内部を統べる力をもったと同時に、中国をはじめとする対外勢力との力の均衡の上に成り立つものでもあった。近代統一国家の場合には、経済交流を求める（植民地化しようとする）諸外国の力に対抗する必要があった。この二つの時期に、外国と交渉し、自身より優れた外国の技術を学ぶためには、外国語を学ぶ必要があった。

ただし、古代統一国家が成立するまでに、漢字や儒教が公伝してからでも三〇〇年近くの歳月が経過している。近代統一国家の場合にも、鉄砲が伝来しキリスト教が伝わった時期から三〇〇年である。いずれの時代も、新しい段階に入るまでに長い準備期間がある。大量の言語の借用も、その準備期間を経たからこそ、為され得たのである。

古代統一国家では、漢字漢文を吸収した中央の大和語が、その支配下に広まった。労役や徴用のあった時代であるから、個人も、少なくとも仕事に必要な言葉だけは覚える必要があった。近代統一国家では、西欧語を翻訳し、標準語を案定し仮名遣いを定めて、学校教育の中で教えた。この時代にも、軍隊語が一つの共通語となる。

言語に国家が関わる時は、規範が求められ、一方で方言が軽んじられることが起きるため、反撥が起きる場合もある。しかしながら、国家というものが人為のものであり、近代の法治国家の場合には、法という人為のもので国を統治する。そこに行なわれる公用の言語というものは、一定のきまりをもたざるを得ない。したがって、少なくとも公用のための言語には、人為の規範を作る必要はある。

■世界語の規範

これからの時代は、通信網を活用した世界規模の単位で、政治・経済が行なわれる時代になっていくであろう。この場合には、世界共通語である言語に、人為の規制を行なう必要がある。この言語は、当面は英語であろうが、航空の管制塔で用いる言語を一定にしているような、何らかの約束事を、政治用語・経済用語に作る必要がある。

2 標準語と共通語

(1) 標準語

漢字漢文が伝わってから、この国では、公的な文書は漢文ないし漢文書き下し文で書いていた。知識人たちは漢字漢文から知識を得、日本語の中に漢語や漢文を取り入れてきた。権力者たちは、その言語を用いて一般にも通達を出し、まつろわぬ人々を平定して、中央の言葉に馴化させてきた。兵士は、中央の言葉を覚えた。そうして、中央の言葉の核は、しだいに、全国に広まった。

公的な文書は、内容さえわかればよいものであるから、表現形式は外国語であっても支障はない。律令国家中国の語の概念にあたる語が、日本語の中に形成されていない場合には、漢字漢文のままの方が記録に適していた。一〇〇〇年の間、これを続けてきたので、漢語の意義を表わす日本語を考案することは、等閑にされてきた。

一方、和文にはさまざまな文体が考案されていた。こうして、書き言葉と話し言葉とは著しく乖離していたため、幕末の頃より漢文廃止や方言撲滅の意見が出された。

一八六六年（慶応二）に、開成所反訳筆記方であった前島密は、将軍徳川慶喜に「漢字御廃止之議」を奉じた。近代国家を建設するため、まず、教育を普及しなければならない、外国語である漢文ではなく、日本語の文章を書いて、自国語で考える力を養うべきである、というのが、この建議書の意図である。漢字廃止の建議書が出されたのと平行して、全国に通用する言葉を作ろうという気運が起こった。その理念は、方言撲滅の思想に裏打ちされたものであった。

近代国家は、領土の画定、国家機関、国民によって成り立つ。その国をまとめるためには、軍備の拡充、精神的基盤である宗教の統一、言語の統一が求められる。明治政府は、公文書を、全ての国民が読み書きすることができるよう、日本語を整備する必要があった。一九〇二年（明治三五）、文部省に国語調査委員会が設置された。

国語調査委員会の調査方針

一、文字ハ音韻文字（フォノグラム）ヲ採用スルコトトシ、仮名羅馬字等ノ得失ヲ調査スルコト
二、文章ハ言文一致体ヲ採用スルコトトシ、是ニ関スル調査ヲ為スコト
三、国語ノ音韻組織ヲ調査スルコト
四、方言ヲ調査シテ標準語ヲ選定スルコト

そして、国語調査委員会編の口語法が一九一六年（大正五）に、口語法別記が一九一七年（大正六）に刊行された。

『口語法』例言

一　現今我ガ國ニ於ケル口語ハ、地方ニヨリ頗ル區々ニシテ一致セズ。本書ハ主トシテ今日東京ニ於テ専ラ教育アル人々ノ間ニ行ハルル口語ヲ標準トシテ案定シ、其ノ他ノ地方ニ於ケル口語ノ法則トイヘドモ廣ク用ヰラル、モノハ、或程度マデ之ヲ斟酌シタリ。

（『口語法・同別記』勉誠社、一九八〇年）

標準語は、多くの場合、一国の政治の中心地の言葉を基に、一定の基準で統一して作られる。正書法をもち、また、それによって、文学をなすことのできるものを言う（文学をなすことができる、というのは、通用度が高い、ということである）。日本語の標準語は、東京語を土台として作られ、学校教育の中で、国定教科書を通して教え

られた（最初の国定教科書『尋常小学読本』は、一九〇四年）。

＊ 国定教科書の中の言葉と『口語法・同別記』に記された言葉を、標準語として規定することはできる。標準語を見守る体制は、まだ不備であった。

その模範は、山の手の教育ある人の使う言葉や、NHKのアナウンサーの使用する言葉である、と言われた。が、「山の手の教育ある人の使う言葉」という限定は曖昧で、今で言う共通語の面を含むことになる。ラジオ放送は一九二五年三月から始まった。NHKでは、標準語をもとに、独自の放送用語規定を作っている。独自の放送用語規定を作っているのであるから、厳密には、標準語を使用しているとは言えない。

ここに、標準語は、「国民が読み書きすることのできること」を目標に作られたものであったことは、見落としてはならないことである。しかしながら、近代日本の標準語考案とその教育は、それまでの識字層の教養の上に立脚したものであったことは否めない。

現在、世界の中で、教育の普及度を測るのに識字率を指標としているように、近代教育の最初のカリキュラムは、読み書きと算数計算である。

日本では江戸時代に、寺子屋などで「読み書き算盤」が、藩校で儒学（と武芸）が中心に教えられていた。古くは、律令の時代に、大学や国学で五位以上の子弟・郡司の子弟に漢文・儒教が教えられていた。また、江戸時代の漢学塾・国学塾・蘭学塾などでは、特色ある教育がなされていた。が、いずれも読み書きと算数計算がその基礎にあるものであった。

＊ 一方、綜芸種智院（八二八〜八四七年）で儒教と仏教が教えられたのをはじめとして、僧侶の説法や江戸時代の心学塾において、庶民の教化が行なわれていた。これは、精神的なものの教育である。

このことは、標準語教育においても同様で、標準語教育は、書き言葉の教育であった。標準語教育は方言撲滅の思想に裏打ちされたものではあっても、日常会話の規制までは行なわれて来なかったし、また、語彙、文法は標準語によりながらも、発音、アクセントを教育するまでには至らなかった（大正年間に、アクセントの指導書が多数出されてはいる）。

否、教科書の読みは、むしろ、棒読み、と言うに近い。これは、旧来の漢文素読によって培われてきた読み方である。

＊　漢文は「漢文」であって、書き言葉のことである。「読書百遍意自づから通ず」――素読は、暗唱して文意を理解し、身につけるためのものである。官人たちは、中国に留学した僧侶や博士のような「聞く、話す」能力は必要ではなく、読み書きができ、考えることができることを求められた。その素読の読み方は、祝詞やお経を唱えるのと同じように、有難い書物をうやうやしく読む読み方として、古くから行なわれて来たものであるのであろう。

一九五六年に小学校に入学した筆者の時代でさえ、

こい、こい。しろ、こい。（注―「しろ」は犬の名前。「こい」は「来い」。）

おかあさん、おかあさん。

などの読みは、それぞれの音の長さを等しくして、無表情に音読するものであった[7]（以上の例文は、記憶に基づくものである）。

漢文素読の習慣がなくなって久しいが、それと同時に、文章は黙読することが多くなった。まことに、公文書は、感情を交えずに棒読みする体《てい》のものであって、標準語教育に発音やアクセントは、さして重要な事項ではなかったのである。

（2）共通語

一九四九年の、国立国語研究所が行なった日本語の実態調査以降、日本全国で共通に用いられる言語を【共通語】と呼ぶようになった（調査報告書に【共通語】という用語が使われたのは一九五一年）。

【共通語】は次のように説明される。

◆共通語は、標準語のように、規範とされる言語ではない。

幾つかの方言集団の間に行なわれるものを地域共通語と言い、さらに大きく、日本全国で行なわれるものを全国共通語と言う（単に【共通語】と言う場合は、全国共通語を指すことが多い）。

そして、【標準語】については、かつての【標準語】のように、上から制定して与えるものではなく、【共通語】を理想的に洗練したものとしての【標準語】が望ましい、という論もある。

ただし、日本の【全国共通語】は、かつての【標準語】の延長線上にあるものである。（cf.【地域共通語】は、自然発生的な性格のもの。）全国共通の言葉を、現在でも、かつてのように、【標準語】と呼んでいる人々もいる。今では、規範性をもつものではないから、【標準語】と呼ぶのはあたらないが、一九〇四年より一九七〇年頃まで標準語教育が行なわれ（一九五〇年は、【共通語】の用語が使われるようになった年。一九七〇年頃から、初等教育が方言で行なわれることが増えた。）、NHKのアナウンサーが模範を示してきたことによって、一定の共通認識を保つことのできる言語が日本国内に広まったのであって、日本の場合、【全国共通語】は、自然発生的に出来上がったものではない。【標準語】に至る段階のものとして、全国に広まった言葉である。（同様のことは、教育に用いる言語・放送に用いる言語を、中央政府が定めることになる、多くの近代国家で見られることである。）

方言は話し言葉である。音韻・アクセント・イントネーション・文法・語彙が、方言集団によって異なる。それ故、方言を使用する範囲は限られ、私的な場面で使われるものとなる。そして、公的な場面では共通語を使う。

標準語を承け継いだ共通語には、一応の基準があり、書き言葉の決まりもある。しかしながら、【共通語】という言葉が使われるのは、多くの場合、【方言】に対するものとして、全国各地に通用する言葉、という意味である。この場合、【共通語】は話し言葉の一分類ということになる。これは、国定教科書による標準語教育が行なわれてきた結果、書き言葉においては、ある水準が保たれるようになったことと、そもそも【共通語】の概念が出てきたのが、話し言葉である【方言】との対比の上であった、という事情に起因するものである。（標準語が検討され始めた明治三〇年代には、書き言葉さえも、摸索段階であった。）

ところで、筆者は今、この文章をデアル体で書いているのであるが、これを口頭で述べる際には、デス・マス体で話すことになる。しかも、話す場面や話す人に応じて、言い回しを変える。公的になればなるほど、書き言葉に近く、漢語の使用量も増える。話す相手によっては、全体を敬語でくるむことにもなる。日本語の書き言葉と話し言葉には、大きな隔たりがある。

上に見たように、【標準語】教育は書き言葉を中心に行なわれてきた。【共通語】という言葉は、話し言葉について使われることが多い。したがって、【共通語】を、単純に【標準語】と置き換えることはできない。

もちろん、どの言語にも、話し言葉特有の表現があり、書き言葉の中に漢語出自の単語やラテン語出自の単語を多用する、ということはあるのであるが、日本語のデアル体とデス・マス体ほどの相違があるわけではない。（ラテン語は、単に聖書や法典を記す書き言葉であっただけではなく、中世ヨーロッパにおいて教会・学校・外交の中で話し言葉としても使われていた言葉である。ヨーロッパでは、ラテン語出自の表現の使用頻度の違いは、階層の違いや学歴の違いの上にあらわれる。）それ故、日本語で、【共通語】ないし【標準語】を考える時、

書き言葉
話し言葉

の別も、特に考慮に入れなければならない。

また、共通語は規範性をもたない。規範性をもたないということは、とりもなおさず、明確な統一基準がない、ということである。

かつて、標準語は、NHKラジオのアナウンサーが模範を示していた。アナウンサーは口頭で話すのではあるが、原稿を「読む」のであった。一九五三年、TV放送が開始された。ニュース報道は、当初は映画のニュース報道の語り口を踏襲していたが、しだいに話し言葉の口調となり、アナウンサーは視聴者に画面から話しかける体裁をとるようになった。近年は、TVのアナウンサーは、「読む」のではなく「話す」。ニュースを読む時にも、原稿はテロップで流しながらも、視聴者に話しかけるような読み方をしている（ニュース・キャスターに較べれば硬い口調ではあるが、ラジオのアナウンサーに較べれば柔らかい）。これは、ちょうど、【共通語】の性格と符合する。

そして現在、NHKのアナウンサーの中にも、方言アクセントを混入する人や、標準語には無かった発音をする人がある。のみならず、若者言葉や流行語を使う人もある。【共通語】には明確な基準がなく、社会の中で共通度の高い言葉を【共通語】と呼んでいるのであるから、これは、何の不思議もないことである。たとえ、標準語で育った世代が眉を顰めるものであろうとも。

（3）かなづかい

万葉仮名には、同じ単語に甲類仮名が使用されていたり乙類仮名が使用されていたりする例も存在する。その時既に、和語の音韻をどの漢字の音と対応させるかが不明確であった。

平安時代に、万葉仮名を基にして平がな・カタカナが考案された。人により家により、その仮字にも異同がある。そして、藤原定家の時代において既に、和語の音韻と仮字との対応はわからなくなっている。

契沖（一六四〇〜一七〇一）は、『和字正濫鈔』（一六九五年）において、藤原定家の定家かなづかいの後を承けて平安時代中期頃のかなづかいを整理した（さらに楫取魚彦『古言梯』などによって補正される）。これは、古学者（国学）たちに重んじられ、明治以後は、学校教育の中で「歴史的仮名遣い」として採用された。

一八七二年　小学教則……………歴史的仮名遣い。
一九〇四年　第一次国定教科書………字音は棒引き仮名遣いとする。ただし、小学校教育のみ。
一九〇九年　第二次国定教科書………歴史的仮名遣い。

歴史的仮名遣いは、一九四六年に考案された現代かなづかいまでの間、行なわれることとなる。大日本帝国憲法も、これによって書かれている。

歴史的かなづかいは、当代の発音とは異なるかなづかいであったところに問題があった。当時、表音式のローマ字を採用することを提案する人もあった。ローマ字でないまでも、表音式かなづかいを考える人もあった。ここに、表音式かなづかいではなく歴史的仮名遣いを採用したというのは、近代日本が、天皇制を主軸とした絶対君主制国家であったこととも繫がるものである。その点、現代かなづかいは、原則的には表音的なものであるから、覚え易いものである。ただし、現代かなづかいを定めたことで、歴史的かなづかいで書かれた旧来の書物を読むには、特別な教育を要することになってしまった。

（4）漢字制限

現代かなづかいが制定されたのと同じ時に、公的な文書に用いる漢字も制限された。これによって、漢語の使用も制限されることとなって、新聞・雑誌などの文章は易しくなった面もある。ところが、漢語の熟語に対応する和語が形成されていない場合には、かな書きで表記するため、熟語そのものを知らない場合には全く意味がわからないということになる。

日本語の語彙の半数近くは漢字によって成り立ってきた。その漢字を制限したことで、現在の日本人に、新聞などに用いられている文字を読むことのできない人はほとんどいないまでになった。ところが、文字を読むことができることと、文章を読むことができることとは、全く異なった事柄である。

漢字は表意文字の要素の強い文字であり、読み方を知らなくとも意味を理解することのできる文字である。読めなくとも、絶えず目に触れていれば、しだいにその漢字に親しんでいく。漢語の語彙量が増える。ところが、その機会が少なくなってしまったことによって、現代の人々の漢語の語彙量は減り、旧来の書物を読む力は、ここでも、特別な教育を要するものとなってしまった。

江戸時代、寺子屋などで「読み、書き、算盤」が教えられたが、日常の用に足るものが中心であった。また、私塾において漢学や蘭学が教えられてもいたが、ここに学ぶ人々は一握りの人々であった。江戸・京・大坂などの町の人々の中には文学に親しんでいる人々も多かったが、その余はまだまだ「読み、書き、算盤」の域を出ない。日本人の多くの者にとって漢文や和文が問題になるのは、一八八六年に義務教育が始まってからのことで、ついこの一〇〇年ほどのことである。日本の文化や歴史を知ることも、教育によってである。

明治以来の教育は、国学の流れを汲み、皇国史観に裏打ちされたものであった。皇国史観の歴史を廃し、「実証的な」歴史が教えられるようになったのは、この新仮名遣いや当用漢字の制定された年からである。歴史的仮名遣いを廃し漢字を制限したことで、人々が何を考え、どう生きたかを知る方途は狭くなった。実証的とは、契沖が万葉代匠記において行なったような、同時代の文献・資料によって、それぞれの時代を観る、ということであり、それらを総合して流れを観るのが、歴史を知るということであろう。そのための方途は、何がしか残しておく必要はある。

三 これからの日本語

西周（一八二六〜一八九七年）の従妹を母とする森林太郎（鷗外、一八六二〜一九二二年）は、一九〇八年（明治四一）文部省臨時仮名遣調査委員会委員長、一九二一年（大正一〇）臨時國語調査委員会会長となって、日本語の整備を行なった。

彼は、その作品の中で、

自然科学のうちで最も自然科学らしい醫學をしてゐて、exact な學問といふことを性命にしてゐるのに、なんとなく心の飢えを感じて來る。

（『妄想』一九一一年発表。『鷗外全集』第八巻、一九七一年、岩波書店）

などのように、翻訳語の固定しない語を、英語・独語・仏語・ラテン語などで挿入した。また、

Resignation, résignation

などのように、キーになる語を、独語や仏語で書くこともあった。

軍医として陸軍軍医総監まで勤めた森林太郎は、欧州で医学の勉強をしているうち、心の飢えを感じて、哲学書や文学書を読み耽るようになる。そうして得た西欧近代思想や文化を、日本に紹介することで、「普請中」の日本

という国を、文化面から整備していこうとしたのであった。

日本はまだそんなに進んでゐないからなあ。日本はまだ普請中だ。

（『普請中』一九一〇年発表。『鷗外全集』第七巻、一九七二年、岩波書店）

政治に野心をもったこともある森林太郎は、《家》のため医学を学び、やがては軍医総監にまでなるのであったが、一方で、啓蒙活動・作家活動を行ない、帝室博物館総長をはじめ、文化面での仕事に心血を注いだ。これは、日本の国を、どのように築いて行くか、ということに対しての使命感からであった。

『即興詩人』（一八九二年）の題言（一九二四年）には、

國語と漢文とを調和し、雅言と俚辞とを融合せんと欲っせし放膽にして無謀なる嘗試

と記す。

我等は前に渺茫たる大海を望み、後に琅玕洞の石門の漸く細りゆくを見たり。

（アンデルセン著、森林太郎訳『即興詩人』。『鷗外全集』第二巻、一九七一年、岩波書店）

＊なお、この翻訳書の末尾には、「即興詩人不翻語一覧」が付けられている。

品格のある文章である。

啓蒙期の文章、小倉時代の文章、歴史小説の文章、史伝の文章、それぞれに異なった文章の形で書かれている。また、医学論文の文章、日記の文章、演説記録、そのどれもが異なった文体で書かれ、話されている。[8]日本語のあり方について、森林太郎には森林太郎の理想があり、一方には国家の思惑があって、森は歴史的仮名遣いを護る立場に立った。日本が近代国家として世界に伍していくためには、言語の統一と富国強兵が求められる時代であった。しかも森は軍人であった。その遺書に「余ハ石見人森林太郎トシテ死セントス……森林太郎トシテ死セントス」と書く森に、近代国家の草創期に、公人としてのみ生きざるを得なかった人の寂しさを見る。

森林太郎は、儒教的道徳と家長意識とに生きた人である。軍のことも文学のことも、日常生活も、それが喜びとはなり得なかったが、それらの全てを最高の極みまで高めて生きた人。

《近代化》に即して言うならば、近代日本語の確立に際して森林太郎の果たした役割に批判を加えることもできよう。識者の中には、表音式かなづかいを採用する意見をもつ人もあった中、歴史的仮名遣い採用に決まったのは、森の弁論の力による。

初学者には平易なかなづかいであることの方がよい場合もある。しかし、全ての人が自分の力でものを考え、日本の過去・現在を知り、未来を造っていくためには、過去の資料を読む力も必要である。であるから、歴史的仮名遣いを強く推した森の発言は、反近代的とばかりは言えないものである（ただし、歴史的仮名遣いで文章が書かれていたのは、国学者達から後ではある）。

否、批判は歴史的仮名遣いそのものにあるのではなく、森林太郎の弁論の、軍部との、あるいは国家主義的な思想との、結びつきにあるのであろう。批判は容易ではあるが、それがどのような形のものであれ、あの時期には、国家主義を貫くことでようやく近代国家の建設を成すことが可能であったのである。

現在、その森林太郎の文章を、高校生は読めなくなっている。漢文や古文を学習する機会が減少しているからである。

▩漢字制限・古典語について

一九四六年、第二次世界大戦の後、ＧＨＱの指導のもとに、日本語教育の改革が行なわれた。一九四六年に制定された現代仮名遣い、告示された当用漢字表（一九八一年、常用漢字表）は、日本語を易しくしたであろうか。

公的な文書には当用漢字（常用漢字）の範囲内で漢字を使用する、という原則に基づいて、例えば「勃発」や「哺乳類」を

ぼっ発

ほ乳類

などと書いてあることがある。

漢字の熟語をかな書きしたのでは、意味が通じない。漢字は表意文字であるから、読み方を知らなかったとしても、意味のわかることが多いものである。その熟語を使うのであれば、漢字はそのままにして、常用漢字表に無い文字にルビを付ける形にした方が親切である。そうでなければ、その表現を断念するほかはなく、漢字を制限したがために、表現することのできないものが多数あるのである。

一方で、大日本帝国憲法は日本国憲法となったが、そこに用いられている言語は、以前と同じ、漢文書き下し文調の言語である。(9) 最も旧来の体質を残しているのが法曹界で、法律用語は難渋を極める漢字で書かれている。憲法や法律用語こそ「何人　ナンピト」にもわかる日本語で書いてほしい。標準語制定の第一義はそこにあったはずではないか。

＊「何人」は、『即興詩人』にも、

その死者とは何人ぞ。此書は何人の手より出でしぞ。

のように用いられている。漢文系の用語である。現代では、法律用語としてしか用いない。

しかしながら、これが易しい日本語で書かれていたならば、権威も何もないであろう。並んで、よく語られるのが、キリスト教の聖書の文言である。

天のお父様

よりも

天にましますわれらの父よ

の方が、重々しく敬虔な気持ちになろうというものである。

権威付けのためには、漢字漢文や古典語があらわれる。……これが、現在の日本語の状況である。

＊一九三一年（昭和六）～一九三三年（昭和八）の満州事変の際に、中国の人名・地名の表記のために漢字使用が増えたが、その上に、軍部は、殊更に漢語・漢字を使用した、という。ここにも、権威主義の発想が表われている。

難解な翻訳語（漢字）や、権威付けのための漢字漢文・古典語をこそ改めるべきであろう。

■かなづかいについて

さらに日本国憲法は、歴史的仮名遣いを採用している。日本国憲法が公布されたのは、一九四六年一一月三日のことであった。当用漢字と現代かなづかいが内閣訓令並に告示として公布されたのも、同じ一九四六年一一月の一六日のことである。

次に、当用漢字表に係る「内閣告示第三十二号」のまえがきの一部分と、現代かなづかいに係る「内閣告示第三十三号」のまえがきの部分を、『新潮国語辞典　現代語古語』（一九七四年　改訂第一刷）所収の「新表記法に関する内閣告示集」に拠って、掲げる。

内閣告示第三十二号

現代国語を書きあらわすために、日常使用する漢字の範囲を、次の表のように定める。

昭和二十一年十一月十六日

内閣総理大臣　吉田　茂

当用漢字表

まえがき

一、この表は、法令・公用文書・新聞・雑誌および一般社会で、使用する漢字の範囲を示したものである。

……（以下、略）……

内閣告示第三十三号

現代国語の口語文を書きあらわすかなづかいを、次のように定める。

昭和二十一年十一月十六日

現代かなづかい

内閣総理大臣　吉田　茂

まえがき

一、このかなづかいは、大体、現代語音にもとづいて、現代語をかなで書きあらわす場合の準則を示したものである。
一、このかなづかいは、主として現代文のうち口語体のものに適用する。
一、原文のかなづかいによる必要のあるもの、またはこれを変更しがたいものは除く。

さらに、現代かなづかいに係る「内閣訓令第八号」を、永山勇『仮名づかい』（笠間書院、一九七七年）所収の、昭和二三年三月　文部省教科書局国語課編「現代かなづかいの要領」を参照したものに拠って、掲げる。

内閣訓令第八号

各官庁

「現代かなづかい」の実施に関する件

国語を書きあらわす上に、従来のかなづかいは、はなはだ複雑であって、使用上の困難が大きい。これを現代語音にもとづいて整理することは、教育上の負担を軽くするばかりでなく、国民の生活能率をあげ、文化水準を高める上に、資するところが、大きい。それ故に、政府は、今回国語審議会の決定した現代かなづかいを採択して、本日内閣告示第三十三号をもって、これを告示した。今後各官庁においては、このかなづかいを使用するとともに、広く各方面にこの使用を勧めて、現代かなづかい制定の趣旨の徹底するように努めることを希望する。

昭和二十一年十一月十六日

内閣総理大臣　吉田　茂

現代かなづかいに対して、当初から批判もあったが、新聞や教科書が採用したことで、広く行き渡るものとなった。一般には、公文書は当用漢字・現代かなづかいの範囲で書くものと受け止められている。

日本国憲法の公布は一九四六年一一月三日、当用漢字と現代かなづかいに係る内閣訓令並に告示の公布は一九四六年一一月一六日。日本国憲法の公布のほうが一三日前のことではあるが、その時、当用漢字・現代かなづかいの案はできていたはずである。これは、内閣訓令並に告示として公布したものであるのであるから、このような公布をするのであるならば、日本国憲法が真っ先に現代かなづかいを採用すべきである。学校教育の中で、古典語や漢文の教育される比重が小さくなっている現在、専門教育を受けた人でなければ、日本国憲法の中のかな文字さえも読めなくなっている。

筆者は、公文書は表音式かなづかい・常用漢字の範囲内、その他の文書は自由とし、それら（その他の文書も含めて）を読むことのできる基礎教育を高等学校までに行なうのが、もっとも良い、と考えている。

■敬語について

教育の改革が為されたと同時に、ＧＨＱの指導のもとに、階級制、家父長制がなくなった。社会のあり方が変わって、儒教道徳の薄くなったことで、敬語が大きく変化し、尊敬語・謙譲語を使いながら、内実は丁寧語・美化語であるものが多くなっている。

ここ一〇年～二〇年ほどの傾向として、「おっしゃる」などの尊敬を表わす動詞や、「お～になる」「～ていらっしゃる」「～ておられる」が使われなくなり、すべて動詞に「れる」「られる」を付ける形で、「～ていらっしゃる」も「～されている」の形で言う人が増えている。

また、会議などにおいて、

――只今、社長が申されましたように、……。

のように、「申される」を「言う」の尊敬語として使用する例もある（江戸時代より）。この「申される」は、動作の及ぶ相手（この場合は、聞き手と同じ）に対する謙譲語「申す」と動作者に対する尊敬語「れる」から成る二方面に対する敬語をもととするもので、動作の及ぶ相手が動作者より上位者である場合に成り立つ表現であった。単に尊敬語を使うのであれば、「おっしゃいましたように」が適切である。

時には、「おっしゃられる」のような二重に敬語を使った例もある。これらの例では、「申される」「おっしゃられる」ともに、「申す」「おっしゃる」に敬語性が省みられていず、単に「言う」の意で使われている。

さらに、近年、報道機関では、敬語の使い方に、各社独自の基準を定めている。代表的なものは、皇族に対する敬語は文末にだけ敬語表現を使う、というような基準である。敬語を使うのであるならば、全てにわたって使うのが良い。が、そのことよりも、各社独自の基準を定めるということは、《共通》の認識から外れたもので、混乱のもとである。

こうして一つ一つの敬語を見ていくと、昔とは、意義や用法の異なっている言葉がある。それが、全国共通であれば問題はないのであるが、地域により、人により、使い方が異なると、誤解や混乱を生じる。ことは、敬卑に関わることであるから、なおのことである。

▩標準語・共通語について

明治時代の標準語の制定は、方言撲滅の考えに裏打ちされたものであったから、弊害も大きかった。標準語が共通語に変わって五〇年経ったが、規範性をもたない共通語には、明確な統一基準がない。そのため、現在の日本語には、揺れが多い。方言を大切にした上で、共通語を洗練させた形での標準語を作るのは理想ではあるが、日本の全国共通語は上に述べたように自然発生的なものではない。地域共通語を検討して標準語を考えるにしても、その土地の風土・習慣と分かち難いニュアンスを含んだ方言を全て包括した上で、となれば不可能なことである。しかし、範囲を書き言葉に限れば、現実性はある。書き言葉に明確な統一基準があれば、誤解や混乱を少しはくい止めることができる。即ち、書き言葉には標準語を定め、話し言葉はそれに準ずる共通語を採用するのが、最も現実的な方策である。

■日本語語彙について

第二次世界大戦後、日本には、アメリカ文化の影響がある。そして、二〇〇三年の現在、世界はインターネットと英語の教育を進めている。

日本では、これから、カタカナ語が、ますます氾濫することになるであろう。否、カタカナ語ではなく、原語に即した音韻・ローマ字による表記であるかもしれない。それは、「止揚・揚棄」や「哲学」のような難解な翻訳語・誤解を生じる翻訳語を造るよりは、まだましであるのかもしれない。ただし、随時、懇切丁寧な新語辞典・用語辞典を刊行していく必要がある。近年は、インターネット上で手軽に調べることができるようになっているが、インターネットの辞典の中には、俗解を掲げたものもあるので、よい辞典・事典を望みたい。そのためには、外来語も含めた日本語語彙の基準を、きちんと整備しておく必要がある。

注

(1) 斎藤信著『日本におけるオランダ語研究の歴史』(大学書林、一九八五年)に詳しい。

(2) 神道には、古くから本殿と拝殿の二つの社を造る風習があった。それは、三輪神社の御本体の山と拝殿、熊野大社の本宮と新宮にもうかがうことができるが、伊勢神宮の内宮と外宮も、本来は、この形態をもつものであった。

伊勢神宮の前身には、漁業集団の日の神信仰があるであろう。現在も朝熊山において初日の出を拝む。朝熊(アサマ)は、蝦夷語の「日が出てキラキラと光り輝く神」の意であるという説もある。そして地方を掌握していたのは度会氏、後の外宮の神官である。皇祖神の天照大神が内宮に祀られることになった時、外宮に振り当てられたのが豊受大神という穀物神であった。

伊勢神宮および別宮の伊雑宮の御田植祭の中で、抗う漁民を和して田植えが行なわれる様が演じられる。伊勢神宮の御田植祭には、恵比寿と大黒を描いた大扇が配される。これは、漁民と農業神の象徴である。大和朝廷が土地を平定していき、農耕を広めた歴史が語られている。(記紀の中に、クニを譲る土地の神が、魚釣りをしている様が描かれることがある。大国主神の国譲りの際には、櫛八玉神が「……獻天之眞魚咋也」と言うことや、神武天皇が紀国から大和に上る時に、贄持之子が吉野川で釣りをしていたことなどが、それである。海幸山幸の物語も、山幸が海幸を従える話である。ただし、天孫の鵜葺草葺不合命の、母も妻も海神の娘で、海人族の出身である。）水田耕作経済の国を経営するについて、穀物神は最高の神であった。が、皇祖神は、別格であった。

公家勢力の衰微する中、度会氏は、伊勢神宮および外宮の地位の安定をはかった。その中で、度会神道の理論が形作られていった。（「伊勢神宮」は、正式には「神宮」である。が、本書では、便宜上、「伊勢神宮」を用いる。）

（3）吉田（卜部）兼好の兄は、天台宗大僧正慈遍。小笠原春夫『神道信仰の系譜』（ぺりかん社、一九八〇年）に慈遍の解説が掲げられており、兼好の周辺がわかり易いので、その一部をここに引く。

慈遍じへん　生没年不詳。度会常昌と親交があったことからほぼ常昌と前後する年配かと推定される。家は神祇伯のちに神祇大副の任にあつた卜部氏。曾祖父は神祇大副長上の兼茂。祖父は右京太夫兼名（兼名の兄兼直から九代の孫が吉田兼倶）。父は治部少輔兼顕。弟に徒然草の兼好法師がゐる（一説に兄ともいふ）。天台宗大僧正となった学僧。天台教学と度会神道とに通じ、神仏一致の神道を説く所に特色がある。南朝側に立って活動。

（4）永山勇『仮名づかい』笠間書院　一九七七年、九〇～九一頁。

明治政府が歴史的仮名づかいを採用した背景には、たしかに当時の復古的風潮があったことはいなめないが、より直接的な、具体的な事情としては、明治初年の大学や、学制発布当時の文部省に、多くの国学者達が在職していたためと思われる。

（5）亀井孝「契沖かなづかい雑記」『亀井孝論文集6』吉川弘文館　一九九二年、所収。五一〇頁。

こんにちのいわゆる現代かなづかいにたいするいわゆる旧かなづかいを、わたくしは、少しくあてこすりのこころをこめたたわむれから、〝明治欽定かなづかい〟と呼んでいる。たしかに森鷗外は軍籍にあったが、だから軍服を着用してきたのだとのことさらの前口上をもって文部省の会議にのぞみ、西洋に正書法（orthography）あって日本にかなづかいあらざるべからずの有名な弁論をぶちまくった。これにより明治から太平洋戦争の敗戦後におよぶ半世紀のあいだの旧かなづかいのへゲモニーは確立した。そのとき東京帝国大学教授の芳賀矢一は、右翼からの脅迫状についてぼやくなど、鷗外の論陣のまえには見るかげもなき風情である。

（6）西周――蕃書調所教授。オランダに留学。のち、開成所教授。万国公法翻訳。明六社を創始して西欧文化を紹介した。

（7）　ついでに加えるならば、筆者の小学校時代（三重県）には、毎日の努力目標の一つに、「方言を使わない」もあった。休み時間は問題にしないが、授業中に方言を使えば、どっと笑われ、一日の終わりの反省会には、クラスの皆に、方言を使ったことを謝らなければならない。筆者の学校の場合、それによって罰を受けるまでには至らなかったのではあるが。

（8）　晩年の森林太郎が、歴史小説や史伝に向かうのは、そのようにして作り上げてきた近代日本ではあっても、森林太郎個人は、「お祖母《ば》あさんが話して聞かせた傳説」（『青年』一九一〇年。『鷗外全集』第六巻、一九七二年、岩波書店）に心安らいだからであった。

（9）　漢語に古典語を交えたもので、普通文と言われ、一八九七年（明治三〇）頃から、公用文の書き方として用いられた文体。

終章　日本語の変化と変わらないもの

1　日本語の時代区分

第一章より第四章まで述べてきた事柄をもとに、日本語の歴史を、古代前期・古代後期・中世前期・中世後期・近代・現代の六つに分けて、まとめとする。


Ⅰ　古代前期……万葉仮名の時代。

　天武天皇の時代から平がな・カタカナが整う九〇〇年ごろまで。律令制古代統一国家の時代である。経済基盤を口分田からの租に置いていた。一〇世紀には荘園が増大し、藤原家の摂関政治の基盤ともなった。

　識字層は、僧侶・博士・貴族のほか、官人。


Ⅱ　古代後期……平がな・カタカナの時代。

　平がなやカタカナの整った九〇〇年頃から平安時代末まで。

　識字層は、御所周辺の人々。


Ⅲ　中世前期……和製漢文・擬古文・和漢混交文が書かれた時代。

　　　キリシタン資料・一般向け辞書の時代。

鎌倉時代から封建制確立まで。武家が台頭して荘園が解体し、自治組織のできた時代である。

識字層は、武家にも拡がる。
室町時代から江戸時代初期にかけて、ローマ字書きのキリシタン資料や一般向けの字書類があり、当時の日常語をかいま見ることができる。

Ⅳ　中世後期……多様な文学ジャンルが花開いた時代。
　　　漢学・国学・蘭学の時代。

江戸時代。
江戸時代になると、識字層はさらに広がり、読み物を享受する人々・文字を書く人々の数は増大した。武家は漢字漢文を用い、和文を書いたのは、町人階層の人々である（公家は、漢字漢文と和文）。この期は、町衆および町人が文化を支えた時代であり、印刷の時代である。
漢学・国学・蘭学・洋学が研究された。

Ⅴ　近代……標準語教育と歴史的仮名遣いの時代。

近代統一国家の時代。明治時代以後、一九四五年まで。
明治時代に、言文一致運動が繰り広げられ、標準語・正書法が考案されるが、その言語は、主に、武家階級の言語・教養を土台にしたものである。学校教育の中で、契沖仮名遣いを教え、したがって平安時代中期の和文を重んじたように、明治日本が目指した言語・思想の核は、国学の流れの中にある。国学が、天皇制を理論的に裏付けることのできる思想であったからである。明治日本は、天皇制を中心として、強固な結束を固めた。

Ⅵ　現代……現代仮名遣いと当用漢字（常用漢字）の時代。
一九四六年以後の日本語は、明治日本の骨格を崩したところに成り立つ。一九四六年の現代仮名遣い・当用漢字の制定（一九八一年　常用漢字）以来、漢字漢文が減少し、カタカナ語が増大した。

2　日本語の核

以上、第一章〔奈良時代・平安時代の文字と音〕では、日本語の表記法の確立していった経緯を述べ、また、古代の日本語の音意識を考えた。平安時代中期頃に平がな・カタカナが確立した時、濁音仮名が考案されなかったのは、仮名が実用の便のために発達したものであったり（カタカナ）、《書》という視覚の美を求める文化とともに発達したものであった（平がな）ことも関係するが、本来、日本人の中に、濁音意識がなかったことに因るものである。連濁のほか、二つの語の結びつきの強い際に、間に鼻音が入る。それが、後項の語の頭音が濁音になるという変化をもたらす。また、語勢の関係で、濁音になったり清音になったりの慣用を生じるものもある。これが、日本語の清濁である。また、奈良時代のものには上代特殊仮名遣いと呼ばれる甲類仮名・乙類仮名の別が認められているが、漢字音が最も反映されていると考えられている日本書紀の用字が、実際は、聞き取る人の音韻意識にしたがって細分してしまったものであるか、同音異義語などを書き分けるために用字を変えたことに因るものであることを述べた。すなわち、清濁仮名・甲乙仮名は、文法構造を反映する、ということである。

第二章〔奈良時代の語〕では、記紀万葉の人称代名詞・指示代名詞と助詞「ガ」「ノ」の意味と用法を考えた。古い日本語では格助詞「ガ」「ノ」が発達していない。連体格格助詞は、複合語（例えば「山川　ヤマガワ」）の後項の頭音が濁音になるのと同じ鼻音がもとにあり、それが「ガ」「ノ」の形に形成されていったものである。人称代名詞は格助詞「ガ」と結びつくが、「ガ」は所有・所属を表わす言葉である。従来言われている待遇表現上の区別が「ガ」「ノ」に生じるのは、平安時代以降のことであることを、宣命の「天皇我大命」などの表現によって証することができる。

第三章〔古代語から近代語への変化〕では、古代語から近代語への変化の特徴である、格助詞と接続表現の変化、活用の形成、係助詞の形成と消滅について述べ、助動詞の変化についても触れた。

係り結びの形成には、中国語の語順の影響を受けたものと、強調形よりするものとの、二つの成立過程が考えられる。

係り結びの消滅は、和歌などの連体止めの技法が一般に用いられるようになったことに因る、と説明されることもある。が、動詞の中で最も数の多い四段活用動詞、および一段活用動詞の連体形は、奈良時代より既に、終止形と同形である。これが他の活用形に及ぼした影響も強いであろう。抄物やキリシタン資料には、指定の助詞「ゾ」が使われることが多いが、このことも、係助詞「ゾ」の衰退の一因であろう。

この係助詞が、句の中の自由な位置に入ることができるようになったのは、奈良時代の日本語に、「うるはしみあが思ふ君」などの形で動作主体を表わす言葉が動詞の直前に置かれる構文のあったことに因る。

この、動作主体を表わす言葉が動詞の直前に置かれるのは、アルタイ諸言語にも見られる特徴である。アルタイ諸言語の古い時代の資料が乏しいので、奈良時代の日本語と直接比較することはできないが、ここに、従来言われているほかに、古い日本語の中にアルタイ諸言語に類する特徴があったことを指摘することができる。その特徴は、中国語の語法とは異なっており、漢字漢文がこの列島に入ってから用いられなくなっていったものであろう。

「うるはしみ　あが思ふ君」などの「アガ」は、アイヌ語やアルタイ諸言語の人称接辞に似ているが、ここに用いられている「ガ」が、中世になって、それまでの連体形が言い切りの形として使われるようになった際に、主格を表わす助詞「ガ」として多用されることになる。主格を表わす助詞「ガ」は、明治以後の標準語の中にも組み入れられ、現在に至っている。

第四章〈近代語の形成とこれからの日本語〉には、近代国家が形作られる中で案定された標準語の性格について考えた。また、これからの日本語のあり方についての筆者の考えを述べた。

奈良時代より現在まで日本語は少しずつ変化してきた。それでも変化しないものが待遇の表現と、主語を表わさないことがあることと、格助詞を表わさないことがあることとである。

日本語の敬語表現は、朝鮮語と同じく、助動詞・補助動詞の形を形成する。そして、〈S-P〉をくるんで、待遇を為す。

主語を表わさないことは、アルタイ諸言語にもある特徴であった。古い日本語の一人称代名詞「ワ」は、単数にも用い、複数にも用いる。このことは、共同体の意思が個人を規定する日本の社会の在り方と符合する。西欧語は、（一神教の神のもとに）自己と他者を基本とする人間観から、主語を立て、人称代名詞の別を設けるが、それとは異なったところに発した人間観である。

口頭言語では、格助詞を用いないことがある。（「本、読んだ。」「あなた、学校、行く？」「その花、ここ、置いて。」）古い日本語の言い切りの文では、「花、咲く。」のように、主語を表わす格助詞が用いられないが、目的語・補語を表わす格助詞が用いられないものも、記紀万葉からある。（「あなた、学校、行く？」には、疑問を表わす助詞も用いられていない。）

主語を表わさないことがあることと、格助詞を表わさないことが、日本語のもともとの構文法である。中国語・朝鮮語や西欧語との接触によって、格を明確にする方向に言語が進んできたが、それでも、日常の、親しい人との会話の中では、格助詞を用いないことが多い。長い年月の間に、さまざまの変化をしたが、日本語の核は、変わっていないと言える。

二一世紀、世界は、英語教育とインターネット教育に始まった。これからの日本語が、どのように変化するかは、予測がつかない。近年、カタカナ語の氾濫が問題視され、カタカナ語を日本語に翻訳する試みもなされている（ただし、多くは漢語-現代-である）。行きつ戻りつ、少しずつ言語は変化していくであろう。

ただ、文献以前から、日本語の核は変わってはいないということを思い見れば、これから先も、日本語は、核を保持したまま、さまざまなものを取り入れていくのではないか、と考える。どこまでも「和魂漢才」「和魂洋才」の心である。

あとがき

学生時代より、三〇年ほどの間に考えてきたことが、このような形に成りました。ようやく書き終えたことに安堵を覚えつつ、さらに考察を深めたい事柄のいくつかが、頭をかすめています。この書が、日本語を考える人々、日本を思う人々の、お役に立つことができましたなら、幸いです。

「僕は美しい日本語のために生きるのだ。」と言った詩人の言葉が、中学生のわたくしの心に響きました。その後、言葉に対する不信の言の数々が、二〇歳のわたくしの胸の中に積もっていきました。こうしたことに導かれて、わたくしは言葉に関わってきました。

小学校（標準語教育）で教えられた「正しく美しい日本語」というようなものは存在しないけれど、「美しい日本語」はある。言葉がすべてではない。しかし、言葉は表現と理解に大きな役割を果たすものである。――「当たり前のことを」と言われるでしょうが、三〇年かかってようやく、それを確言できるようになりました。「美しい日本語のために」――もう一度はじめにかえって、美しい日本語のために何ができるのかを考えていきたい、と思います。

わたくしは多くの人々に支えられてきました。これまで、多くの助言をいただいた先生方や友人に感謝いたします。勤務している佛教大学において、二〇〇〇年度に、一年間の研修の機会を与えて頂くことができたことで、多くの問題を整理することができました。本書は、その成果です。出版の機会を頂戴致しましたミネルヴァ書房社長杉田啓三氏、河野菜穂氏にお世話になりました。深謝申し上げます。

二〇〇三年三月三一日

田中みどり

歴史事項	
一世紀前半	中国の貨幣「貨泉」
紀元五七年	「漢委奴国王印」
二三九年	邪馬台国の卑弥呼が魏王から「親魏倭王」の号を受ける（三国志魏書東夷伝倭人条）
五三八年	仏教の公伝
五九三年	聖徳太子、摂政となる
六四六年	大化改新の詔
六七三年	天武天皇即位　皇親政治の開始
六九四年	藤原京遷都　持統天皇
七一〇年	平城京遷都　元明天皇
七八五年	藤原種継が暗殺される
七九四年	平安京遷都
八九四年	遣唐使廃止

語学・文学関連事項	
四〇〇年頃	百済の王仁・阿直岐が、大和朝廷に漢字と儒教を伝える（古事記・日本書紀）
六〇七年	法隆寺薬師如来像（光背銘は七世紀後半のものとされる）
六一五年	聖徳太子の三経義疏完成
七一二年	古事記（太安萬侶）
七一三年	風土記撰上の詔
七二〇年	日本書紀（舎人親王ら）
七五九年	万葉集のうち、製作年のわかっている歌の最後のもの
七八五年	大伴家持死去
九〇〇年頃	竹取物語　伊勢物語など（？）

一〇五二年　仏滅二千年末法初年とされる
一〇八六年　白河上皇、院政を始める
一一九二年　鎌倉幕府
一二二一年　承久の変
一三三四年　建武の中興
一三三六年　南北朝時代
一三三八年　室町幕府
一三四一年　天龍寺船を元に派遣
一四三四年　勘合貿易船派遣
一五四三年　ポルトガル船、種子島に漂着し、鉄砲を伝える
一五九二年　朱印船制度
一六〇三年　江戸幕府
一六四一年　鎖国体制完成　幕藩体制確立

九〇五年　古今和歌集撰上
一〇〇〇年頃　枕草子（清少納言）
一〇一〇年頃　源氏物語（紫式部）
一二〇五年　新古今和歌集
一二一二年　方丈記（鴨長明）
一三三一年頃　徒然草（吉田兼好）
一三三九年　神皇正統記（北畠親房）
一三四五年以降　五山板刊行
一四四六年　能狂言の完成
一五四九年　ザビエル、鹿児島に来たり、天主教を伝える
一五九一年　キリシタン版刊行
一六八二年　好色一代男（井原西鶴）
一六九〇年　万葉代匠記（契沖）
一六九四年　奥の細道（松尾芭蕉）
一六九五年　和字正濫鈔（契沖）
一七〇三年　曽根崎心中（近松門左衛門）
一七一〇年頃　寺子屋普及
一七六七年　かざし抄（富士谷成章）

一八六八年　明治維新
一八八九年　大日本帝国憲法・皇室典範発布
一九二五年　ラジオ放送開始
一九四六年　日本国憲法公布
一九五三年　ＴＶ放送開始

一七七一年　てにをは紐鏡（本居宣長）
一七七四年　解体新書（前野良沢・杉田玄白）
一七七八年　あゆひ抄（富士谷成章）
一七八五年　詞の玉緒（本居宣長）
一七九七年　昌平坂学問所を官学校とする
一七九八年　古事記伝（本居宣長）
一八一五年　蘭学事始（杉田玄白）
一八六六年　漢字御廃止之議（前島密）
一八七二年　小学教則（歴史的仮名遣い採用）
一九〇二年　国語調査委員会設置
一九〇八年　臨時仮名遣調査委員会設置
一九〇四年　尋常小学読本
一九一六年　口語法
一九一七年　口語法別記
一九四六年　現代仮名遣い　当用漢字表
一九八一年　常用漢字表
一九九〇年　外来語の表記案（国語審議会）

《著者紹介》

田中みどり（たなか・みどり）

1949年　三重県生。

1975年　奈良女子大学大学院文学研究科修士課程修了。

現　在　佛教大学文学部日本語日本文学科助教授。

著書および主要論文

世界思想社『萬葉集を学ぶ人のために』（共著，1992年）。

「『り』に就いて」（『佛教大学研究紀要』第64号，1980年）。

「七色の虹――言語相対論・言語普遍論批判」（『鷹陵』1991年）。

「言語の本質――動物のコミュニケーションおよび人間の言語（広義の言語・狭義の言語）」（『文学部論集』第79号，1995年）。

日本語のなりたち
――歴史と構造――

2003年11月30日　初版第1刷発行　　検印廃止

定価はカバーに
表示しています

著　者　田中みどり
発行者　杉田啓三
印刷者　坂本嘉廣

発行所　株式会社　ミネルヴァ書房
607-8494　京都市山科区日ノ岡堤谷町1
電話代表　(075)581-5191番
振替口座　01020-0-8076番

内外印刷・新生製本

ISBN 4-623-03906-4
Printed in Japan